シリーズ
転換期の国際政治 13

八代 拓 著

蘭印の戦後と
日本の経済進出

岸・池田政権下の日本企業

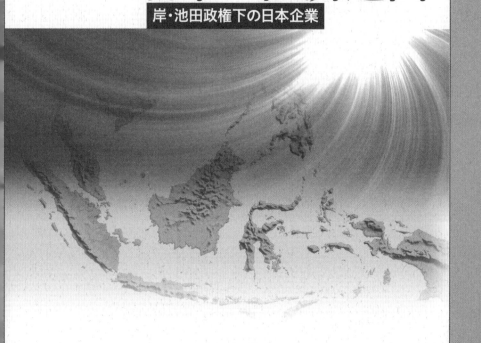

晃 洋 書 房

目　　次

バタヴィアとジャカルタの狭間

▌ 1 「長い20世紀」における日尼関係

1930年代前半のバタヴィア（現在のジャカルタ）．初老の日本人男性が安楽椅子に座り，葉巻をくゆらせている．カイゼル髭に蝶ネクタイ，上等な背広は，当時の成功した経済人の証であろう．

> ははははは．ボーイ，コーヒーでももってまいれ．そのうちホテルでも経営するかな…うはははは．さーてと，日本から人員の大募集といくか［水木1994：80-82］［句読点筆者］．

漫画家水木しげる（本名：武良茂）の祖父，武良辰司である．辰司は，バタヴィアに印刷工場を建てて成功したのだった．茂の父である亮一もまた，バタヴィアで生命保険事業を展開し，財産を築いた．戦雲が怪しく立ち込める中，辰司は印刷会社を華僑に売却し，亮一とともに日本へ帰国した．蘭領東インド（蘭印）において，辰司や亮一のような経済活動を展開した日本人は少なくない．こうした辰司と亮一の収入により，少年時代の水木しげるは，当時としては比較的裕福な生活を送れたようである．水木しげる本人は，出征したニューブリテン島で左腕を失ったものの，「南方」への熱情は断ち難く，戦後何度も同地を訪問することになる．武良家にとって「南方」は，三世代にわたって人生の重要な局面を過ごす舞台であった．

時代は現代に移る．2018年にインドネシアは日本の製造業にとって長期有

望な進出先の5位に位置し[1]，進出済みの日本企業数は1500社を超えた[2]．同年のインドネシア自動車販売市場における日本メーカーのシェアは，97％に達し，寡占的な影響力を有している[3]．インドネシアにとって，日本は最大の政府開発援助（ODA）供与国であり，同時に日本にとってもインドネシアは累計で最大のODA受入国である[4]．ASEAN諸国はもとより，世界全体を見渡しても，日本とインドネシアの経済関係は重要な位置づけとなっている．インドネシア国内の大都市には日本料理店が並び，郊外の工業団地には日本企業の生産拠点が立地している．2019年にはジャカルタからの首都移転が発表され，新首都建設に伴って経済需要の増大と日本企業の進出が予見される．

　こうした現在のインドネシア経済の状況は，一朝一夕に形成されたものではない．周知のとおり，オランダの植民地であった蘭印は第二次世界大戦中に日本の軍政支配を受け，1949年にインドネシアとして独立した．終戦以降13年の空白の後，1958年の賠償協定および経済協力協定の締結によって日本とインドネシアの国交は正常化した．その後，両国の関係の深化により，現在の経済関係が築かれたのである．

　留意すべきは，戦後日本のインドネシアとの関係（日尼関係）を論ずる際，植民地期および日本軍政期から現在に至る長期的視点の中で，戦後という時代区分を位置づける必要がある点である．冒頭で示した武良辰司のような人々の，蘭印における経済活動の結果は，その後の軍政期や戦後期に少なからぬ影響を及ぼしたと考えるからである．昨今の近現代史研究においては，アンドルー・ゴードン（Andrew Gordon）[1993：邦訳3-13]のように，1930年代と第二次世界大戦期の遺産が戦後日本の政治経済枠組を作ったという認識の下，20世紀という大きな流れの中に日本の戦後史を位置づける研究も存在する．チャーマーズ・ジョンソン（Chalmers Johnson）[1982：邦訳346-352]もまた，官民協調を特徴とする戦後日本の産業政策は，政策的方向性や政策立案者の面で1930年代からの継続性を有していると指摘している．

　では，日本のインドネシアへの経済進出は，20世紀以降の国際政治の中で

どのように位置づけるべきなのであろうか．戦前戦後でどのような連続性を持ち，特に戦後においてはいかなる国際環境や経済需要に基づき推進されたのだろうか．本書では，こうした問題意識に立脚し，インドネシアの脱植民地化や冷戦，そして日本の経済進出の関係性について貫戦史的に論じていく．

　本書のキーワードの一つである脱植民地化とは，植民地主義ないしは帝国主義下に置かれた地域が，政治・経済・文化など多岐にわたる面で従属的状況から脱却しようとする過程と定義したい．すなわち，第二次世界大戦の前後数十年に及ぶ長期的な経済社会変動と複雑に絡み合いながら，植民地秩序の基盤を揺さぶっていた 20 世紀の社会動態として理解すべきと考えられる．テッサ・モーリス・スズキ（Tessa Morris Suzuki）［2006：373-374］によれば，第二次世界大戦前後を通じた脱植民地化に向けた闘争の継続性，戦後における冷戦構造の出現との不可分性，旧宗主国による政治経済上の長期的影響，旧宗主国における植民地支配の記憶の忘却，といった四つの側面が帝国の解体過程における脱植民地化の特徴とされる．木畑洋一［2014：4-6］もまた，1870 年代の帝国主義による植民地化と第二次世界大戦後の脱植民地化，そして冷戦終結を「長い 20 世紀」の歴史として論じている．

　インドネシアにおいても，1920 年代の蘭印期に萌芽を見た脱植民地化は，日本軍政期を通じて隆盛し，独立の原動力となった．しかし政治的独立を達成する一方，インドネシアは自立的な経済運営が困難な状況に直面した．本書では，この「独立の未完」を巡り，スカルノ（Sukarno）[5] などの民族主義者と日本企業の経済的利害関係が調和していく過程を論じ，日本の経済進出をインドネシアが受容した要因を明らかにする．

　第二次世界大戦後に日尼両国を取り巻いた冷戦も重要な要素である．独立後インドネシアは，旧宗主国オランダ，マレー文化圏に商圏を持つイギリス，インドネシアの共産化防止を図る米国，隣国として政情不安を警戒するオーストラリアに囲まれ，更に中国やソ連も接近していた．特に米国によるアプローチは，西側と東側の対立を国際秩序認識の根底に置き，政治・経済・文化など多

岐にわたる面で自陣営の比較優位性を追及する冷戦の論理に基づくものであった．一方，第三世界に属するインドネシアがこのような世界観に立脚していたかは別の問題であろう．アジア諸国の中には，脱植民地化の過程で資本主義か社会主義かという体制選択を国家統合の原理として選択した国があった［国分 1993：95］ものの，東西対立の渦に巻き込まれることを回避することでネイション・ビルディングを遂げようとする動きもあった［石井 2000：182］．スカルノもまた，冷戦下で米ソの狭間を文字通り東奔西走し，統一インドネシアの完成を目指し開発独裁を形成していく．本書は，このような冷戦と脱植民地化の関係性を日尼関係から明らかにするものである．

さらに本書では，経済進出の主体である日本企業を国際政治のアクターとして捉える．戦後日尼関係を経済面から論じる際，既存研究では政官の交渉経緯が焦点となりがちであるが，実体経済の担い手である企業の存在を軽視することはできない．ただし一般論として民間企業は，政治的価値観とは距離を置く形で，合理的判断に基づき利潤を追求する．そこで本書では，こうした経済の論理と冷戦の論理，そしてインドネシアの脱植民地化がどのように関連していたかを明らかにし，対インドネシア経済外交の実態を明らかにする．そして，非国家主体である日本企業が国際政治領域に与える影響について議論を試みる．

このような問題関心に基づき，本書では戦後の国交正常化の時期を主たる分析対象としつつ，19世紀末から1960年代後半に至る長期的視野に立ち，日尼政治経済関係を次の視点から分析する．

第一には，「インドネシアの脱植民地化と日本の経済進出」という視点に基づき，日尼二国間での経済関係構築過程を分析する．19世紀末以来の日本の経済進出は，1930年代における「南進論」の台頭に伴い国策化され，蘭印の民族主義者の支援を受ける形で軍政に組み込まれていくことになる．産業界，日本政府，軍政監部の連携に基づき蘭印に進出した日本企業の事業は短命だったが，日尼両国の経済人脈の形成を促した．本書ではこれを軍政期人脈と呼ぶ．第二次世界大戦後，日本企業は再びインドネシアへの経済進出を試み，日尼経

済関係の基層を形作っていく．そして，「独立の未完」に直面したインドネシアは，日本の資本を受容するのである．本書では，これまで十分に解明されてこなかったこの過程を論じる．戦後日本企業の経済進出過程の事例として，対インドネシア経済協力[6]案件である，北スマトラの石油開発，スラウェシのニッケル開発，カリマンタンの森林開発を取り上げ，具体的な方法や内容を明らかにする．その上で，日本企業がインドネシアの脱植民地化にもたらした影響について考察する．

　第二には，「東南アジア冷戦と日本の経済進出」という視点を導入し，戦後日本の対インドネシア経済進出を取り巻いた国際環境要因を分析する．具体的には，オランダやイギリスというかつての西洋植民地主義国のインドネシアからの撤退過程や，経済協力を通じてインドネシアの共産化防止を図る米国の動向，インドネシアを安全保障上の脅威とみなす隣国オーストラリアの危機意識を対象とする．そして，諸国の対インドネシア政策が，独立戦争や経済的ナショナリズムの勃興，地方反乱，スカルノ体制の確立，そして国際的孤立を通じ，どのように変化したのかを分析する．こうした分析を通じ，日本企業のインドネシア進出に対する西側諸国の認識を明らかにし，冷戦と企業活動の相互作用について考察する．

　第三には，「産官軍の連携とその継承」という視点を導入し，日本企業と日本政府の戦前戦後を通じた連携の様相を分析する．具体的には，経済協力組成過程における日本側体制の一本化，日本企業によるインドネシア政府との直接交渉過程，日本政府による政策的支援，軍政期人脈の役割を解明し，経済外交の実態や構図を明らかにする．そして，インドネシアにおけるスカルノからスハルトへの権力移行の過程を通じ，こうした連携に基づくインドネシア進出手法が変容を余儀なくされた過程について考察する．

▌2　日尼関係をめぐる研究動向

　本研究は，日本企業の動向を議論の射程としつつ，インドネシアの脱植民地化や冷戦下東南アジアにおける国際秩序の変動を国際関係史として論じるものである．管見の限り，これらの視点をすべて包含する形で日本とインドネシアとの関係を論じた先行研究は存在しない．

　池田亮［2015：149-151］が指摘するように，脱植民地化は帝国史研究の一部として扱われ，冷戦との相互作用を研究する姿勢が希薄だった経緯がある．すなわち，西洋植民地主義の衰退と帝国解体過程の一環としては研究蓄積が豊富であるものの，冷戦期の東西両陣営が第三世界の脱植民地化にどのように向き合ったかという点には近年まで注目がされてこなかった感が否めない．ウェスタッド（O.A.Westad）［Westad 2005：31-35］は米国の第三世界に対する介入と米国産業社会，そして脱植民地化の関係を論じたが，具体的な企業との関係性には焦点が絞られていない．

　本書の分析対象に引き付けて言えば，インドネシアの脱植民地化と日本との関係を論じた研究は，帝国日本の南方関与に関するものを中心に多数見受けられる．特に昨今では，後藤乾一のように，独立後のインドネシアの歩みと軍政との影響を関連付けようとする研究もある[7]．ただし，既存研究の多くは，研究対象時期を戦前期に限定し，南進政策と蘭印の関係を論じるものである[8]．第二次世界大戦後を対象とした研究には，スカルノの思想や国際関係への影響など政治動向に注目した研究が見受けられる[9]．宮城大蔵の研究はマレーシア紛争を事例として，日本の経済協力の進展が日本政府のインドネシアへの積極介入を動機付けたと指摘［宮城2004：92］しているが，経済協力の実態や過程までは分析の射程にしていない．ほかにも日尼両国の経済関係を経済史的に分析した研究はあるが，脱植民地化という政治的争点は主たる分析対象から外れている[10]．

　また，日尼両国を取り巻いた東南アジア冷戦の研究については豊富な蓄積が

見られるが，西側陣営のインドネシアに対する戦略を明らかにしたものや[11]，西側陣営の一員としての日本の経済外交を扱ったものが目立つ［吉川 1992；末廣 1995；宮城 2001；宮城 2004；宮城 2013；宮城 2015；波多野・佐藤 2007；都丸 2009；倉沢 2011；井上 2012］．日尼国交正常化の時期に限定すれば，岸信介の来歴や日本の対米自主外交に着目して対インドネシア外交を論ずる研究［岩川 1982；原 1995；権 2008；岩見 2012；原 2014］がある一方，岸外交と経済分野を関連付ける研究［長谷川 2015］は少ない．池田政権についても，日米欧の三本柱外交の一環として，インドネシアに積極関与していく過程を対象とした研究［吉次 2009；鈴木 2008；鈴木 2013；入江 2009a；2009b］があるが，経済分野との関連は希薄である．結局，議論の焦点は，冷戦下における対米自主外交の一環としての日尼関係に当たっているように思われる．

　こうした研究のうち，日尼経済関係を射程に入れたものは経済外交研究として位置づけられるが，その多くは経済的論点をめぐる政治交渉の分析に留まり，実体経済の担い手である企業の動向を捨象しているように思われる．そもそも一連の経済外交研究の根底には，冷戦を独立変数とし経済を従属変数とする考え方，すなわち冷戦が経済に与えた影響を重視する発想があるのではなかろうか．一方，冷戦と経済が相互補完的関係にあったと考えるのであれば，経済が冷戦に与えた影響を解明することも重要と考えられる．

　こうした中，本書の問題関心と近い形で，日本とインドネシアの関係を取り上げた研究としては，西原正と倉沢愛子が数少ない例である．西原は，軍人や財界人として蘭印に駐在した経験を持つ日本人が，インドネシアを「第二の満州」とみなし，保革両勢力との密接な関係の下で，非公式外交ルートを用いて賠償の交渉・実施に関与したことを示した［Nishihara 1976］．しかし，西原の研究は賠償案件に関するロビイング活動に焦点が置かれ，賠償よりも多額かつ長期に供与された経済協力に関する言及は乏しい．また，日本側外交史料の公開以前に行われた研究であるため，その後公開された史料に基づき，賠償や経済協力の歴史的顛末とともに更新すべき点が多々見受けられる．倉沢愛子は，生

産物分与方式による経済協力が組成され，軍政期にインドネシアに駐留した経験を持つ日本人が同経済協力案件に参加したことを指摘している〔倉沢1999；倉沢2011〕．しかし，経済協力案件の組成過程と軍政期人脈の関連性についての記述は簡素なものに留まっている．

このような研究動向の下，本書では脱植民地化と冷戦が絡まり合う戦後アジア国際秩序において，産官の連携と軍政期人脈を活用しながら，日本企業がインドネシアに進出した過程を解明する．そして，戦後日本のインドネシアに対する経済外交の実態とその中での日本企業の役割を示す．

3　本書の構成

第1章では，19世紀末から軍政期までの日本による蘭印への経済進出を産業界，日本政府，軍政監部の連携の観点から論じる．具体的には，戦後に経済協力として復権するスマトラ島の石油開発，スラウェシ島のニッケル開発，ボルネオ島の森林開発の戦前期における取り組みを分析する．戦前と戦後の連続性をみる上で必要不可欠な前史といえる．

第2章では，冷戦の論理と経済の論理が交錯する中での日尼国交正常化を論じる．具体的には，インドネシアの経済停滞と英米蘭の対応を述べるとともに，戦後日本が産・官連携の下で賠償交渉とプラント輸出に着手した過程を分析する．また，日尼両国の経済的利害と米国によるインドネシア防共政策が絡まり合った事例として，北スマトラ油田の事例を分析する．

第3章では，インドネシアで経済的ナショナリズムが勃興し，対蘭国交断絶と外国資本排斥が進んだ1957年〜1960年を対象に，「経営の真空」によって日本の資本がインドネシアに引き寄せられていく過程を論じる．また，岸政権下の日尼国交正常化において，日本企業や財界人が果たした役割を明らかにする．そして，米国の冷戦の論理と日本経済界の経済の論理が調和していたことを示す．

　第4章では，戦後日本の対インドネシア経済協力案件である北スマトラの石油開発，スラウェシのニッケル開発，カリマンタンの森林開発の事例を比較分析する．その際，戦前戦後の継続性と軍政期人脈，インドネシアがこれら経済協力を受容した背景，米国の冷戦戦略との関係，日本における産官の連携の様相といった観点から分析を行う．こうした分析を通じて，戦後日本企業によるインドネシア進出の実態を示す．

　第5章では，スカルノによる「指導される民主主義」期を中心に，池田政権がインドネシアの経済領域のみならず政治領域にも積極関与し，西側諸国も日本への期待を高める過程を論じる．具体的には，イギリスの撤退や，米国のスカルノに対する寛容姿勢の撤回が進む中，池田政権がマレーシア紛争の仲裁を積極化する過程やその背景を明らかにする．その上で，日本の産官連携に基づくインドネシア進出が，西側諸国の冷戦戦略にもたらした影響を述べる．

　終章においては，戦後日本のインドネシアへの経済進出の歴史的意義について，脱植民地化，冷戦，産官の連携と軍政期人脈という観点から総括する．

注

1）JBIC「わが国製造業企業の海外事業展開に関する調査報告 2018 年度 海外直接投資アンケート結果（第 30 回）」（https://www.jbic.go.jp/ja/information/press/press-2018/pdf/1126-011628_1.pdf，2019 年 10 月 31 日アクセス）.

2）JETRO ウェブサイト（https://www.jetro.go.jp/world/asia/idn/basic_01.html，2019 年 10 月 31 日アクセス）.

3）インドネシア自動車製造業者協会（GAIKINDO）Indonesian Automobile Industry Data（https://files.gaikindo.or.id/my_files，2019 年 10 月 31 日アクセス）.

4）外務省ウェブサイト「国別データブック——インドネシア」（http://www.mofa.go.jp/mofaj/gaiko/oda/files/000142126.pdf，2019 年 10 月 31 日アクセス）.

5）旧書法では Soekarno と表記．一般にジャワ人は苗字を持たないため，「スカルノ」がフルネーム．

6）本書で扱うインドネシアとの経済協力協定（日本・インドネシア経済開発借款に関する交換公文）は，「商業上の借款及び投資」を規定したものであり，政府開発援助や借款に加えて民間企業による直接投資も経済協力として位置づけられている．

7）［後藤 1989；後藤 2012］など．

8）波多野［1991］，ポスト［1993］，後藤［1993］，小林［2006］，インドネシア国立文書館編［1996］など．

9）Dahm［1969］，Feith and Castles［1970］，後藤・山崎［2001］，花崎［2003］など．

10）板垣編『インドネシアの経済開発と国際収支』（研究参考用資料第 60 集）アジア経済研究所，1964 年［Fane1999；加納 2003］．

11）例えば，Subritzky［2000］，McMahon［1981］，McMahon［1999］．

第1章

脱植民地化の胎動と近代日本

はじめに

　現在のインドネシアを構成する地域，かつての蘭領東インド（蘭印）に対する日本の経済進出は，いつごろから始まったのであろうか．本章では前史として戦前期日本の対蘭印経済進出の経緯を概観し，戦前戦後を貫く要素を見出したい．

　本章では次の視点から分析を行う．第一には，経済進出の主体である日本企業の動向と蘭印の脱植民地化の関係性である．周知のとおり，営利事業体である企業の行動の根底には，経済合理性と利潤を追求しようとする経済の論理がある．ただし，企業活動を可能にする環境要因が如何なるものであり，日本企業の経済の論理とどのように関連していたかという点は，戦前のみならず戦後，ひいては現在に至るまで重要な論点である．そこで本章では，20世紀初頭から第二次世界大戦末期までの蘭印を取り巻く国際環境と日本の経済的関与のあり方を分析する．その際，本章では蘭印における脱植民地化に焦点を当てたい．1920年代の蘭印で始まった脱植民地化は，日本の軍政支配を経て，第二次世界大戦後にその極点を迎えることになる．すなわち，脱植民地化は第二次世界大戦を挟み貫戦史的に生じた現象であり，植民地経済を取り巻く重要な環境要因だったのである．

　第二の視点は，日本企業の蘭印進出に係る産官軍の連携構造である．経済の論理に立脚した日本企業に対し，日本政府は南方経済圏構築の観点から，軍部は武力南進の観点から日本企業の動向を注視した．こうした産官軍の関係を明

らかにすることで，戦前期における蘭印経済進出の構図と戦後への継承点が浮き彫りになるものと考えられる．

　本章で述べるように，戦前期日本の対蘭印経済進出は 19 世紀末にその産声を上げた．第一次世界大戦期には南洋協会等による国策的な南方進出促進が功を奏し，財閥系企業がプランテーションを展開するようになっていく．さらに，1930 年代には軍部主導の南進論に基づき，石油等の資源確保が目指されるようになった．1940 年代の軍政期には，軍政監部の委託により日本企業が蘭印での資源開発に着手した．すなわち，日本企業の対蘭印経済進出は官・軍の政策意図と整合する形で進められた，と考えるのが妥当であろう．だとすれば，産官軍の間で対蘭印経済進出に係る情報や人脈面での交流が進められていた可能性はあろう．

　第三の視点は，上記に関連した点であるが，蘭印への経済進出や軍政支配に従事した人々の戦前戦後を貫く活動の軌跡である．現代ほど日本企業の海外進出が進んでいなかった戦前期，蘭印での事業組成経験を持つ経済人や，蘭印事情に精通した軍政関係者は，貴重な存在であったと考えられる．そして，戦後に再び日本企業がインドネシア進出を目指す際，こうした「軍政期人脈」を活用しようとする動きが生じるのは半ば必然的なものであろう．

　そこで本章では，蘭印の植民地経済や軍政の様相を述べるとともに，実際に蘭印で経済活動を行った企業や人々の存在を指摘する．具体的には，スマトラ島における石油開発，スラウェシ島におけるニッケル開発，カリマンタンにおける森林開発を抽出した．その理由は，これら 3 案件が戦前期日本における軍事的・経済的需要を充足するための重要分野であったのみならず，戦後においても日尼間の経済協力案件として再び歴史の舞台にその姿を現したものだからである．これらの事例を通じ，「軍政期人脈」の存在と継承を指摘し，戦後の日尼関係を規定した人脈上の基層を明らかにする．

1　蘭印への経済進出

(1) 蘭印の形成と近代日本

　植民地蘭印の歩みは，1602 年のオランダ東インド会社設置に始まる．オランダ東インド会社は 17 世紀後半からジャワ島（Java）内陸部へ進出し，権益獲得に邁進した．このオランダ東インド会社も内部の腐敗により 1798 年に解散を宣言し，1800 年には東ティモールを除くインドネシア群島全体が蘭印としてオランダの直接統治下に入った．ナポレオンの弟ルイ・ボナパルト（Louis Bonaparte）の国王就任により，オランダの政体が共和制から王政に移行する混乱の中で，一時的にインドネシア群島はイギリス領となったものの，1824 年には英蘭協約が締結され，蘭領東インドの領域が確定した．その後の 1830 年代，オランダは蘭印における農作物の強制栽培制度を開始した．同制度により，蘭印の農家は保有する耕作地の全てを輸出向け農産物の栽培に振り当てることが義務付けられ，その上で耕作地の一定部分を植民地政府指定の作物の栽培に充てることを余儀なくされた．

　このように蘭印がオランダの植民地として成立する一方で，オランダによる実質的な植民地支配が進んでいたのはジャワ島に留まっていた．ジャワ島以外の諸島は外島と呼ばれるが，これら地域に植民地支配が浸透したのは第一次世界大戦直前であった．植民地支配の進展とともに，外島ではオランダ企業を中心とする外国資本により企業用地が租借されていった．

　租借地域ではプランテーションへの労働力集約が行われ，各種熱帯農園や鉱山の経営が行われた．外島の主要産品はタバコ，ゴム，石油，錫，コプラ，パームオイルなどであったが，北スマトラ，パレンバン，東カリマンタンなどで油田が発見され，1900 年頃から外国企業が本格的に石油生産を開始した．その産油規模は，第一次世界大戦勃発前の時点においてアジア・アフリカ地域で最大規模を誇った．また，欧米での自動車産業や軍需産業等の振興に伴うゴ

ム需要の拡大に合わせ，20世紀初頭からジャンビ，パレンバン，南カリマンタンなどの外島で，ゴム栽培が急速に進んでいった［宮本 2003：165-179］．他の帝国主義諸国と同様に，宗主国オランダは自国で供給困難な農産品や資源の供給地域として蘭印を位置づけた．強制栽培制度の下，蘭印は豊かな土壌を持ちながらもオランダへの輸出農産品の生産に傾斜せざるを得ず，蘭印の労働者向けの食糧や消費物資すら自国での十分な生産が叶わなかった．一端を示すと，1938年時点では，蘭印の輸出総額のうち65％を農産品が占め，そのうちの60％は外国資本のプランテーションによる産出品であった［アジア問題研究会 1955：8］．こうした従属経済は，インドネシアとして蘭印が独立した後も尾を引くこととなる．

　その一方，オランダに代表される大規模外国資本の蘭印進出は，現地での雇用を創出した．外国企業の職員となった現地人の中には，植民地政策下で困窮を極める農村社会と外国人の豪奢な生活の落差に驚嘆し，西洋植民地主義の存在を改めて認識するようになった者もいる．外国企業内においても，現地人であるがゆえ差別待遇を受ける場合があった．結果的に，被抑圧民族としてのインドネシア人という自己意識と植民地支配者に対する反感が醸成されていくことになった［アジア問題研究会 1955：55-56］．こうして，19世紀末の蘭印の領域確定と植民地経済の浸透に伴い，蘭印に脱植民地化の機運が生じることになったのである．

　蘭印各地に外国資本による経済圏が形成される中，日本の民間事業者も蘭印へ進出し始めた．詳細な進出開始時期については不明確な点が多いが，近代における最初の進出ブームは19世紀末から20世紀初頭にかけてのことであった．この時期には零細な商人や農業移住者，漁業従事者，娼婦（からゆきさん）などが蘭印に渡った．日本で土地や事業などの財産基盤を持たない「雑業層」が，新天地を求めたのである．移住した人々の間には相互扶助のための日本人ネットワークを作ろうとする動きもあり，メダン（1897年），バタヴィア（1913年）などに日本人会が設立された．また，1907年にはバタヴィアに日本領事館が

設置されるとともに，在留邦人向けの支援体制が整備され始めた．

　在留邦人の増加と時期を同じくし，財閥など大規模資本による蘭印への進出も行われ始めた．三井物産は1898年にスラバヤで砂糖の買い付けを開始し，1901年には出張所を設置した．不平等条約改正の一環として日蘭通商航海条約が1912年に改正されて以降，大規模資本による進出は加速度的に進んだ．同改正条約は，蘭印内の日本人に対してヨーロッパ人と同等の法的地位を与え，蘭印内の自由移動や土地・鉱山開発権の獲得および企業設立などを可能した［ポスト 1993：51-53］．日本企業はこれを商機と捉え，三菱商事，鈴木商店，野村，古川などの財閥や金融機関，船舶関係会社が蘭印に進出し，ゴム農園等のプランテーション経営を開始した．

　当時，日本企業の蘭印進出を促進した機関として，1915年に設立された南洋協会の存在は軽視しえない．南洋協会は，南洋諸島の調査研究，東南アジア地域の研究・開発を目的に結成された団体である．設立発起人の一人である内田嘉吉（台湾総督府長官）との密接な関係の下，蘭印，英領マレー，フィリピン群島の開発を南洋協会は推進した．初代会頭には枢密院副議長であった芳川顕正が就任し，国内政財界要人との連携を図った．また，南洋協会は，日本領事館への要請を通じ，日本人の生活様式や態度に関する規定の策定を進めた．在留日本人がマナーを改善し，ヨーロッパ人と同じように洋服を着，自家用四輪馬車で移動するなど，ヨーロッパ人と同等の法的地位にある国民としてふさわしいことを現地官憲に示そうとしたのである［宮本 2003：185］．こうした活動を通じ，日本の財閥，銀行，大手商社の蘭印進出が進み，砂糖の買い付けや綿製品・雑貨の販売で事業を拡大していった．

　1929年の世界恐慌後には，米国資金の引き上げによってヨーロッパ経済が停滞し，蘭印における日本企業の優位性が相対的に高まった．さらに，日本における南進論の台頭を受け，東洋拓殖や南洋興発，台湾拓殖，南洋林業などの国策会社が蘭印に進出し，事業の大規模化が進んだ．

　日本の大規模資本による蘭印進出は，同地に駐在する日本人の属性変化をも

たらした．かつて「雑業層」が中心であった蘭印日本人社会は，大企業の社員が構成する社会へと変化したのである．また蘭印における日本人会の数も増加の一途を辿り，1919 年に 20 団体であった日本人会は 1929 年には 40 団体に増加し，終戦までに 60 団体へと増加した．在留者の相互扶助を目的とした日本人会だけでなく，貿易業組合や商業組合，農園組合など，同業者団体が設立された．1935 年には，蘭印日本人商業協会連合会が設立され，横浜正金，東洋綿花，三井物産など大企業が加盟し，現地情報の収集や行政対応などに向けて結束を強めていった［橋谷 1997：216-229］．

　一連の日本企業の蘭印進出は，植民地経済圏を列強諸国に開放するというオランダ本国政府の方針に準じていたが，急速な日本企業の存在感の高まりをオランダは脅威として認識した［山本 2011：203］．さらに，オランダは，日本政府が蘭印に進出した日本企業を通じて諜報活動を行っているのではないかと懸念した［ポスト 1993：52］．この認識に立てば，南洋郵船のジャワ航路開設や日本漁船の操業なども，海岸線と領海の保全を脅かす諜報活動としてオランダには映った．1931 年から翌年にかけ，列強諸国が金本位制から離脱する中で大幅な円安が進み，日本企業の蘭印への輸出が増加した．蘭印の輸入総額に占める日本産品の額が，オランダ本国，イギリス，ドイツからの輸入額の合計を上回ったのである．

　日本が満州事変を起こしたのは，このような日蘭関係の中でのことであった．満州を中心とする大陸利権の拡大と蘭印における経済的膨張に相似形を見出したのであろうか，オランダ政府は対日脅威論に傾倒していく．1933 年には，セメントやビールなど日本製製品の蘭印への輸入がオランダ政府によって規制され，次第に規制対象は日本の主力輸出品であった綿布にも課せられるようになった．日本の国際連盟脱退後には蘭印における日本人の活動が厳しく監視されはじめた．1934 年には第一次日蘭会商が行われ，オランダ人貿易商の日本産品取引量の確保や蘭印産砂糖の対日輸出拡大が検討されたものの，日蘭政府間で妥協点が見つからず，交渉は暗礁に乗り上げた．1937 年に会商は再開さ

れ，一応の妥結はみたものの，主要争点である砂糖の対日輸出について合意には至らなかった．

(2) 南進論と資源確保

　蘭印で影響を強める日本企業の活動は，日本政府や軍部の政策的意図とのように絡み合っていたのであろうか．本節では，南進論の展開をめぐる官・軍の蘭印への認識を述べる．

　蘭印を含むアジア諸国に対する戦前期日本の認識は，アジア主義の隆盛と関連を持つ．岡倉天心が「東洋の理想」（"The Ideals of the East"）において「アジアは一つである」[岡倉 1980：13] と主張したように，西洋の栄光の犠牲という面においてアジアは連携すべき一つの政治空間であるとアジア主義者は認識した．だからこそ，日本が「アジアの強国」としてアジアの復権を担い，アジア各国を覚醒させるべき使命を負っているという論理が展開されるに至る．その後，アジア主義者は，アジア諸地域の独立と中国・朝鮮における日本の権益確保を同時に追求するという矛盾を抱えながら，様々なアジア主義団体を構成していった．

　当時広範な地域を示す言葉であったアジアのうち，南洋については第一次世界大戦後に一つの転換を迎えた．日本が委任統治下に置いたドイツ領南洋諸島に関し，閣議は南洋諸島の占領を一時的なものとしたが，海軍は永久占領の方針を示した．その背景には，有事における米国主力艦隊の西進を遮断するという軍事的効果への期待や，将来的な南洋の発展を期待するという経済的な期待があった [波多野 1991：150-151]．安全保障上の理由から，南洋の重要性が浮上したのである．このような海軍の関心の下，1915 年に設立された南洋協会は，南洋地域への企業進出に向けた調査・研究活動を展開したのであった．

　1930 年代には満蒙領有を重視する石原莞爾の構想に対して，海軍は南方への軍事的影響力強化を重視し，帝国国防方針の改訂にイニシアチブを発揮していった．そうした海軍の取り組みは，1936 年 8 月に発表された「国策の基準」

（広田弘毅内閣・五相会議決定）において，対外政策の柱の一つとして，「南方海洋殊に外南洋」への進出が謳われる形で結実した[4]．また，海軍は経済分野に関する検討を目的に，対南洋方策研究委員会を発足させ，石油資源等の自給化に向けて組織的な研究に着手した．経済分野に関する海軍の基本方針は，南洋興発[5]や拓務省などの非軍事部門が前面に立って南洋・南方の経済開発を行い，海軍はこれらの部門に支援を行うというものであった．例えば，1936年6月，海軍の推進により，ジャワや蘭領ボルネオの油田利権獲得を目的とした協和鉱業株式会社[6]が設立された．

このように，1930年代の海軍は，安全保障上の理由に基づきつつも，日本企業を通じた資源確保という経済的手段によって蘭印への関与を強化しようとしたのであった．一方，第二次世界大戦の勃発に伴い，日本政府内外で武力南進論が急激に高まった結果，北進を主張していた陸軍も南進に注目し始めた．武力南進論の台頭を背景に，軍事侵攻作戦や占領計画の立案が本格化したのである．では，軍部以外の日本政府が蘭印への関与をどのように捉えていたかといえば，そこに熟慮の軌跡を見出すことは難しい．しばし指摘されるように，第二次世界大戦の勃発から日米開戦に至る1年3カ月の間，日本の対外政策は混乱と分裂を極めていたのだった［森山2006：190］．

対外政策が混乱・分裂する中，在野から南進の重要性を説く人々も現れた．中谷武世[7]が主導した大亜細亜協会などのアジア主義団体である．これらの団体により，南進の重要性は，南進論として喧伝されていくことになった．後藤乾一によれば，大亜細亜協会の南方認識とは，① 南方は「広潤の土地と無限の資源と殷賑の市場」に恵まれている一方，「幾千万の同胞が白人の桎梏下に呻吟して救済と解放の手」を待望している，② 南方諸民族は「救済者・解放者である日本を鑽仰」しており，日本はそうした南方諸民族の憧憬に応える責務がある，という過剰な思い込みであった［後藤2012：284-93］．「救済者・解放者」という自己規定の下，西洋植民地主義からアジアを解放しようとする南方認識は，その後の大東亜共栄圏構想の基層となるものであったと言えよう．

　1940 年には，蘭印をめぐる国際関係の変化を通じ，日本の武力南進の機運は急激に高まっていった．同年 5 月，ドイツに屈したオランダがイギリスに亡命政権を樹立した際，日本陸軍は，英米が保護の名の下で蘭印を占領することを懸念した．また，ヴィシー政権の成立を好機とみなした陸軍は援蔣ルート遮断を目指し北部仏印に進駐した．こうした中，第二次近衛内閣が成立し，松岡洋右外相による「大東亜共栄圏」構想への南方編入が提唱されたのである．1940 年 7 月，陸軍は「世界情勢ノ推移ニ伴フ時局処理要綱」の策定にイニシアチブを発揮し，同要綱に基づき南方地域，特に英領攻略を重視した．同年 8 月には「南方経済施策要綱」に基づき，短期的には資源を中心とした戦略物資の輸入が，長期的には資本進出による資源開発への参画が目指されるようになった［山本 2011：206］．陸軍にとっての「南方問題」は，援蔣ルートの遮断と石油資源確保に重点が置かれていた．また，海軍も，日米通商航海条約破棄（1939 年 7 月）に伴う石油禁輸を予測し，1940 年 8 月には三井物産会長であった向井忠を蘭印に派遣，小林一三[8]とともに，蘭印における石油調達と油田獲得に向けた交渉を開始した．しかし，蘭印植民地政府の姿勢は強硬であり，1940 年 10 月の時点で交渉が暗礁に乗り上げた．一方，軍部の武力南進とは対照的に，商業移民を中心とした蘭印の日本人社会は日蘭友好による商圏の維持を目指していた［後藤 2012：129］．

　次第に，陸海軍は外交手段に期待することなく，「南方油田占領計画」等に基づき，ジャワ，ボルネオ，スマトラ島の油田地帯の奇襲占領作戦を策定していった．1940 年の秋には，武力南進こそが膠着した日中戦争を解決する唯一の手段であるという発想が陸軍内に広まり，国防構想において武力南進論が急速に現実味を帯びた［波多野 1991：158-159］．1941 年 11 月に策定された「南方占領地行政実施要綱」は，占領した南方諸地域における治安確保や重要資源の獲得，現地自活の軍政三原則を定めた占領構想であり，南方の生命線である蘭印占領政策の重要性が強調されていた．

　その後，第二次日蘭会商の決裂や英米両国からの断油を受けて，東条内閣は

米国との交渉を続けたものの，1941年11月26日にはハル・ノートが手交され，12月1日の御前会議において対英米蘭開戦の決定が行われた．しかし，大本営政府連絡会議は，オランダによる蘭印の石油施設破壊を懸念し，12月8日の宣戦布告の際に対蘭宣戦布告を行わなかった．一方，オランダ政府は12月8日付で対日宣戦布告を発し，日蘭は戦争状態に入った．日本側が対蘭宣戦布告を行ったのは，翌1942年1月11日のことであった．

　以上のように，陸海軍による南進への着目は南洋諸島の割譲以来続いてきたものであるが，1930年代の漸次的な武力南進論の高まりとアジア主義団体の賛同を経て，1940年以降には急激に武力南進へと傾いていった．そして，南洋興発や協和鉱業などを通じた蘭印の資源開発が企図されたように，陸海軍による占領政策は日本企業の蘭印進出を前提としたものであった．その意味で，1930年代までに日本企業が蘭印へ進出していたことは，占領後の軍政を経済活動面で支える重要な要素だったのだろう．かつて西洋に対抗すべくアジアの一体化を求めたアジア主義は，植民地解放というよりも日本の盟主性に基づく植民地再編を推進するためのイデオロギーとなりつつあった．

(3)　軍政と「対日協力者」

　経済界の蘭印進出は，日本軍の蘭印占領後，どのように展開したのであろうか．まずは日本軍政の展開を概観したい．蘭印占領後の1942年3月7日，日本軍は軍政指令第一号に基づき，インドネシア群島をジャワ（陸軍第16軍），スマトラ（陸軍第25軍），カリマンタン以東（海軍）に分割して軍政を敷いた．インドネシア群島は面積・人口ともに「南方共栄圏」の半分を占め，資源の宝庫とみなされた最重要地域であった[9]．このため，英領マラヤとともに「帝国ノ永久確保」すべき地域とされ，その独立について日本は慎重かつ曖昧な姿勢をとった．

　占領期間中，ジャワでは第16軍司令官今村均の下で占領政策が展開された．第16軍司令官の下に軍司令部と軍政監部が併置され，軍政実務は軍政監部が

担った．また，ジャワ地域の副担当として海軍武官府も設置された．なお，植民地行政機構の現地化が進んでいたフィリピンやビルマとは異なり，ジャワでは行政機構や企業活動の大半をオランダ人が支えていた．このため，今村均は現地行政機構を温存し，敵国人収容を最小限に留めるとともに，開戦前と同様に生活・就業させる方針を取った［中野 2006：10］．ただし，軍政監部はインドネシア独立を約束することなく，政治活動や民族運動の温床となる恐れのある運動も不許可とした．そして，現地の民族主義者たちが解放と団結の象徴とした，民族歌と民族旗の使用も許さなかった．また，教化・宣撫活動を通じて現地住民の戦争協力が煽られた．鉄道・道路等の工事に向けてロームシャ（労務者）の徴用がなされ，過酷な労働環境の中で多くの犠牲者を生んだ．

　軍政下では，石油や錫，ボーキサイトなどの軍事物資に加え，兵站用の食糧や戦闘員を含む各種労働力の確保などが展開された．その際に導入されたのは，中国大陸で行われたような国策会社を占領地に設立する「国策会社方式」ではなく，占領地の既存企業を軍が接収し日本企業に運営を委託する「業者指定方式」であった［山本 2011：214］．一方，農業などの零細事業者が目立つ分野については企業管理公団が設立され，ジャワでは栽培企業管理公団が生産数量の割り当てや買上・貯蔵を一元的に管理した¹⁰⁾．食料についても重要物資公団が設立されるとともに，プランテーションの作物転換が行われた［桐山 2008：39-40］．こうした軍政下の経済政策は，あくまで日本の戦争遂行に必要な物資や食料を供給する目的で行われたものである．結局，オランダの経済的繁栄のために形成された従属経済が，日本軍政下で戦争遂行を主目的とした従属経済に再編されただけのことであった．

　さらに，強権的な人員・食料の徴発は，脱植民地化を目指す民族主義者の反感を買い，開始から程なくして日本軍政に対する信頼は損なわれていった．そこで，軍政監部は軍政支配の効率化の観点から，現地人による「対日協力」を求めたのである．日本本国より広大な南方統治を戦争遂行と並行して進めるためには，各地の民族主義運動に協力を求め，場合によっては一定の譲歩をする

ことが必要だった［後藤 1993：174-175］．今村均を中心とする軍政監部は，植民地政府によって政治犯として拘禁されていたスカルノやハッタ（Mohammad Hatta）など民族主義者を解放し，日本への協力を呼びかけたのである．

　これらの「対日協力者」たちは，日本軍の傀儡として糾弾されることなく独立後のインドネシアにおいて政治指導者となっていった．その理由は，根本敬［2006：314］によれば，「対日協力」を通じた独立の達成という目標が，脱植民地化のエネルギーを飛躍させ，戦後の独立達成に結び付けることに成功したからである．そこには，日本軍によって権力が保証されたという点において傀儡性が存在したものの，自国のナショナリズムの推進者という意味において国民の支持を受け続けることができた．

　注意すべきは，日本が蘭印の植民地経済を完全に掌握できたわけでもなく，民族指導者を完全に薫陶する形で対日協力を取り付けられたわけでもなかった点である．日本軍政は，オランダに変わる植民地政府と呼びうるほど完成された仕組みではなかったのである．中野聡［2006：16-22］が指摘するとおり，東南アジアの秩序は，欧米の植民地貿易や決済構造が複雑に絡み合いながら発展してきたが，日本はそれに代わる構造を提供できる見通しがなかった．第二次世界大戦下の東南アジアは，旧宗主国や日本，現地の民族集団，政治集団が複雑な闘争を繰り広げる政治空間であり，日本はこの政治空間を軍事的に制圧して新秩序を形成する立場に立った．しかし，蘭印においても旧秩序の温存と利用に依存せざるを得ず，植民化実行力や理念の脆弱さが目立ったのである．

　ここで，日本軍政にとっての強力な「対日協力」者であったスカルノとハッタの略歴について触れておきたい．まずスカルノは，周知のとおりオランダに対する非協力とインドネシア独立を主導し，独立達成後には初代大統領に就任した人物である．1901 年，ジャワ人貴族の家庭に生まれたスカルノは，蘭印の上流階級やオランダ人子弟が学ぶ中学・高校に通い，西洋的な環境の下で育った．高校在学時，民族運動の中心であったチョクロアミノト（Tjokroaminoto）イスラム同盟議長の家に下宿し，民族主義の薫陶を受けた．1926 年にバン

ドン工科大学を卒業した後には「ナショナリズム，イスラムとマルキシズム」という論文を執筆し，反植民地運動を展開していった．林理介［2002：5-7］によれば，この論文発表時点からナショナリズム，宗教，共産主義を反植民地主義の原動力とする方針は変わっておらず，スカルノはその後30年以上にわたり一貫した政治思想の持主であったとされる．1927年にはインドネシア国民党（Partai Nasional Indonesia：PNI）の母体となるインドネシア民族統一連盟を結成の上，演説で人々を魅了し，民族の指導者としての地位を築いた．植民地主義や帝国主義に対する批判の矛先はオランダに留まらず，1930年代初頭から「アジアにおける唯一の近代的な帝国主義国家」として日本の膨張を懸念していた．

　しかしながら，日本軍政の下で政治犯としての拘留を解かれたスカルノは「対日協力」に踏み切る．1942年5月17日，スマトラ中部のブキティンギ（Bukittingi）において，第25軍の藤山三郎大佐に対して「インドネシアの独立は大日本への協力を通じてのみ成し遂げられる．（中略）もはや同盟諸国による反日プロパガンダがいかに虚構であるか明白になった」と「対日協力」姿勢を示した．スカルノが「対日協力」に踏み切った理由としては，日本が西洋植民地主義という共通の敵を有していたこと，独立に関する世論喚起の好機とみなしていたこと，インドネシア国内に一戦線を形成する好機とみなしていたこと，反植民地主義的アジテーションを通じた政治アピールの好機とみなしていたことなどが指摘される［Dahm 1969：225-230］．端的に言えば，後藤乾一［1993：178-179］が分析するように，列強諸国が対立しあう状況に乗じてオランダ植民地主義を打倒する好機が来たと判断したためであろう．スカルノは，日本のアジア主義に共鳴したというよりも，独立を果たすためにオランダの敵対国と提携するという現実主義的な選択をしたのである．そこでスカルノは，インドネシアの日本への貢献ぶりを示すことに注力し，現地社会の反発を受けつつも労務供出や食料供出を率先して行った[11]．また，日本によって承認される以外に独立の方法は想定せず，日本に対する忠誠を示すことに腐心した．

　ただし，スカルノの希望とは裏腹に日本軍政はインドネシア独立に対して消極的であった．軍政の目的はあくまで戦争遂行と占領地の民心把握だったのである．第16軍参謀長兼ジャワ軍政監であった山本茂一郎は，「原住民を験すつもりはなかったが，その他民族に対する経験の不足と洗練さの欠乏によって，その施策の内容とその好意とを他民族に自然に正当に理解せしめることが困難だった」と述懐している［山本 1979：24］．日本軍政に対する反発は現地の人々の急進的な独立願望を高め，スカルノは急進勢力から早期独立を求められ始めた．

　いま一人の「対日協力」者，ハッタはブキティンギで1902年に生まれた．ハッタは，イスラム教師の父親からイスラム教教育を受けるとともに，商家出身の母親から商業的な訓練を受けた実業家であった．1922年にはオランダに留学し，ロッテルダム商科大に所属する傍ら，蘭印出身の留学生から構成されるインドネシア協会の中心人物として留学生を指導していた．10年の在外生活を経て，1933年にハッタは帰国し，インドネシア民族育成会の会長を務めた．1942年2月，政治犯として抑留されていたハッタは日本軍によって釈放された．その際ハッタは，日本軍政への協力を拒否すれば生命に危険が及ぶと察知し，現地住民の犠牲軽減のためにやむを得ず日本軍政への協力を表明した［鈴木 2019：45］．

　ハッタと日本軍政の関係は，軍政監部に所属してハッタとの交友を深め，戦後にはアジア協会で日尼関係の強化に注力した三好俊吉郎の手記が詳しい．同手記によれば，日本軍政がハッタに期待した役割は，大衆集会やラジオを通じての民衆宣撫工作であり，戦争と軍政の目的を周知するとともに，「対日協力」を求めることにあった．ハッタは日本軍政下での独立は困難だという見通しを持っていたが，軍政に反発して地下活動に身を投じれば独立の機運も衰退すると考え，軍政監部の嘱託となることを決心した．

　逡巡の末に就任した嘱託であったが，ハッタは軍政下でのインドネシア社会の窮乏に憤慨し，日本軍政に対して疑念を強めていった．そもそも，スカルノ

が西洋植民地主義からの脱却支援を日本軍政に期待する一方で，ハッタにとって日本軍政はファシズムの体現であり，危惧すべき存在であったのである．スカルノとハッタは，独立という共通目標を持ちながらも，多くの相違を抱えながら政治的連携をしていたのであった [Dahm 1969 : 260]．軍政幹部は，次第にハッタを警戒するようになり，憲兵隊がハッタを共産主義者として司令部に報告するに至った．1943年8月，憲兵隊はハッタ暗殺計画を立案した．その計画とは，ハッタと三好を自動車で移動させ，プンチャク峠にて憲兵隊の自動車と追突させて自動車事故による死亡と見せかけようとするものであった．計画を察知した三好は，現地社会から信頼されるハッタを暗殺すれば，収拾のつかない事態になると判断した．そこで，山本茂一郎を通じ，憲兵隊の村瀬中佐に働きかけ，村瀬とハッタを直接対談させることとした．結果，三好が通訳を務める形で3時間に及ぶ対談がもたれ，村瀬のハッタに対する疑念は払拭された．

　このような経緯がありつつも，スカルノとハッタは日本軍政下で着実に独立運動の指導者としての立場を確立しつつあった．「日本はアジアの光，日本はアジアの母体，日本はアジアの指導者」というスローガンの下，日本軍のジャワ上陸直後から開始された3A運動は，1943年3月に日本軍政への協力を主眼に据えた民衆総力結集運動（プートラ運動）へと発展していった．スカルノは同運動の委員長を，ハッタは副委員長を担ったのである．この運動を通じて，スカルノとハッタは，公然とした民衆運動の中心人物としての地位を確立した [山本 1979 : 33]．民衆総力結集運動はその後奉公会運動へつながり，各地域に日本社会を模した奉公会や隣組が設置されていった．また1943年には，イスラム勢力の支持を集めるべく，既存のイスラム連合組織を再編してインドネシア・ムスリム協議会（マシュミ）を発足させた．同年9月，ジャカルタに参謀協力機関として中央参議院が設置され，インドネシア各界の政治指導者から42名の議員が任命された．これら42名の互選により，議長にはスカルノが特段の問題なく最多得票し，ハッタも副議長候補として議員の最多数得票を得た．

　東京で大東亜会議が開かれたのは，まさにこのような状況下であった．各地

の「独立国」6カ国とオブザーバーの自由インド仮政府が東条英機の招きで一堂に会し,「共存共栄の秩序の建設,自主独立の相互尊重,人種差別の撤廃」を謳った大東亜共同宣言が採択された.日本の盟主性を想起させる「大東亜共栄圏」という用語の使用は注意深く避けられた[後藤・山崎 2001：109]が,大東亜会議自体が5月31日御前会議決定の「大東亜政略指導大綱」に基づき開催されたものであり,大東亜共栄圏構想と密接に関連していたことは言うまでもない.

　この大東亜会議を境に,スカルノとハッタの「対日協力」は転換点を迎えた.大東亜政略指導大綱(1943年5月)において,「帝国領土ト決定」されたインドネシアは,大東亜会議の正式参加者として招聘されなかったのである.1943年11月13日,スカルノとハッタは東京を訪問し準国賓として3週間にわたって日本各地を視察したが,そのスケジュールは大東亜会議参加者が全員帰国した後に,スカルノとハッタが東京に到着するというものであった.大東亜会議に参加した各国要人と対面しないように調整されていたのである.それでもなお,スカルノとハッタは,日本訪問によってインドネシア民族主義が日本政府に認められ,ビルマやフィリピンのように独立を見込めるようになるという希望を持っていた.しかし,彼らと面談した東条英機は,インドネシア独立に関する言及を避け,民族旗の紅白旗(独立後の国旗)と民族歌インドネシア・ラヤ(独立後の国歌)の使用についても消極的な姿勢しか示さなかった.この結果,スカルノとハッタは日本軍政に対する疑念を深めていった.1944年9月,「近い将来」という時期を曖昧にしながらもインドネシア独立を許容した所謂「小磯声明」により,スカルノとハッタには独立の希望を見せつつも,日本軍政が許容したのは民族旗の掲揚と民族歌の斉唱のみであった.血涙を絞ったスカルノやハッタの請願は受け入れられず,結局インドネシア独立が日本軍政下において成し遂げられることはなかった.

　以上のように,軍政下における日本企業の蘭印進出は,陸海軍占領地域において接収された企業の運営を受託する形で進展した.スカルノやハッタなどの

民族主義者による脱植民地化の潮流を利用しながら，産官軍の連携に基づいて蘭印への経済進出を実現するという構図が形成されたのである．

▌2　軍政下蘭印における産官軍

戦前期日本の産官軍と「対日協力者」の思惑が交錯する中で，具体的にはどのような企業活動が軍政期に行われたのであろうか．本節では，軍政期にその端緒を持ち，戦後においても対インドネシア経済協力案件として組成されていく事業の萌芽について述べる．具体的には，スマトラ島における石油開発，スラウェシ島におけるニッケル開発，カリマンタン（蘭領ボルネオ）における森林開発である．

(1)　南方石油資源への渇望——帝国石油——

日本国内の石油需要は，明治末期以降の重化学工業発展などにより拡大し，石油政策を国策として推進する機運が生じた[13]．1921年には日本石油と宝田石油が対等合併し，新設の日本石油が発足するなど業界の再編が行われたが，国産石油の生産量は1915年をピークに停滞した．そこで，石油の調達先として海外油田の開発に注目が集まったが，その実現は容易ではなかった[14]．

こうした状況を受け，1933年には陸軍省と海軍省を中心とする各省局長級からなる石油国策審議会が設置され，石油地質調査や試掘奨励金給付などが講じられた．1934年には，商工省鉱山局に燃料課が設置され，1937年には燃料局へと昇格した．1938年3月，政府は石油資源開発法を制定し，試掘および機械購入に係る助成比率を引き上げた．また，1940年7月には，石油探鉱開発の専門会社を設立すべく，日本石油，日本鉱業，中野興業，旭石油，小倉石油，北樺太石油，協和鉱業を出資者とする帝国石油資源開発株式会社が設立された．同社は国内における有望鉱区の開発と海外における石油資源開発事業を目的とし，設立後5年にわたり政府が株主配当を保証する国策会社であった．

しかし，翌1941年9月には，民間の鉱業資産と技術を活用し効率的な経営を図るべく，帝国石油資源開発は半官半民の帝国石油株式会社（帝国石油）として発展解消した．

南進論の台頭と対米開戦の機運に伴い，帝国石油は多くの人員と採掘装置を南方に送る準備をした．1941年段階の国内石油生産量は30万8000kℓであったが，これは平常国内需要の12%に過ぎず，残りは米国を中心として輸入に依存していた．しかし，戦時中の石油総需要は556万kℓと見積もられ，開戦後ただちに石油を確保することが求められるようになった．

このような背景の下，蘭印の石油資源確保に向けた動きが本格化した．東亜経済研究所の委託により，帝国石油は1941年から1942年5月にかけて調査を行い，1943年2月，「南方諸地域の石油」という報告書を取りまとめた．同報告書は，蘭印各地の油田の地質や経営体制，産出規模，輸送手段等を取りまとめ，スマトラ島北部で産出される石油はガソリン30%，灯油40～50%を製出可能な質の高いものであると結論付けた．[15]

ここで，スマトラ島の石油産業について簡単に解説を付しておく．スマトラ島はマラッカ海峡をはさみマレー半島の対岸に位置する島であり，インドネシア第四の都市である州都メダン（Medan）を擁し，東西交通の要衝として発展してきた．また，南部のパレンバン（Palembang）ではオランダ統治時代に石油資源が発見されるなど，東南アジアにおける重要な石油供給地であった．戦前における北スマトラ地方の油田開発は，バタヴィア石油会社（Bataafse Petroleum Maatschappij：BPM）が鉱区権を取得して，東部アチェ油田をはじめ，ランサ，バンガル，ブランダン等の北部海岸地帯の開発を進めていた．BPMは，ロイヤル・ダッチ石油（Royal Dutch Petroleum）（60%），シェル・トランスポート・アンド・トレーディング（Shell Transport and Trading）（40%）による合弁会社である．1941年には年産62万トンまでの原油生産規模に達し，英蘭両国にとって重要な石油供給地域の一翼を担っていた．

1942年2月14日，「空の神兵」たる陸軍落下傘部隊がパレンバンを急襲し，

18 日には周辺地域を鎮圧するとともに空挺作戦を完了した．日本軍は，スマトラのみならず，北ボルネオ，ジャワ，ビルマ，セラム，ニューギニアなど石油資源を擁する南方諸地域に進攻し，現地を占領の上で油田の接収と復旧開発を目指した．実際の復旧事業を担ったのは，帝国石油をはじめとする日本企業であった．なお，先述の帝国石油の委託調査が完了したのは，1942 年 5 月であり，「南方諸地域の石油」の刊行は戦況が悪化した 1943 年の 2 月だった．したがって，同報告書は日本軍による侵攻作戦を後から正当化するためのものとして書かれたという可能性もある．

　その間，北スマトラにおける油田および関連設備は戦災によって破壊され，油田復旧を目指す日本軍の試みも空しく，連合国軍の空爆により油田は荒廃の一途を辿っていた．北スマトラを含むインドネシアの油田には，南方徴用者として終戦までに 6700 名の技術者が日本企業から徴用され，そのうち 5193 名は帝国石油の社員であった［石油資源開発 1987：47-53］．しかし，戦況の悪化に伴い，南方戦線においても制空権を連合軍が掌握する中で，油田設備も攻撃対象となり，設備が破壊され多数の技術者が死傷した．蘭印の石油は，1930 年代以降の南進論の核となる要素であったが，軍部の思惑も空しく石油の対日供給は実現しなかった．

(2)　ニッケル国産化の挫折——日本火工と住友鉱業——

　第二には戦前期日本の工業化を支えた鉱物資源としてニッケルの事例を取り上げる[16]．ニッケルは，洋白や洋銀として装身具や洋食器，貨幣等に広く使用されてきた非鉄金属資源である．19 世紀末以降にはメッキの材料として用途が広がり，その後はステンレス鋼を代表とする特殊鋼に用いられるようになっていった．満州事変後の日本においては，財政膨張によって国内景気が刺激され重化学工業が活況を呈した．また陸海軍の軍備拡張により，軍艦・兵器等の原材料となる特殊鋼や軽合金（アルミニウム，ステンレス等）の需要が増加した．陸海軍は軍事機密の保持のため，軍備品の製造に際しては国産資源を利用するこ

とを受託企業に求めた.

そこで，日本火工社長であり森コンツェルンの創始者でもある森矗昶(のぶてる)は，朝鮮半島で産出した原材料を用い，アルミニウムの「国産化」に成功した．その後，森はニッケルを用いたステンレス鋼の国産化を目指した．当時，日本列島でニッケル鉱床は発見されていなかったが，森は鉱脈の調査を行い，京都府北部の大江山連峰にニッケル鉱が存在していることを確認した．1934 年 9 月，昭和鉱業は鉱業権を取得し，昭和鉱業子会社として大江山ニッケル鉱業を設立し，採掘を開始した．しかし，大江山からは低品位ニッケルしか産出されず，純ニッケルの精製には技術面でも採算面で困難であった［日本冶金工業 1985：39］．結局，大江山の鉱床から純ニッケルを精製する技術開発は成功せず，メッキや電気部品，ニクロム電熱線など純ニッケルを必要とする製品の国産化は実現しなかった.

ニッケルの国産化が困難化する中，住友別子鉱山は海外でのニッケル開発を試みた．1935 年，同社はニューカレドニア，オーストラリア，タスマニア等で現地調査を実施し，1936 年 8 月にはニューカレドニアで珪ニッケル鉱の鉱区を取得した．ニューカレドニアでは，1880 年にフランス系企業であるル・ニッケル社（Société Anonyme Le Nickel）が設立され，ニッケル鉱石の採鉱を行っていた［薩摩 1969：90］．1937 年，経営統合に伴い住友鉱業に改称した同社は，日本鉱業などと合弁設立した太洋工業に，上記鉱区の開発を指示し，1938 年 5 月にはニッケル鉱石の日本への輸出を開始した.

ニューカレドニアとともに，住友鉱業が着目したニッケル調達地がスラウェシ島だった．1917 年から 1922 年にかけて行われた蘭印政府の鉱床調査以来，オランダとドイツはスラウェシのニッケル資源に着目していた［向井ほか 1972：627］．1935 年，オランダ系石炭会社である東ボルネオ鉱山会社（Oost Borneo Maatschappij：OBM）はドイツ企業クルップ社（Krupp）[17]に依頼してスラウェシ島南東部のポマラ（Pomalaa）地域一帯のニッケル鉱山調査を実施した．3 年にわたる探鉱後の 1938 年，OBM はクルップ社と共同でボニトラ鉱山会社

（N.V.Boni Tolo：BMC）を設立した[18]．その後，第二次世界大戦の開戦によりクルップ社は BMC の経営から撤退し，スラウェシのニッケル鉱山は OBM の単独経営となった．そして，1939 年から 1941 年にかけ，OBM は 13 万〜16 万 t のニッケル鉱石を日本に輸出していた．

　しかし，これら鉱石だけで，日本の軍需を満たすことはできなかった．さらに，1940 年 8 月には，フランス政府がニューカレドニア産ニッケル鉱石の対日輸出を禁止したことで，住友鉱業がニッケル鉱石を輸入し精製することが困難になった．皮肉にも，翌年には軍部が住友鉱業に対してニッケルの年間生産量を 1500 t から 3000 t に倍増させるよう要請したのである［住友金属鉱山 1991：156-159］．住友鉱業は原材料調達と軍部の増産要請の狭間で苦慮することになった．

　こうした折，1942 年 1 月 11 日，阿南惟幾陸軍大将が率いる日本軍第二方面軍はスラウェシ島のメナド（Menado）に進攻，2 月 9 日には海軍攻略部隊がマカッサル（Makassar）を占領し，スラウェシ島を占領下に置いた．上陸から 2 カ月後の 1942 年 3 月，海軍は直ちにニッケル鉱石の採掘を目指し，スラウェシ島ポマラ鉱山の開発経営を住友鉱業に委託した．住友鉱業は日本向けの送鉱と並行してポマラに精錬所を建設し，1943 年 8 月にその完工をみた．同精錬所は，鉱石処理能力年間 7 万 t，ニッケルマット年間生産量 8920 t の生産規模を持つ大規模精錬工場であったが，完工から 3 カ月後の 1943 年 11 月，殆ど操業されることとないまま戦災により再起不能の状態に陥った．結局，住友鉱業の事業は採掘と鉱石の輸出に留まり，現地での精錬は行うことができなかった．ピークで年間 7 万 9000 t ［住友金属鉱山 1991：160］のニッケル鉱石が日本に送られたが，経営と戦況の悪化により，終戦までの対日輸出量は 12 万 t に留まった[19]．

　このように，ニッケルについても日本の工業発展と南進の文脈の中で注目が集まり，蘭印における日本軍政下で現地企業の接収と日本企業への経営委託が行われたのであった．しかし，スマトラの石油と同じく，日本軍が予定した形

でのニッケル供給は実現しなかった.

(3) 「希望の国」の森林資源——南洋林業と三浦伊八郎——

　第三の事例としては, 日本の木材加工業や建築業を支えた蘭領ボルネオ (カリマンタン) の森林資源を取り上げる. ボルネオ島は, ジャワ島の北に位置し, 第二次世界大戦以前は, 北部に位置する英領ボルネオとサラワク王国, そして南部に位置する広大な蘭領ボルネオから構成されていた. 島のほとんどを未開の原生林が占め, 建築材として用いられるラワン材の資源に富んだ地域である.

　蘭領ボルネオでは, 1908 年に日本人がゴム栽培者として入植した実績が見られる [早瀬 2006：38]. 1916 年には野村財閥系の野村東印度栽培株式会社が設立され, ゴム農園事業が開始された[20]. 1920 年には東洋拓殖もバンジャルマシン (Banjarmasin) において, 現地法人である蘭領印度拓殖会社を設立し, ゴム園経営を行った [東洋拓殖 1937：47]. その間, 1918 年には山鹿弘の率いるボルネオ物産[22]がバリクパパン (Balikpapan) で伐採事業を開始し, 1922 年には産出された木材の対日輸出を試験的に開始した[23]. そして, 1923 年の関東大震災に伴う復興需要の高まりによって, 日本国内では東南アジア産の木材である南方材への注目が集まった.

　1930 年, 南洋林業株式会社[24]はタラカン (Tarakan) で伐採事業を開始し, その後サンクリラン (Sangkulirang) に事業対象地を拡大した. 事業開始に当たり, タラカン島に存在する樹種や蓄積量を把握するための綿密な林相調査が行われ, 職員である木原幸太郎は小型ボートで一晩かけてササヤップ川 (Sesajap) を遡上し, 更にササヤップ川支流を踏破する形で森林調査を行った[25]. 南洋林業の事業は拡大し, 1935 年の時点ではサンクリラン (Sangkulirang) において 200～300 万円程度の投資を行い, 3000 人の現地人苦力と 170～180 名の日本人職員が雇われていた. また, 1933 年には雪本商会がバリクパパンに林区を設定し, 対日輸出を開始した[26].

　こうした日系木材業者の動向もまた, 日蘭経済摩擦の一因となった. 日系木

材業者が「余りに乱暴な営業方針」であったため，オランダ政府は南洋林業が日本によるカリマンタン占領の尖兵となっていると疑ったのである[27]．「戦時中ダンビラを下げて此処で木材を伐った[28]」という日系材木業者の述懐が示すとおり，過酷な実態があったのであろう．

　ただし，蘭領ボルネオにおける日系木材業者の活動は，一定程度の存在感を以て日本政府に認知されていたと考えられる．1935年3月9日の貴族院予算委員会において，佐々木八十八議員は，米国をはじめとする北洋材輸入の激減に伴う国内木材価格高騰への政府対応について質問した．これに対する兒玉秀雄拓務大臣の回答は，フィリピン材の存在を示しつつ，「蘭領『ボルネオ』ニ於キマシテモ，木材ニ対スル邦人ノ権利ガアリマスルノデ，是モ最近ニ可ナリ大組織ヲ以テ伐採スルコトニ相成ツテ居リマスルノデ，（中略），此等ノ資源ノ不足ハ之ヲ南洋ニ求ムルト云フ事柄ヲ御考ヲ願フ[29]」というものであった．日米関係に暗雲が立ち込める中，石油などの資源がそうであったように，木材についても代替調達先として南方が浮上していたのであろう．

　兒玉の答弁を商機とするかのように，ボルネオ商会と提携し，かつ南洋林業と販売委託契約を締結していた日露木材株式会社は『南洋ボルネオ材ノ黄金時代来ル』という非売品冊子を発行した．同冊子は，南洋林業の事業規模や産出材の特徴を説明するとともに，「国策的見地より斯の如き邦人伐出材，すなわち準国産材を優先的に使用すべきと思ふ[30]」と述べるなど，政府見解を踏まえた営業資料として作成されたものと考えられる．蘭領ボルネオにおける日系木材業者は，自らの活動に対して国策という大義名分を与える機会を得たのであろう．

　開戦直後の1941年12月24日，日本軍はボルネオ島北東部のサラワク王国に進攻した．翌42年1月，蘭領ボルネオのタカランに上陸し，翌月にはバンジャルマシンを占領してボルネオの主要都市をほぼ支配下においた．その後，1942年3月14日決裁の「占領地軍政処理要綱」に基づき，海軍民政部がボルネオの民政を担当することとなった．以後ボルネオにおいては，49社の日本

企業が進出し，海軍からの指定を受けて資源開発等に従事した．また，こうした企業への資金供給を目的に植民地券発券銀行である台湾銀行が進出し，軍票や南発券支出管理に当たり，1943年4月以降には南方開発金庫が南発券の発行を担うようになった．1943年6月に台湾総督府外事部が発行した『ボルネオ事情概要』では，ボルネオは「希望の国[31]」と描かれ，日本企業の進出が奨励されている．

　軍政開始と前後し，日系木材業者の事業は拡大途上にあった．南洋林業は蘭領ボルネオにおける代表的な日本企業と言い得るまでに成長しており，年平均で19万石程度の原木取扱量を達成していた．これにボルネオ物産が次ぎ，規模は小さいものの雪本商会も事業実績を持っていた．また伐採事業は行わず貿易のみであったが，山田商店が6万石程度の輸出実績を持っていた［高山1942：271-275］．

　林業経営寄りの研究が進む一方で，南方の森林について農学的側面からも研究が進んでいった．1944年，東京帝大農学部長であった三浦伊八郎は，アジア・アフリカ・中南米を対象とした熱帯林研究を取りまとめた『熱帯林業』を発表した．同書は「産物的・地域的に全般に亘り熱帯林業を体系づけた世界最初のもの」であり，三浦は同書に「熱帯林産学を建設することは，大南洋開発による大東亜建設の一役を担うもの」という意義を込めていた［三浦1944：1-2］．同書は，蘭印主要地域における林野面積や主要樹種を概観し，蘭領ボルネオについては混合林が多く，木材として利用可能な地域は比較的少ないという見解を述べた［三浦1944：260-261］．

　三浦伊八郎の研究は，純粋な学術的な関心から行われたものというよりも，時局に応じた日本政府と産業界の意図に基づくものであったことは想像に難くない．同年3月25日，蘭印で農業関係事業を展開していた東山商事は，「防諜上極秘扱」としつつ，「南方受命事業一覧」と「南方受命事業現況」という二種の資料を三浦伊八郎に提供し，蘭領ボルネオを含む蘭印における日系農林水産事業者の状況を具に報告しているのである[32]．前述のとおり『熱帯林業』の結

論は消極的なものであるが，東山商事をはじめとする日系木材業者は事業拡大の期待を込めて三浦の研究に協力的姿勢をとったのであろう．

ただし，蘭領ボルネオの森林資源もまた石油やニッケルと同じく戦況に翻弄された．1945年5月にはオーストラリア軍を中心とする連合軍が上陸し，終戦までに激しい掃討作戦が続いた．同年6月にはバリクパパン近海で米軍が掃海作戦を展開し，7月には第二次世界大戦最後の大規模上陸戦であるバリクパパン上陸作戦が展開された．この結果，7月下旬にバリクパパンは連合軍によって鎮圧され，日系木材関係業者は操業を停止せざるを得なかった．

┃　お わ り に

19世紀末に始まる日本の蘭印への関与は，1920年代までは個人ないしは企業の経済的利益の追求を行動原理とするものであった．日本での生活苦から新天地に希望を見出した個人事業主の進出に始まり，財閥系商社の拠点設置や日本人会設立を経て，日本の蘭印への進出は，次第に大企業中心の進出という様相を帯びた．1915年の南洋協会設立や，1920年代のゴム農園経営への日本企業の参画を経て，日本国内での南進論の高まりとともに東洋拓殖や南洋協会などが蘭印での事業を拡大していった．財閥企業各社がプランテーションを経営したように，日本経済界による蘭印への進出は，西洋植民地主義の模倣により脱亜を目指す19世紀的な時代潮流をその淵源に持っていた感がある．

ただし，こうした企業自体が脱亜という政治的理念に依拠していたかは検討の余地があろう．むしろ，日本企業の蘭印進出を後押しした直接的原因は，大戦景気に沸く工業化の進展や外航船舶を有する船舶会社の振興，南洋諸島の譲渡による海外経済圏への着目だったのではなかろうか．だとすれば，1920年代までの日本経済界による蘭印への関与は，経済の論理に基づくものであったと位置づけられる．とはいえ，蘭印で日本企業が影響力を拡大し，疑似的な植民地経済を構築していく様相は，日蘭間の政治的対立を惹起するものでもあっ

た．奇しくもこの過程は，蘭印における脱植民地化の胎動と同時に進んでいた．
1927 年に PNI の母体となるインドネシア民族統一連盟を設立するなど，若き
日のスカルノは脱植民地化を目指す民族主義者のリーダーとしての地位を固め
つつあった．そして，スカルノやハッタは日本の植民地主義を警戒した．1920
年代後半における日本企業の蘭印進出は，現地の民族主義者にとっても警戒す
べき膨張主義とみなされたのである．

　1930 年代に入ると，スカルノの警戒感を体現するかのように，日本企業に
よる蘭印進出は国策的な様相を帯び始めた．満州事変に伴う軍需増加により，
ニッケル等の非鉄金属資源の蘭印からの調達が目指された．また，石油開発を
促進するため，陸海軍を中心とする石油国策審議会が 1933 年に設立され，石
油の調達先の模索が開始された．建築材向けの木材供給を目的に，南洋林業が
蘭領東ボルネオで事業を開始したのも 1930 年のことであった．「国策の基準」
に基づき，「南方海洋殊に外南洋」への進出を目指した海軍は，南洋興発や協
和鉱業，拓務省などの非軍事部門を前面に立たせ，南洋・南方の経済開発を進
めた．蘭印進出の目的として軍事的要素が強まっていったのである．このよう
な潮流によって，蘭印進出を巡る産官軍の連携構造は次第に形作られていった．
実際，スカルノが懸念したとおり，日本は「アジアにおける唯一の近代的な帝
国主義的国家」として蘭印に関与していくこととなったのである．

　対米開戦後，南進論に基づく蘭印占領は早急に実施され，産官軍の連携によ
り石油やニッケル，材木などの南方資源開発が進められた．これらの事業に携
わった経済人や軍政当局者たちは，蘭印に係る知見を蓄積するとともに，現地
政財界との人脈を築いていった．注目すべきは，こうした軍政および軍政下で
の経済活動を支えた「対日協力者」の存在である．スカルノやハッタは，既述
のとおり日本の対外膨張主義に強い危機感を示していたものの，オランダの植
民地支配から脱するための一過程として日本軍政に協力することが必要だと判
断した．また，南スラウェシの貴族階層など，いわゆる支配階級の中にも，独
立を達成するために，石炭や石油，プランテーション，絹産業の面において日

本軍に協力した人物が少なからず存在した［Asba 2007：132-35］．しかしながら，日本は独立を確約することなく，1944年9月の小磯声明で「将来的な独立」を曖昧に容認する姿勢しか示さなかった．資源供給地として蘭印を確保するという方針は，同地の独立を容認するという発想と本質的に相容れないものだった．

だが，宗主国オランダや蘭印の民族主義者，日本企業の駐在員，軍政監部といった多様な主体を秩序付け，蘭印における植民地経済を日本が主導して建設できたわけではなかった．在蘭印企業の大半は交戦国であるオランダに所有されたままであったし，戦況の悪化に伴う生産設備の破壊等を受け，陸海軍が目指した規模での生産活動は達成されなかった．こうした意味で，産官軍の連携による蘭印進出は，志半ばに終わった．

ただし，こうした連携に携わった人々の存在や経験が，帝国日本の解体を以て消滅したわけではない．蘭印で経済活動に携わった日本人の中には，その経験が確固として蓄積され，現地の民族主義運動との人脈も築かれていたのである．次章以降で述べるように，この軍政期の経験と人脈を重用する形で戦後日本の対インドネシア進出が進められることとなったのである．

注

1）「南方」の示す範囲について，統一的な定義が用いられてきたわけではないが，例えば「南方経済施策要綱」（1940年8月16日）は次のように定義づけている．内圏地帯：仏印，タイ，ビルマ，蘭印，フィリピン，英領マレー，ボルネオ，葡領ティモール．外圏地帯：英領東インド，オーストラリア，ニュージーランド．

2）スラバヤ日本人実業界，バタヴィア日本人商業協会，スマラン日本人商業協会の連合体組織．

3）1912年に神戸スラバヤ間の定期航路を開設．戦後，東京船舶への改組を経て，2010年に日本郵船に吸収合併．

4）森山優によれば，「国策の基準」をはじめ，当時提唱された「国策」はその多くが曖昧な概念にとどまっており，すべての集団が金科玉条のごとく信奉していたわけではない．また，南進論の台頭と実際に行われた南進は，一直線上に設定して因果づけることも適切ではない［森山2006：191-192］．しかし，日本の対外政策において「南方海洋

殊に外南洋」を重視した点で「国策の基準」は蘭印への関与強化を示す一つの契機になったと考えられる.

5）南洋興発は，第一次世界大戦後の南洋群島開発を目的に，東洋拓殖の70％出資によりサイパンで1923年に設立された国策企業である．戦後，GHQ の指示で解散したが，1950年には元社長栗林徳一により栗林商会傘下に南洋貿易が設立された.

6）三井・三菱・住友の合弁で設立され，ボルネオ石油から事業を承継した石油企業.

7）猶存社を経て法政大学に教員として奉職．1933年，大亜細亜協会設立．1942年には翼賛選挙で当選.

8）阪神急行電鉄社長を経て第二次近衛内閣にて商工大臣に就任.

9）将来の「南方共栄圏」各地の指導者となるべく日本へ派遣された南方特別留学生の第一期生116名のうち52名をインドネシア人が占めるなど，「南方共栄圏」各国間での人口比率に応じた処遇を与えられる局面もあった.

10）大阪朝日新聞「管理公団を設置——ジャバ栽培企業管理の要鋼」，1942年7月5日.

11）こうしたスカルノの姿勢の結果，ブキティンギでは多人数のロームシャと慰安婦が徴用され，日本軍政に対する協力を余儀なくされていった.

12）三好俊吉郎「ハッタ博士に就いて」1957年9月29日，戦後期外務省記録，リール番号 A'-0396.

13）1919年には秋田鉱山専門学校に石油科が設置された．翌1920年には東京帝大と早稲田大，1921年には九州帝大に石油講座が設置され，技術者の育成が目指されていった.

14）1926年には北樺太石油が設立され，中国遼寧省の撫順（Fushun）でもオイルシェールや石炭液化の研究が進められた．東南アジアにおいては，久原鉱業と南洋開発組合による1920年の試掘や，ボルネオ石油（日本石油と三井物産の合弁）による蘭領ボルネオでの1930年の試掘が行われたが，ともに失敗に終わっている.

15）東亜経済研究所『南方諸地域の石油　資料丙第3012号C（第八調査委員会資料23）』，1942年，8頁.

16）ニッケル鉱石は，硫化鉱（金属と硫黄が結合した鉱石）と酸化鉱（金属が酸化した鉱石）に大別される．硫化鉱の産出国は，主にロシアやカナダ，オーストラリア，南アフリカ，中国などの大陸国である．一方，酸化鉱の産出国は，インドネシア，フィリピン，ニューカレドニア，キューバなど，熱帯諸国である［JOGMEC2014:244-246］.

17）エッセンに本社を持っていた石炭・鉄鋼・兵器コングロマリット（現ティッセンクルップ）．19世紀後半以降兵器の開発・製造に注力し，銃火器，戦車，大砲等の生産を行っていた.

18）BMC は，鉱区の北端にあるポマラ鉱床と南端のタンジョン・パーカー（Tandjung Pakar）にあるバキトラ鉱床を探鉱し，得られた鉱石をクルップ社のドイツにおける精錬工場へと輸出した.

19）「現下ニツケル事情とその鉱山開発について」発行者名，発行年不明，戦後期外務省記録，リール番号 E'-0215.

20）拓務省拓務局『海外拓殖事業調査資料第20巻　昭和8年3月　蘭領ボルネオノ産業

ト邦人』拓務省，1933 年，196 頁.

21）植民地開拓及び貿易を目的に 1908 年に設立された特殊会社. 朝鮮半島の拓殖を中心にしていたが，第一次世界大戦後には南洋群島も事業対象地域に広げた.

22）播磨造船系の木材企業. 播磨造船は 1929 年に神戸製鋼所から分離独立した造船会社であり，1960 年に石川島重工業と合併している. 本書で後述するように，ボルネオ物産は戦後においては亜南産業に改組された.

23）日本南洋材協議会「南洋材史座談会」1975 年，大日本山林会林業文献センター 650.2N.

24）東洋拓殖傘下企業. スマトラ島にて林業を行っていたスマトラ林業株式会社の債権債務一切を継承して設立された. 1935 年 12 月 4 日付東京新聞によれば 1933 年設立とされるが，南洋経済研究所の調査によれば 1930 年に設立され，同年中の事業実態が把握されている.

25）南洋経済研究所『南洋資料第 332 号　昭和 18 年 10 月　南方林業経営の苦心』南洋経済研究所出版部，1944 年.

26）安宅産業系の木材企業. 安宅産業は 1904 年設立の総合商社であり，1975 年の経営破綻後に伊藤忠商事に吸収合併されている.

27）南洋経済研究所　同上史料，6 頁.

28）続木馨「南ボルネオ林業開発」亜南産業株式会社 1959 年 8 月 21 日，11 頁，大日本山林会林業文献センター 650.4Z.

29）第 67 回帝国議会貴族院予算委員会議事速記録第 11 号，1935 年 3 月 9 日，4 頁.

30）日露木材株式会社『南洋ボルネオ材ノ黄金時代来ル』1935 年，大日本山林会林業文献センター 650.2N，8 頁（同史料には「昭和 9 年」という登録シールが添付されているが，昭和 10 年 3 月 9 日の兒玉の答弁を「本年 3 月 9 日」と言及しているため，実際は昭和 10 年発行と思われる）.

31）台湾総督府外事部『台湾総督府外事部調査資料第 116（一般部門第 18）ボルネオ事情概要』台湾総督府，1943 年 6 月.

32）東山商事発三浦伊八郎宛「弊社南方受命事業一覧現況書送付ノ件」1944 年 3 月 25 日，大日本山林会林業文献センター 650.2N.

第2章
インドネシアにおける「冷戦」と「経済」

はじめに

　300年に亘るオランダの植民地支配とそれに続く日本の軍政支配を受けたインドネシアにとって、第二次世界大戦の終結は支配からの解放を目指す激しいエネルギーを解き放つ契機となった。日本の敗戦後、蘭印はインドネシア独立戦争を展開し、旧宗主国オランダはこれに対抗する形で植民地権益の保全を図った。共産主義の拡大を懸念する米国は、インドネシアが米ソいずれの側に立つのか憂慮し、インドネシアへの援助を通じて東南アジア地域の安定化を図ろうとした。イギリスもまた、欧州主導での東南アジア地域の秩序形成を目指し、影響力維持を図った。そしてサンフランシスコ講和会議後には、独立を回復した日本がインドネシアとの国交正常化を通じて経済進出を企図し始めた。

　諸外国の思惑が渦巻く中、脱植民地化を目指すインドネシアは、これら自由主義諸国との関係構築には、慎重を期したはずである。なぜならば、欧米諸国と経済・軍事両面で関係深化を図れば、インドネシア国内の民族主義者から西洋植民地主義への再接近として反発を受ける可能性があったからである。しかし、歴史的経緯を見れば明らかであるように、インドネシアはオランダとの関係は希薄化させつつも、米英からの経済援助を受け、さらに日本とも賠償と経済協力を通じた経済関係の深化を計った。脱植民地化という観点からは、インドネシアが欧米諸国や日本と距離を置く方が自然であったのに、結果として各国からの多大な関与を引き出したのはなぜだろうか。そして、米国による冷戦政策と欧州諸国の経済権益の保全といった各国の思惑が複合的に絡み合う中、

かつての軍政支配者であった日本との関係回復は如何なる意図の下で進められたのだろうか。また、オランダやイギリスが経済権益の保全を画策する中、独立を遂げたインドネシアは、いかなる論理に基づき日本との経済関係を構築したのだろうか。本章では、こうした問いを明らかにするため次の観点から分析を試みたい。

第一には、インドネシアが直面した経済的独立性の問題である。本章では、第二次世界大戦の終結から米ソ冷戦の構造化が進んだ1950年代前半までにインドネシアが直面していた経済停滞の様相と経済政策、そして諸外国の関与を論じる。具体的には、インドネシアが経済的独立を目指して立案した経済計画が頓挫していく中、米国は冷戦戦略の一環として、イギリスは経済権益保全の観点から、インドネシアへの援助供与を行っていく過程を整理する。そして、西イリアンの領有権をめぐる問題の深刻化に伴い、こうした米英の関与が困難になっていく過程を分析する。

第二は、日本とインドネシアとの国交正常化過程における日本企業の存在である。サンフランシスコ講和条約およびバンドン会議を通じて国際社会に復帰した日本は、インドネシアへの賠償や経済協力、そして通商を通じて如何なる経済的関与を行おうとしたのだろうか。1950年代の日本は、米国の冷戦政策に呼応しながらも、インドネシアのみならず他の東南アジア諸国に対して賠償交渉とプラント輸出の双方を見据えた経済外交を展開した。このような外交方針における経済と冷戦の関係を論じ、対インドネシア国交正常化における日本企業の存在や役割を明らかにする。

第三には、インドネシア、日本、米国、オランダ、イギリスといった関係国の思惑が絡み合いつつ、実際に展開された経済活動の事例として、北スマトラ油田の開発について考察する。戦後日本において石油資源確保が官民の命題となる中、米国もまた冷戦政策上の配慮から中東に代替する石油調達地を模索していた。さらに、植民地経済の払拭を目指すインドネシアは、蘭英から北スマトラ油田を接収の上国営化し、その復旧を目指していた。すなわち、北スマト

ラ油田は，経済と冷戦そして脱植民地化の論理が交錯する舞台だった．本章で
は，これらの論理が組み合わさり，北スマトラ油田に日本の資本が引き寄せら
れていく様相を明らかにする．

▌1　インドネシアにおける「独立の未完」

(1)　独立戦争とオランダ権益の存続

　第二次世界大戦の終結は，史上最大の総力戦の終わりを意味したが，直ちに
東南アジアに平和がもたらされたわけではなかった．インドネシアをはじめ，
ベトナム，フィリピン，ビルマ，ラオス，カンボジア，マラヤなどが相次いで
独立を宣言し，旧宗主国からの独立を目指した．その多くは独立戦争や内戦を
伴うものであり，東南アジア諸国はなおも戦火に晒されていた．そして宗主国
からの独立が認められた後にも，未成熟な政治制度や従属的な経済構造，民族
間対立など多様な問題に東南アジア諸国は直面することとなった．脱植民地化
とネイション・ビルディングは，東南アジア諸国が同時並行的に進めねばなら
ない課題だったのである．

　さらに，冷戦構造の形成により，東南アジア諸国では東西どちらの陣営に参
画し，脱植民地化やネイション・ビルディングと冷戦をどのように関連させる
かという争点が生じた．東南アジア諸国間でも方針を異にしたが，インドネシ
アやインド，ビルマなどでは冷戦構造への積極的関与を避ける姿勢が見られた
［石井 2003：182］．インドネシアは東西両陣営のいずれにも明示的には参画せず，
両陣営から支援を引き出し，脱植民地化とネイション・ビルディングを進める
という巧妙な立場を選んだのである．

　まずはインドネシア独立の過程を概観したい．第二次世界大戦末期，軍政監
部は，現地兵力補充のために，4万人規模のインドネシア人による防衛部隊を
組織し，祖国防衛義勇軍（PETA）として発足させた．この対価として，軍政
監部はスカルノを含めた独立準備調査会を 1945 年 3 月に発足させ，将来的な

独立を視野に入れて検討を開始した［中野ほか 2010：82-83］．8月15日の玉音放送を受け，スカルノは急進派の要請に呼応する形で17日にインドネシア共和国の独立宣言を行った[1]．18日には，独立準備調査会がインドネシア国民委員会に改組され，大統領内閣制を定めたインドネシア共和国憲法（45年憲法）が採択されるとともに，スカルノが大統領に，ハッタが副大統領に就任した．これに伴い，ジャワのPETAとその兵補は解散した．

　8月末には，実質的な行政権がジャワ人に移譲され，連合軍との調整は日本人が対応しつつも，軍政監部の実務レベルの職員や各州長官にもジャワ人が任命された［山本 1979：101］．9月15日にイギリス軍と軍政監部で行われた降伏会見の中で，連合軍のジャワ進駐が進むまで行政及び治安維持は引き続き軍政監部が担い，その間の日本軍の武装解除は行われないこととなった．軍政監部は，連合軍の命令遂行や日本人将兵の帰還，そしてインドネシア独立への対応に従事した［後藤 1989：276］．結果，ジャワでは1945年10月中旬まで日本軍政が存続した．

　一方で，オランダはスカルノによる独立宣言を無効とした．9月末には英印軍を主力とする連合軍が派遣され，オランダも翌月ジャカルタに軍を上陸させた．インドネシア独立戦争の始まりである．オランダはインドネシア群島各地に傀儡政権を樹立し，同政権から構成されるインドネシア連邦共和国を成立させることで影響力を維持しようとしたのであった．これに対しインドネシアは，PETAの元兵士達を中心とした人民保安軍を国軍として再編し，スディルマン（Sudirman）総司令官の下，オランダに対抗した．1946年11月15日，オランダの構想に基づくリンガジャティ協定が蘭尼間で締結され，ジャワやスマトラ，マドゥラがインドネシア共和国の実効支配圏と認められたが，蘭尼両軍の衝突は各地で頻発した．1947年7月，オランダは警察行動と称してインドネシア各地に武力侵攻し，同協定の対象地域を再占領した．これに対し，国連は安保理決議27に基づく即時停戦と和平解決を求め，米国・オーストラリア・ベルギーから構成される三国委員会が仲裁を進めた．

1948年1月17日，三国委員会の仲裁により，両軍の境界線を以て現状維持線とするレンヴィル協定が締結された．同協定によって，インドネシア共和国はオランダが各地に樹立した傀儡政権と対等な存在として位置づけられ，その領土はジャワ島の一部とマドゥラに限定された．三国委員会が，インドネシア共和国にとって不利な同協定案を提示した背景には，米国がヨーロッパ冷戦の観点からオランダの存在を軽視できないという事情もあった[2]．スカルノはオランダとの交渉を継続したが，インドネシア共産党（Partai Komunis Indonesia：PKI）などの国内急進派は徹底抗戦を主張し，マディウンで蜂起し革命政府の樹立を宣言した．革命政府はスカルノによって鎮圧されるが，共和国内の混乱に乗じてオランダは第二次警察行動を展開した．

　ただし，オランダ自体も第二次世界大戦中の荒廃により，単独でインドネシア独立戦争に対応する余力がなかった．そこで，オランダは，イギリスに軍事支援を仰ぐとともに，米国経済協力局からの総額11億5000万ドルに上る経済援助を受けて独立戦争への対応を講じた．後藤乾一［2012：99-101］が指摘するように，東南アジア全域の戦後処理を事実上担当していたイギリスは，古典的な意味での植民地秩序の復活は考えていなかったものの，欧米列強が指導する形での戦後秩序の形成を構想していた．ただし，オランダに次ぐ規模の商圏をインドネシアに持っていたイギリスにとって，オランダへの支援はインドネシアにおける反英感情を惹起させることを意味し，通商権益の棄損が懸念された．

　一方，米国はPKIによるマディウン蜂起を鎮圧したスカルノ政権を評価し，インドネシアへの支援を強めた．その一方，モスクワが東南アジアの各共産党をコントロールする意思があると，米国はマディウン蜂起を通じて脅威認識を深めたのだった［鳥潟2015：174］．そこで，独立戦争が長期化すればPKIの活動が活発化すると想定した米国は，オランダに譲歩を迫る形で独立容認を要求した．1949年8月，国連の斡旋でハーグにおいてハーグ円卓会議が設定された．同年9月，オランダは，インドネシアにおける海軍基地の維持を除き，武装部隊の完全撤退と主権の譲渡について同意した[3]．しかし，オランダが独立戦

争に要した軍事費をインドネシアの債務に帰属させようとした[4]ことで，会議は「絶望的に停滞」[5]した．同年 10 月末にはオランダの西イリアンの領有権を認めるという見解を出した米国は，インドネシアの説得を試みた[6]．ただし，この間にも独立戦争は継続しており，オランダとインドネシア双方が疲弊していった．そして 12 月 27 日，和平協議が合意に達した．インドネシア共和国は，独立戦争期にオランダが樹立した 15 の地方政府とインドネシア連邦共和国を形成し，同連邦共和国はオランダとの間でオランダ女王を首長とする連合を形成することとなった．そして，オランダは西イリアンを除くインドネシア群島の主権をインドネシア連邦共和国に移譲した．ただし，この連邦共和国は 1 年も経たないうちにオランダへの反発を強め，1950 年 8 月には，新生のインドネシア共和国に再編されることとなった．

　留意すべきは，インドネシアにおける主権確立が従属経済からの解放を即座にもたらしたわけではない点である．むしろ，オランダは経済権益の温存を図る形でインドネシアに主権を委譲したのであった．ハーグ円卓会議において，インドネシアはオランダからの主権譲渡と引き換えに，外交，文化，軍事，経済，文化面などで多数のオランダの権益や要求を認めることとなった．特に財政経済協定は，主権譲渡時点でインドネシアに存在する全てのオランダ企業の権益，許可，免許の存続を認めた．植民地時代を通じて構築された外国資本の経営基盤が揺らいだわけではなかった．新生インドネシア共和国の発足に伴い，インドネシア政府（中央政府）はオランダとの連合を解消して通常の国際条約に置き換えるべく交渉を行ったが，同交渉結果の議定書においてもオランダ企業権益の保全に関する条項はそのまま残存した．インドネシアは同議定書の発効を待って直ちに財政経済協定の改正交渉を行おうとしたが，オランダは議定書の批准を先延ばしにし，交渉を回避しようとした[7]．このように，インドネシアの独立過程において，経済的独立の達成は後背に追いやられていたと言えよう．この経済的独立の未完こそが，1950 年代以降のインドネシアで問題化することになるのであった．

　信頼に足る経済統計が発見されていない中，1950 年代のインドネシア経済を正確に分析することは難しい［加納 2003：5］．ただし，いくつかの経済指標からはインドネシア経済の停滞状況が浮かび上がる．宮本兼介［2003：205］によれば，1941 年比での 1950 年の各種生産高は，食料 70〜75％，プランテーション 20〜25％，漁業 50％，鉱業 20％，工業 30〜35％など，総じて低調であった．植民地期に開発された石油生産施設やプランテーション等も，戦災で破壊され，生産再開の目処は立っていなかった．すなわち，経済的には植民地時代より過酷な状況に陥ったのである．

　では，独立達成のインドネシアで経済的独立の達成に向けて，どのような対策が講じられたのであろうか．インドネシアは「復興 10 カ年計画」（1947 年 4 月策定）や「工業開発特別計画」（1948 年 4 月策定）など複数の経済計画を策定したが，アジア経済研究所の分析によれば「その成果に見るべきものはない」［坂田 1964：54］レベルのものであった．1950 年 4 月には，具体的な育成内容や投資金額を規定した所謂「スミトロ計画[8]」が策定された．スミトロ計画は，独立後初めて策定された経済計画として，重工業発展を目指した野心的なものであったが，計画履行に必要な資金調達手法や生産インフラ整備，物流網整備まで射程を当てておらず，実現には困難が伴った．「独立後澎湃たる民族主義的風潮と之に治った政府の施策に拘らずインドネシア人の経済的地位は独立後も大した向上を見せていない[9]」という日本外務省の評価がスミトロ計画期の経済状況を如実に表していた．結局，独立後のインドネシアは有効かつ実現可能な経済発展計画を立案・履行できずにいたというのが実態であろう．経済的な要素を含めた「独立の完成」は未完の課題としてインドネシアに影を落とし続けることになったのである．

(2)　冷戦の論理と米国の援助

　1945 年 8 月のスカルノによる独立宣言以来，インドネシア独立戦争は 4 年間継続した．この間，過激化する米ソ対立を背景に米国は封じ込め政策を展開

し，マーシャルプランを通じた欧州復興を目指した．東アジアでは，朝鮮半島の南北で建国が宣言され，対日占領政策が転換されていった．そして，ハーグ円卓会議の期間中，ソ連の原爆開発成功や中華人民共和国の成立といった東側陣営の拡大が米国を揺さぶることとなった．

　では，米国はインドネシアをアジア冷戦戦略においてどのように位置づけたのであろうか．ロバート・マクマーン（Robert McMahon）[1981：306-307]が指摘するように，米国は植民地主義による自由貿易の阻害が，米国の商業的利益に留まらず，自由主義的な国際秩序をも脅かすと認識していた．そこで，インドネシアにおける植民地支配の払拭と経済的自立を通じて共産主義の浸透を防ぎ，西側陣営の東南アジアにおける影響力維持を図ったのである．だからこそ，米国はオランダに対してインドネシアの独立容認を要求し，インドネシアの漸次的な脱植民地化を期待したのであった．同じく西側陣営に属するオランダとの関係維持を見据えつつも，東南アジア冷戦の論理に大きく傾いた形での対インドネシア関与の姿勢があったと言えよう．

　ただし，鳥潟優子[2015：174-186]によれば，米国は東南アジアの共産主義ネットワークがモスクワの活動と連結しているとは1948年夏までは考えていなかった．しかし，先述のマディウン蜂起に加えてマラヤにおける蜂起や中国共産党の優勢化を通じ，米国は実態以上に各国共産党とモスクワの関係性を見出し，一枚岩の国際共産主義が東南アジアを席巻すると恐怖したのである．そして，米国は冷戦の論理を自国の東南アジア政策に深く刻み込んだ．

　その後，1949年7月のNSC-51「米国の東南アジア政策に関する国務省から国家安全保障会議への報告」により，米国の東南アジアへの長期的関与方針が明文化される中，米国はスカルノ政権の支援に傾いていった．ゆえに，インドネシアの独立を達成させるべく，ハーグ円卓会議において米国は対蘭援助供与の中止を仄めかしつつ，オランダに圧力をかけたのである．トルーマン政権の欧州復興策の鍵を握るフランスとは異なり，マーシャルプランや大西洋憲章に協力的なオランダには，多少の強硬策を展開可能と踏んだとも指摘される

[McMahon 1981 : 314]．また，国連を通じたオランダへの説得は，国連の影響力維持という点からも，失敗が許されないものであったと考えられる．

　そして，ソ連を長期に渡って軍事的・政治的に封じ込めようとする封じ込め政策がジョージ・ケナン（George F. Kennan）国務省政策企画本部長によって主導される中，米国は各地域における冷戦政策の立案を進めた．ただし，1940年代の米国の初期封じ込め政策は，ソ連の政治的・イデオロギー的な脅威に対抗すべく，主に経済的手段を用いて，西欧と日本の復興を目指す限定的な政策であった［佐々木 2011 : 69］．したがって，独立戦争下のインドネシアから警察装備拡充の支援要請を受けた際も，米国は警察装備がオランダとの闘争に用いられることを懸念し，軍事援助には消極的だった[10]．

　しかし，中華人民共和国の成立等を経て，1950年代に入ると，米国の冷戦政策における東南アジアの位置づけはより重要性を増した．1950年1月にディーン・アチソン（Dean G. Acheson）国務長官がトルーマン大統領（Harry S. Truman）に勧告したように，インドネシアの共産化は米国にとって政治経済上最も重要な地域の喪失を意味するという危機感が生じたのである［McMahon 1999 : 49］．そして同月，トルーマン政権は対インドネシア軍事援助供与を承認した．1950年4月には，NSC-68「国家安全保障に関する合衆国の目標と計画」が策定され，高まるソ連の軍事的脅威に対抗すべく，対外援助を含めた防衛関係費を GNP 比 22％から 50％にまで引き上げる提言がなされた．初期封じ込め政策とは対照的に，NSC-68 は軍事的な封じ込めを視野に入れたものであった．とはいえ，米国の対インドネシア軍事援助に対する消極姿勢は継続していた．1950年8月に締結された米国との軍事援助協定は，国内のゲリラ治安圧を目的として 400 万ドル分の武器供与をするものであったが，この時期においては例外的な取り扱いである[11]．

　一方，朝鮮戦争の勃発によって米国は危機意識を高め，NSC-68 の早急な履行とソ連に対する対抗措置の展開を目指した．また，1952年6月には，NSC-124/ 2「東南アジアに対する米国の目標と行動方針」が提出された．

NSC-124/2は，東南アジアのどの地域が共産化しても，中国の膨張は決定的なものになり，アジア全域ひいては中東やヨーロッパ情勢が不安定化するとの懸念を示した．ゆえに，経済・軍事両面の援助を通じて，米国は東南アジアにおける影響力維持を図ったのである．とりわけ，ゴムや錫，石油といった戦略的資源を産出するインドネシアとマラヤは，日本の共産化防止のためにも勢力維持が必須とされたのである[12]．

この局面においては，米国の第三世界に対する定型化された関与のあり方と，そのあり方に関する楽観的ともいえる自信を感じずにはいられない．1953年7月のCIA報告によれば，インドネシアは冷戦への関与には消極的ではあるが，西側諸国との貿易量が多いことから，将来的には西側との関係を強化させるという見通しが述べられている［McMahon 1999：51］．第三世界のナショナリズムを冷戦の文脈から捉え，援助によって独立維持と貿易拡大を支援することで，共産化を防ぐという方針がインドネシアにおいても適用されていた[13]．

こうした米国の方針は，インドネシアにとっては別の観点から重宝な存在であったと考えられる．すなわち，共産化防止を目的とすれば，米国はインドネシアに対する援助を行ってくれるというものである．例えば，1953年6月，インドネシアは米国に対し，軍事訓練を目的とした米軍のインドネシアへの派遣を要請した．冷戦政策上の修辞が目立つ要請ではあるが，インドネシアの実質的目的は，かつてのゲリラを近代的国軍として組織し，反体制派を抑止することで，国内政治の安定化を図ることにあった．これに対し，米国は，インドネシアが自由主義陣営に定着するのであれば，米軍の派遣も検討可能という見解を示した[14]．この要請については，コクラン（H. Merle Cochran）駐尼米国大使が反対することで供与には至らなかった[15]．東西冷戦構造の中で，巧みに両陣営から援助を引き出そうとするスカルノ政権の姿勢が形作られつつあったのであろう．

軍事援助には消極的であった米国も，経済援助については米国経済協力局（Economic Cooperation Administration：CA）を通じて積極的に供与を行った．1950

年には技術協力を中心とした対インドネシア経済援助方針が策定され[16]，1951
年から 1952 年の 2 ヵ年に 1600 万ドル，1953 年に 390 万ドルの技術協力が供
与された[17]．インドネシア国内では，議会に諮ることなく援助受け入れを決めた
スキマン（Sukiman）内閣が退陣に追いやられたが，これは議会手続を無視した
ことに対する引責であった．また，1951 年には，米国輸出入銀行（Export Im-
port Bank：EXIM）が，インドネシアの交通機関整備向けに 155 万ドル，鉄道，
発電所，整備工場の整備向けに 97 万 9000 ドル，木材物流手段の整備向けに
55 万 7000 ドルの輸出信用を供与した[18]．さらに，経済専門家の育成をはじめと
する技術協力向けに 1000 万ドルの無償資金供与が取りまとめられた[19]．米国側
も，1951 年中にはインドネシアが 12 億ドルの輸出を達成し，外貨準備高を 1
億 9000 万ドル（1949 年）から 4 億ドル（1951 年）まで増加させられるという期
待を抱き，経済援助供与を継続した[20]．

　こうした経済援助を通じてもなお，インドネシアの経済状況が抜本的に好転
することはなかった．在尼米国大使館は，1952 年から 53 年までの 2 カ年わた
るインドネシアの政治・経済両面にわたる衰退を懸念し，その理由を地方反乱
や国内治安状況の悪化，政党間対立の激化，PKI の漸次的な進展によるもの
と認識していた[21]．1954 年 7 月には，インドネシアで親米政権が成立するまで
は援助の拡大を行うべきではないと同大使館が国務省に提案するに至った[22]．

　こうした提案の背景として，冷戦構造の変化があったことは想像に難くない．
折しもスターリン（Joseph Stalin）の死去に伴い，フルシチョフ（Nikita Khrush-
chev）をはじめとするソ連首脳部は「平和共存」を掲げた．1955 年 7 月には
ジュネーブ東西首脳会談が実現し，ヨーロッパにおける相互の勢力範囲につい
て，米ソ間で一定の了解ができつつあった［佐々木 2002：85］．石井修［2003：
216］が冷戦における「55 年体制」と呼ぶように，冷戦は「膠着状況」に入り，
「制度化」「安定化」へ向かう兆しを見せ始めた．また，米ソ間での直接武力対
決を避け，冷戦を非軍事的手段で戦うという暗黙の了解が米ソ間でなされ，経
済競争の性格が表れた［佐々木 2011：97］．米ソは直接的武力対立ではなく，経

済・軍事援助や情報戦，諜報活動を通じて陣営の拡大を図り始めた．

　米ソ関係の相対的安定とは対照的に，1955年9月29日，インドネシア独立後初めて行われた総選挙の結果は米国の思惑とは大きく乖離するものであった．選挙前，米国はNSC-5518「米国の対インドネシア政策」(1955年5月) において，イスラム系のマシュミ党 (Partai Masyumi) が支配的与党となり，反共産主義政権が成立すると想定した[23]．しかし，選挙の結果，28％の得票率を得て第一党の地位を維持したのはPNIであった．マシュミ党の得票率は，保守イスラム勢力のナフダトゥル・ウラマー (Nahdlatul Ulama : NU)，PKIとともにそれぞれ20％程度であった．これら4大政党は国会で勢力が均衡し，特定政党から提出された法案を成立させるためには，少なくとも他の2政党からの支持を受けなければ，過半数の賛成票を集められなかったのである．議会においてPKIが一定の存在感を確立したと言えよう．

　総選挙と前後して，インドネシアは米国に対して経済援助を要請していたが，半年後の1956年4月に至ってもインドネシアは米国に要望金額を提示しなかった[24]．その背景には，総選挙とその後の政治的混乱，経済計画の履行遅延などがあったと在尼米国大使館は分析している[25]．PKIの議席増加と経済援助に係るコミュニケーションの不足は，米国の危機意識を惹起し，アイゼンハワー (Dwight D. Eisenhower) 大統領はスカルノに対して米国への訪問を提案した．また1956年には2500万ドルの経済援助の供与に踏み切った．しかし，同年9月15日，ソ連もまたインドネシアに対して，支出目的を指定しない形で総額1億ドルに上る援助供与を決定していたのである．ソ連の援助に関する情報を米国が把握したのは，翌年1月8日であった[26]．これ対しスバンドリオ (Subandrio) 元駐ソ大使[27]は，ソ連からはジープとその部品を除き援助は受けていないと釈明したが，米国は懐疑を深めた[28]．結局，アイゼンハワー政権のスカルノに対する期待は裏切られたのである [McMahon 1999 : 84]．こうしたインドネシアのソ連への接近を懸念した米国は，それまで消極的であった軍事援助の供与を是認してまで，インドネシアを西側陣営に留めようとしたのであった[29]．

　以上のように，1950年代前半の米国の国際関係認識は，米ソ関係に焦点が置かれており，インドネシアについても共産主義の影響を判断基軸とした判断が行われていた［McMahon 1981：315-316］．しかし，インドネシアの対外姿勢の根底には，冷戦の論理で語ることのできない，脱植民地化の論理があったことは指摘されるべきであろう．冷戦に力点を置く米国の国際秩序認識が，インドネシアに対する政策判断の選択肢を狭める結果を生んだのではないだろうか．その結果，援助の獲得を巡って米国と中ソの狭間を奔走するインドネシアに，米国が翻弄された感は否めない．

(3) 「統一インドネシアの完成」への障壁

　オランダの経済権益が保全され，停滞する経済状況を打破するために米ソに援助を頼ったインドネシアであったが，政治的独立についても「統一インドネシアの完成」という建国五原則の理想を完全に実現するものではなかった．特に，全領土のオランダからの完全独立を目指すインドネシアにとって，植民地主義の残滓とみなされたのが西イリアン問題である．まずは西イリアン問題の発端とその推移について整理したい．ニューギニア島の西側半分を占める西イリアンは，ハーグ円卓会議において領土の帰属をめぐる交渉が難航し，結果的に解決が先送りされた地域である．インドネシアは，1951年中にオランダが西イリアンの領有権を譲渡すれば，インドネシア国内におけるオランダ人の社会文化的地位を保全すると提案したが，オランダ側はこれを拒否し西イリアンの領有を主張した[30]．ただし，ナッシール（Natsir）内閣は，世論への対応と経済発展の狭間で対応に苦慮した．国内世論の過激化により，インドネシア国内でオランダ企業へのボイコット運動が発生すれば，インドネシア経済は更なる停滞を余儀なくされるというのが，ナッシールの懸念だった[31]．一方，スカルノにとって，西イリアンの領有は建国五原則で規定された「統一インドネシアの完成」の体現であり，ナッシールの姿勢を日和見主義的だと認識した．結果，ナッシール内閣は退陣を余儀なくされた．政権が不安定化する中，1952年に

オランダは西イリアンの主要民族であるパプア人の自治権を認め，独立準備支援を開始した．西イリアンの独立と国際的な国家承認が進んでしまえば，インドネシアが領有権を主張することはできなくなるのだった．

西イリアンはオランダとインドネシアのみならず，隣国オーストラリアの安全保障問題としても着目された．オーストラリアは，政情不安を抱えるインドネシアが西イリアンを領有した場合，自国の安全保障が脅かされると認識した[32]．また，インドネシアの政情安定化に向けて，オーストラリアは対インドネシア援助供与を必要視した．1951 年 12 月，キャセイ（Richard G. Casey）外務大臣は，コロンボ・プランの対象をインドやビルマなどの旧英連邦諸国からインドネシアにも拡大することで，インドネシアの政情安定化を目指した．この結果，55 年 2 月までに，コロンボ・プランを通じたオーストラリアによる対インドネシア援助が 250 万ポンド供与された[33]．オーストラリアは，米英関係を見据えつつ，インドネシアに対する自主的な安全保障政策を図ったのである．

一方，米国は NSC-124/2 に基づき西イリアン問題については中立的姿勢を維持した．それは，ハーグ円卓会議において，西イリアンの帰属は蘭尼間の交渉によって解決されるべき事項として位置づけられていたことに加え，当事者一方の支援をすることで他方との関係を著しく毀損させると懸念したからである[34]．やや時期は前後するが，1954 年 6 月，スカルノと会談したカミング（Hugh S. Cumming Jr.）駐尼米国大使は，西イリアン問題に対する米国の中立的立場を説明した．これに対するスカルノの応答は，アジア諸国の国民は急速に政治的価値観を身に付けており，西イリアン問題が長引けばアジアの諸国民がソ連のプロパガンダに傾倒していくであろうというものであった[35]．西イリアン問題に対する米国の中立主義を暗に批判するとともに，ソ連への接近を匂わせることで，米国の西イリアン問題への積極的介入を引き出そうとするものであると考えられる．

西イリアン問題に対する米国の積極的介入への期待は，インドネシアのみならず，オランダからも寄せられていた．1954 年 11 月，ジョン・ダレス（John

F. Dulles）国務長官と会談したロアイエン（Herman van Roijen）駐米蘭大使は，蘭豪両国が起草した国連調停案を提示し，西イリアンの住民自身に帰属を決定させるべきだと述べ，米国の賛同を求めた．これに対してジョン・ダレスは，アリューシャン列島から西イリアンに至る戦略的地域における防共の重要性を指摘しつつ，米国は西イリアン問題について中立性を維持するという旨の返答をした[36]．インドネシアの共産化防止と蘭豪との関係維持の狭間で米国は判断を迫られていた．

　1955年3月，米国はNSC-5518に基づき，西イリアン問題への中立的姿勢の堅持を明示した．その背後には，超党派的国家課題である西イリアン問題に対するインドネシアの姿勢は，同年9月の総選挙の結果に拘らず不変であろうという想定があった[37]．同時に，NSC-5518は，オランダや日本による支配の結果，反植民地主義がインドネシアに根強く存在することを認め，米国の対インドネシア政策が新たな植民地主義として断定されることを懸念した[38]．インドネシアにおける反米感情の台頭を防ぐ観点からも，中立的姿勢を重視したのである．

　情況が膠着する中，インドネシアのオランダに対する世論は過激化し，独立を達成してもなお存続するオランダ企業が標的となっていった．そして1956年6月，スカルノはインドネシアの国益を阻害する協定であるとして，財政経済協定を一方的に破棄した．オランダ企業がインドネシアで事業を継続するための制度的根拠が失われた瞬間であった．また，同協定はオランダ企業をインドネシア政府が接収した際の補償義務を定めていたが，協定破棄によりその義務の根拠も曖昧になった．西イリアン問題は，領土問題としての要素に加え，米国のインドネシア関与方針や経済的ナショナリズムと合流し，複合的な問題へと発展していったのである．

2　賠償交渉の難航とプラント輸出

(1)　英米の思惑と日本の産官

　前節で述べたように，権益の擁護を目指すオランダと安全保障を目指すオーストラリア，これら両国とインドネシアの間に立つ米国という構図の中，インドネシアは新たな支援国を模索することとなった．日本もまたその対象だったのである．では，日本はこうした構図の中でどのようにインドネシアとの国交正常化を進めたのであろうか．またその過程において，冷戦と経済という二つの論理はどのように絡まっていたのだろうか．

　戦後日本の東南アジア外交の構成要因としては，米国のアジア冷戦戦略とサンフランシスコ講和条約に基づく賠償問題への対応という二点がしばし指摘される．初期対日占領政策において民主化と非軍事化を命題とした米国は，東西対立の激化に伴い，日本を反共の防波堤とするための経済復興を優先すべく，NSC-13/ 2「米国の対日政策に関する勧告」を通じて対日占領政策を転換させた．また，中華人民共和国の成立を踏まえ，米国は日本の再軍備を進めるとともに，東南アジアと日本の経済的提携を推進することで，日中経済関係の発展を回避しようとした．大陸権益を喪失した日本においても，原材料供給地と製品市場が模索され，賠償と米国の経済協力を活用した東南アジア市場への進出が求められるようになっていた．

　その際，日本は米国の冷戦政策の忠実な履行者という立場に留まらず，「アジアの一員」として自立的な対米自主外交を試みた．末廣昭［1995：224,251］によれば，このような国際環境の下，アジア諸国の経済開発計画と日本の経済協力とが密接に結び付き，賠償・経済開発・経済協力の三位一体で戦後日本はアジア諸国と国交を正常化させていった．また東南アジア諸国の開発体制の形成は，脱植民地化とアジア冷戦への対応の両輪によって促されたとされる．日本側の経済進出の動機と，東南アジア側の経済開発の動機は，それぞれ異なる

ものであったにせよ，呼応しあうものであった．

　こうした国際環境の下，日本はインドネシアと賠償協定や経済協力協定を締結し，国交正常化を進めることとなった．日本による賠償を定めたポツダム宣言は，その11項において「実物賠償ノ取立ヲ可能ナラシムルカ如キ産業ヲ維持スルコトヲ許サルヘシ」と定め，産業維持を賠償の前提と位置づけた．この方針は「降伏後における米国の初期対日方針」（1945年9月）やストライク調査団報告（1947年2月）でも踏襲された．極東委員会が策定した「降伏後の対日基本政策」（1947年7月）においては，賠償の取立金額は「日本国民の最低生活水準の維持」を限度とする旨の言及がなされた．アジア諸国の被害規模ではなく日本の支払い能力に立脚して賠償金額を算定することが既定路線となった．

　1951年9月，インドネシアもサンフランシスコ平和条約に署名した．後藤乾一［2012: 107-108］によれば，インドネシアが調印に踏み切った理由は，次の点に集約される．①戦時期の3年半の苛烈な日本支配に起因する怨嗟の念が国民に根強くあったが，旧宗主国オランダによる4年余の「侵略」およびそれへの武力抵抗により反日感情が相対的に緩和されていた．②ハーグ円卓会議による主権獲得の最後の局面で米国の政治的・経済的支援を受けたこともあり，ハッタを中心に対米関係を重視する空気が強く，対日講和・賠償をめぐって大筋において米国の政策を支持した．③独立獲得の過程でインドネシア支持の国内世論を喚起したインドのネルーの外交路線をインドネシア指導者層が高く評価していた．④脱植民地化の重要課題である経済開発において，外国の資本・技術が必要とされる一方，米ソいずれかへの依存は懸念され，宗主国オランダへの依存にも心理的・政治的抵抗が大きかった．そこで「脱占領地（GHQ）化」の方向を「平和的民主主義」に求めているとみなされた日本との提携が次善策とされた．⑤代表団長を務めたスパルジョ外相およびスジョノ団員は戦前期に日本滞在経験がある知日派であり，対日ネットワークも豊富だった．

　かつての軍政支配国に対する認識の変容に加え，脱植民地化とネイション・

ビルディングに向けて経済建設が喫緊の課題となったことで，日本の資本や技術が重視されたのであろう．

　しかし，インドネシア国内では同条約の批准がなされなかった．そこで，インドネシアは二国間平和条約を締結する方針をとった．サンフランシスコ平和条約 14 条(a)の規定に基づき，日尼両国は，賠償協定と経済協力協定の同時締結を目指したのである．1951 年 12 月，インドネシアからジュアンダ（Djuanda Kartawidjaja）運輸大臣を代表とする賠償使節団が東京に派遣され，津島寿一（外務省顧問）との間で賠償交渉が始まった．この交渉過程の早期から，日本の財界人がジュアンダをはじめとするインドネシア側要人に働きかけをしていたことは注目に値する[Nishihara 1976：62]．特に，松永安左エ門[39]や鮎川義介[40]，石原広一郎[41]など「インドネシア・トリオ」と呼ばれた財界人は，賠償案件を通じたインドネシア・ビジネスの権益確保を目指し，賠償協定締結後の事業内容を計画し始めていた[Nishihara 1976：64]．

　財界人の動きに呼応し，スキマン内閣総辞職後の交渉膠着状況を打開すべく，1953 年 10 月に岡崎勝男外相は東南アジア諸国歴訪の一環としてインドネシアを訪問した．岡崎とサストロアミジョヨ（Ali Sastroamidjojo）首相との会談は賠償金額をめぐって平行線を辿ったが，会談を受け，インドネシアは日本の支払い能力を把握するために経済使節団を同年 10 月から 11 月にかけ日本に派遣することとした．この訪問が契機となり，12 月には沈船引揚に関する中間賠償協定の調印が実現した．しかし，賠償金額が未定の段階で，インドネシアからは 5700 万ドルに上るアサハン河電源開発工事に関する中間賠償構想が提示されるなど，日本政府が対応に苦慮する局面が見られた．結局，日本政府内には賠償交渉の妥結を不急とする意見が生じ始めた[高塚 2007：43-44]．高木広一（駐尼公使）も，容共的な姿勢をとるインドネシアに対して賠償を支払うことは望ましくないとインドネシア政府に対して明言するなど，交渉は停滞に向かった[Nishihara 1976：45]．

　インドネシアとの賠償交渉は，東南アジアにおける影響力維持を図るイギリ

スにとっても，注目すべきものであった．吉田茂首相は1954年の欧米歴訪において，東南アジアが中国共産党の影響下に入ることを防ぐために自由主義陣営による援助が必要と主張し，40億ドルに上る米国の援助を前提とした東南アジア開発構想を提起した．一方，各国との賠償交渉が暗礁に乗り上げつつある中で，吉田はイギリスとの連携による経済協力をめざし，イギリス主導のECAFEやコロンボ・プランへの加盟努力をより重視するに至った．吉田を向米一辺倒と批判し，対米自主を掲げて政権に就いた鳩山一郎も，基本的にはこの路線を踏襲した．

　一方，イギリスは日本の東南アジアとの接近を，膨張主義の再来と捉え警戒した．本来イギリスは，日英間での経済利害の対立を回避するため，日本の経済進出の矛先をイギリスの商圏である東南アジアでなく中国に向けさせたいと考えていた［石井 2003：206］．同時にイギリスは，日中経済関係の即時樹立は困難であるため，日本の経済進出先は東南アジア，とりわけインドネシアになるだろうという現実的な見解も有していた[42]．その上で，インドネシア経済において日本が支配的地位を築けば，東南アジアにおけるイギリスの商圏縮小は不可逆的なものになると懸念した[43]．そこで，イギリスはコモンウェルスの結束強化とコロンボ・プランの強化により，東南アジアにおける影響力を維持しようと試みた．

　しかし，1953年秋ごろから翌年にかけて，イギリスの対日観は変容していった．折からの財政逼迫の中，イギリス単独で東南アジアへの影響力を維持することが困難になったのである．そこで，東南アジア地域の安定のために日本の技術力，消費財・資本財，影響力を活用するという方針がイギリス政府内で優勢になり，日本の経済進出やコロンボ・プランなどへの参加を認めるに至った［都丸 2009：275］．一方，安全保障面では，東南アジア条約機構（SEATO）を通じて，東南アジアにおける軍事的影響力の維持に努めた．

　日本のインドネシアとの関係樹立を容認し始めたイギリスの動向とは対照的に，鳩山政権下で公使としてインドネシアに赴任した倭島英二は，賠償交渉に

ブレーキをかけた．確かに，鳩山政権による日ソ国交回復と国連重視の姿勢は，インドネシア賠償交渉の政策的優位性を相対的に希薄化させた部分もあろう．だが，倭島自身もインドネシアをかつての交戦国として認識しておらず，賠償支払いに対しても批判的であった［倉沢 2011：166］．イギリスもまた，倭島を率直で遠慮のない人物であるがゆえに欧米諸国向けの外交官だと評価しつつも，ベトナム訪問時に現地政府に与えた悪印象を引き合いに出し，駐尼公使としては適任でないと批判していた．倭島を賠償交渉の担い手として任命した日本政府の意図は，賠償を通じた経済的影響力の拡大にほかならないとして，イギリスは警戒したのである[44]．

　こうした状況の下，日本はバンドン会議（アジア・アフリカ会議）への参加を通じ，アジア国際社会への復帰を試みた．1955 年 4 月 19 日，日本代表としてバンドン会議に参加した高崎達之助は，第二次世界大戦で近隣諸国に戦火を及ぼし，自らも原子爆弾の惨害を経験した唯一の国として，国連に協力して世界平和に貢献する決意であること，国際紛争の手段としての戦争を放棄していることを強調した．高崎の演説は反植民地主義を掲げるアジア・アフリカ諸国に対し，平和主義国家としての日本の姿勢を示すものであったが，どのようにして会議参加国と関係を構築するかという点は曖昧であった．日尼間においても未だ賠償問題が燻っており，国交正常化の目途が立っていなかったのである．バンドン会議において，高崎達之助と会談したスナリオ（Soenario）外相は，賠償要求額を 172 億ドルから 10 億ドルに一挙に下げた．この金額は日本としても交渉再開の可能性を見出す材料となったが，1955 年 8 月にサストロアミジョジョ内閣は崩壊し，賠償交渉はまた止まってしまった．

　インドネシアによる賠償金額の大幅引き下げがなされつつも，日本側が即座に交渉に応じられない理由もあった．貿易債務の焦げ付き問題である．バンドン会議に先立ち，1954 年 6 月，インドネシアは支払いが滞っていた対日貿易債務の帳消しに賠償予算を充当させたいと日本に求めたのである．両国の貿易は日本側の大幅出超となっており，インドネシア側の債務が拡大し焦げ付いて

いた．倭島はインドネシアの要求を受け入れるよう日本政府に提案したが，日本政府は賠償予算の支出用途として不適切であるとして応じず，同年7月にはインドネシア向けの輸出規制を開始した．貿易債務の焦げ付きは，当事国のみならず，米国からも懸念が寄せられていたが，米国は貿易債務の解決は賠償交渉締結後になると想定していた[45]．そして，日本による輸出規制後もインドネシア側の貿易債務は拡大を続け，1956年末には1億7000万ドルに達した．

　賠償交渉が鈍化する中，日本の財界人の中には積極的な動きを見せた人々がいる．1956年6月から7月にかけ，松永安左エ門，鮎川義介，西嶋重忠らは外務省の協力を得てインアドネシアに訪問団を送り，アサハン河開発計画についてインドネシア政府に打診した [Nishihara 1976 : 71]．正規外交交渉が賠償金額と貿易債務をめぐって暗礁に乗り上げる中，これら財界人は，企業活動として着手予定の具体的な賠償案件をインドネシア政府と調整しつつあった．インドネシア賠償の過程については，政府間交渉や岡崎・岸など政治家の歴訪に焦点が当てられてきたが [倉沢 2011 : 157-82]，財界人や日本企業もまた同過程における重要なアクターだったのである．そして，賠償の金額と貿易債務の交渉を日本政府が担い，賠償の内容についての提案を日本企業が行うという役割分担がされつつあった．このような日本企業の存在は，政府間交渉を補完するとともに，日本政府が交渉を行う上での動機ともなるものだったのではなかろうか．

　1956年段階で賠償交渉は行き詰まりに至ったかのようにも思われたが，翌1957年に入ると急速に打開の方向に向けて動き始めた．インドネシア国内では，先述の西イリアン問題を背景とした反蘭世論が高まるとともに，スミトロ計画の失敗による経済的停滞が進んでいた．2月5日，倭島公使は純賠償2億ドル，債務棒引き1億1000万ドル，経済協力5億ドル，借款7000万ドルという金額を提示した．これに対し，3月8日，インドネシアは純賠償2億5000万ドル，債務棒引き1億1000万ドル，経済協力4億5000万ドルといった金額を提示し，両国での提示金額は大きく近づいた．また，焦げ付いた債務を賠償

から棒引くという点や，賠償と経済協力を抱き合わせるといった点で一致が見られた．

　このように，インドネシアに対する賠償協定及び経済協力協定の交渉は，米国によるアジア冷戦体制とイギリスの東南アジアにおける影響力維持という国際要因を踏まえつつ，日本の産官双方が推進したものである．その後，第3章で述べる岸のインドネシア訪問の際，交渉妥結が実現した．

(2)　「プラント輸出」をめぐる日本の産・官

　外交政策としての賠償交渉と，通商政策としての日本企業のインドネシア進出が結節する形で進められた産官の連携は，どのように形成されたのであろうか．本節では，1950年代前半に相次いで設立された輸銀，輸出保険制度，アジア経済研究所とその背後にあった「プラント輸出」に焦点を当て，明らかにしたい．

　朝鮮戦争勃発や第三世界に対する米国の援助強化に伴い，日本の輸出は活況を呈した．こうした特需を通じ，1950年段階で重機械の輸出額は4700万ドルに上り，船舶・車両・電気機械・通信機械，繊維機械などの資本財からなる「プラント輸出」が脚光を浴びるようになった［上田1952：2-3］．通産省機械輸出課は，米国の東南アジア開発計画の実施に伴う資本財需要の増加を期待するとともに，将来的には中国市場に発電機械や鉄道，港湾施設，工作機械などを輸出しようとしていた［石川ほか1950：12］．日本の貿易額において，東アジアを除くECAFE諸国[46]の比率は，輸入面では1935-37年平均の17.5%から，1947年の4.3%に下落した後，1950年には22.3%に増加した．輸出面においても，同時期の比率は20.8%から40.2%，36.9%[47]と推移した．中国や韓国との国交回復が実現しない中で，東南アジア地域は日本の重工業発展に向けた貿易相手国として重要性を増していたのである．

　「プラント輸出」は通常の物品の輸出と異なり，契約や納入に要する期間が長く金額も大きい．このため，日本企業は長期運転資金の確保を必要視したが，

1950 年時点における輸出金融は短期の貿易手形制度しかなかった．そこで日本企業は，「プラント輸出」支援向けの政策金融機関の設立を日本政府に求めた．1950 年 4 月，池田勇人，宮澤喜一，白洲次郎らは米国でドッジと面談し，輸出金融機関の設立について合意した［日本輸出入銀行 1973：133-134］．この合意に基づき，日本輸出銀行が同年 12 月に設立され翌年 2 月に操業を開始した．1952 年，同行は日本輸出入銀行（輸銀）に拡大改組され，海外日系工場の生産品を日本に輸入する際の資金支援も展開した．また，1953 年には，国際競争力強化の観点から輸出に先行して投融資による支援を行うことを目的とし，海外投融資，債務保証を展開した．主軸業務である延払輸出金融に加えて，海外投融資を通じて輸銀は海外経済協力の一翼を担う機関へと発展した．

　1955 年 11 月には経団連が「本邦企業の対外経済協力の促進策に関する要望」を政府に寄せ，翌年 8 月には日本貿易会が「日本輸出入銀行の強化拡充に関する要望」を提出するなど，日本企業は輸出金融政策の強化を求めた［日本輸出入銀行 1973：79］．

　第二の事例としては，輸出保険制度を挙げることができる．戦後に民間貿易が再開された直後，代金決済方法としては荷為替手形を始めとした外国為替手形[48]が用いられていた．この荷為替手形を用いた決済の場合，輸出時の船積みから手形の振り出しによる代金回収までに長期間を要した．この間に，輸入者が支払いを拒絶したり，支払が不可能になったりして手形代金の回収が不可能になるリスクがあった．取消不能信用状はあったが，輸出契約を迅速かつ効率的に締結するという点では，阻害要因になっていた［高橋 1959：674-675］．国際的な輸出競争が激化する中，簡便な取引契約を締結することで各国は輸出競争力を補完しようとした［西田 1953：4］．

　そこで，日本においては 1950 年に輸出保険制度が創設され，経済界の要望を踏まえて数次にわたる改正が行われた．特に，プラント輸出向けの延払輸出に対しては，国庫を資金源とする輸銀の融資に対して政府が保証を行うなど，通産省自体が「妙な形」［真野 1958：92］と評するほどに，輸銀との提携の下で

入念なリスクヘッジが行われた.

　第三の事例としては，アジア協会とその後継であるアジア経済研究所の存在が指摘できる. その組織上の起源は，吉田茂の指示で外務省に設置されたアジア経済懇談会にある. 同懇談会は賠償問題の研究を目的として，幹事長である吉田を筆頭に，小林中など大物財界人によって構成されていた. 1953 年に岡崎勝男外相の東南アジア訪問を提言・実現した後，同懇談会は関係団体と統合する形で 1953 年 12 月にアジア協会に発展した. アジア協会の初代会長には藤山愛一郎（南洋協会会長）が，副会長には岩田嘉雄（南方農林協会）が就任した. 松永安左エ門や鮎川義介とともに「インドネシア・トリオ」を構成した石原広一郎（石原産業社長）も，理事に就任した. アジア協会はアジア経済懇談会と同じく賠償問題の研究を最優先事項とし，1954 年 6 月には賠償問題委員会を設置して，各業界別・地域別の専門家の意見を集約しつつ，賠償交渉への意見勧告を行った. その後，アジア協会は，藤崎信幸の主催したアジア問題調査会を吸収し，より強固な組織になっていった. そして，藤崎による満州人脈の活用と，板垣與一によるネットワーク化を通じ，アジア経済研究所が発足する.

　注目すべきは，アジア問題調査会の設立過程に，戦前戦後を貫く日本のアジア主義が色濃く反映されていた点であろう. 藤崎信幸は，かつて満州国政府勤務時代に夢見た王道楽土建設をアジアに展開し，「アジアの長兄」として経済協力を展開しようとした人物であった［権 2008：26］. 後に藤崎自身が述べるように，インド・中国・日本の三国を主軸とする「アジア広域経済完成」に向け，技術協力と投融資促進，調査研究を通じた「アジア経済協力」を目指したのであった［藤崎 1957：63, 80］. インドと中国にその関心を寄せ，「アジアは一つである」と唱えた岡倉天心の思想を意識したアジア観だと言えよう. そして，戦後において藤崎が描いた構想は，賠償求償国からの要望に対して賠償金額の引き上げではなく経済協力の推進によって応えていくというものであった［藤崎 1955：54］. ただし，藤崎の言う経済協力とは，東南アジア各国政府の経済計画に合わせつつ，華僑資本との合弁で営利事業を設立するというものである［藤

崎 1965：95-97]．こうした構想を持つ藤崎は，1951 年には，満州人脈を頼る形でアジア問題調査会の準備活動を開始し，追放解除された緒方竹虎を会長に迎えた．

1953 年には，政界復帰を目指す岸から推薦される形で石井康（元フィリピン大使）を理事長に据え，正式にアジア問題調査会が発足した．その活動目的は，「アジアにおける政治，経済，社会，文化，宗教などの重要なる問題に関する調査研究を行い，アジアの繁栄と幸福に寄与すること」とされた．この目的の下，経済安定本部の大来佐武郎や原覚天，日本 ECAFE 協会の栗本弘などが参画した．アジア問題調査会の原動力となったのは，藤崎や岸などのかつて満州国の政治・経済に携わった人々だった[49]．アジア問題調査会のメンバーは，統一されたアジア観や思想を持つ集団ではなかったが，国交正常化と日本商品の輸出先確保を目的とした「賠償問題の早期解決」を先決とし，次いでアジア諸国の経済開発に参画するための「経済提携・経済協力」の推進を 1950 年代半ば以降のシナリオとして描いた点では一致が見られた［末廣 1997：44-46］．

そして，アジア問題調査会の理論的支柱となったのが，板垣與一をはじめ，川野重任，山本登らの経済学者であった．戦時中に海軍の依頼で東南アジア研究に従事していた板垣は，戦後にはアジア問題調査会が専門調査員を雇う財政的な余裕がないことを踏まえ，川野や山本らととともにアジア問題調査会を学術面から支えたのである［辛島 2014：2 -4]．板垣は，「アジアのナショナリズムの自己完成にとって必要なのは，政治的独立と統一と自由のみではなく，経済的独立と統一と自由こそいっそう重要［板垣 1959：549]」という基本認識を持っていた．また，旧宗主国が植民地主義を捨てきれていないがゆえに，アジアの脱植民地化は完遂していないと板垣は認識した．板垣にとっては，インドネシアの地方反乱もまた，現地社会の分裂を図るオランダの植民地主義の帰結として映った［板垣 1955：11-13]．そして，植民地主義の存続，政治意識を持つ中間階級の不在，急進的な制度移行，防共と生活改善を目的とした急速な経済開発，家父長的・専制的社会構造などの問題ゆえに，東南アジア諸国が開発独裁体制

に傾倒していると警鐘を鳴らしたのである［板垣 1959：546］.

　このような問題意識に基づき，板垣は東南アジア諸国に対する貿易拡大，賠償等を通じた経済援助，地域間経済協力機構の創設の必要性を唱えた［板垣1957a：168-171］. 注意すべきは，板垣が賠償によって東南アジアに及ぼす心理的・政治的影響を見据え，求償国の側に立った誠意ある対応を重視した点である［板垣 1953：7-8］. この意味で，板垣はアジア諸国の発展に寄り添う「アジアの論理」とでもいうべき認識の持ち主だった.

　1954 年 9 月のアジア協会への吸収合併を経た後も，板垣は藤崎とともに岸との関係を深め，特に通産省や財界への働きかけを強めていった. 1958 年 1月，板垣と藤崎は日本政府に対してアジア研究機関設立に関する請願書を提出した. この結果，通産省から財界に対して協力要請が行われる形で，1958 年12 月，アジア経済研究所が発足した［辛島 2014：16-20］. アジア経済研究所の理事長（後に会長）には小林中（アジア経済会長，日本開発銀行総裁）が就任し，翌年には東畑精一（東大農学部長）が所長に就任した. 本書の第 4 章で述べるとおり，小林中は北スマトラ石油開発に向けて日本側体制一本化を主導した人物であり，東畑精一はカリマンタン森林開発に向けて早期からインドネシア政府と折衝をした人物であった. インドネシア経済協力案件の中心的人物を，アジア経済研究所は擁していたのであった.

　このように，インドネシアとの賠償交渉の背後には，日本の資本財を東南アジアに輸出しようとする「プラント輸出」の潮流があり，それを支えるための政策手法の整備も進んでいた. こうした動向は，特にアジア経済研究所の設立経緯に見られるように，戦前期のアジア主義を継承する満州系の人脈や，「アジアの論理」に立脚して東南アジア諸国の開発を重視する研究者によって支えられていた. こうした人々の中で，インドネシアを「第二の満州」とみなし，賠償や経済協力を通じた進出を図るという発想が生じたのである.

3 インドネシアの石油資源をめぐる国際関係

(1) 日米両国の石油政策とインドネシア

インドネシア独立の過程において，19世紀末以来続いてきた日本人による経済活動はどのように扱われ，両国の経済関係に影響を及ぼしたのか．本節では，石油に係る日本，米国，インドネシアの様相を概観し，その中で活動した日本企業の戦後初期の姿を述べる．

まずは，終戦後の日本における石油政策について概観したい．1947年，石油開発促進委員会が官民合同の会議体である臨時石油工業調査会傘下に設置された．同委員会は1949年には石油資源開発促進審議会として法制化され，官民合同の特殊会社設立を通じた石油資源開発を目指した．同社の設立委員会は，委員長に石橋湛山（通産大臣）を置き，委員には各官庁はじめ，国会議員，日銀総裁，日本開発銀行総裁，経団連会長，石油会社経営陣など24名が任命された．石油開発に係る産官双方の議論を経て，1955年12月，特殊会社として石油資源開発㈱が設立された[50]．同社設立に際しては，戦前期に国策会社として石油開発を担った帝国石油[51]が人員や経営資源，鉱区を譲渡した．石油資源開発㈱はいわば戦後版帝国石油ともいえる企業であった．同社会長には鮎川義介，社長には三村起一[52]（元住友鉱業社長）が就任した．注目すべきは，常務の岡田秀男（元中小企業庁長官）である．岡田は，1955年5月段階で，「新会社の前途は，5か年計画の成功とインドネシアでの事業にかかっている」という認識を持つ人物だった［石油資源開発 1987：109］．発足後，石油資源開発㈱はインドネシアへの進出を本格検討し始めた．

一方，中東におけるアラブ・ナショナリズムの高まりとソ連の影響力拡大を受け，米国は中東の油田が共産陣営に渡った場合に備えた代替油田の確保を1950年以降目指していた[53]．ジョージ・マーシャル（George C. Marshall）国務長官も，インドネシアは豊富な天然資源に恵まれている上，米国と敵対関係に陥

る危険性も低く，冷戦遂行上重要な地政学的地位を占めていると認識していた[54]．また，シェル（Shell）やスタンダード・バカム（Standards Vacuum），カリフォルニア・テキサス石油（California Texas Oil Company）などの欧米系石油会社は，蘭印期からインドネシアでの石油開発に着手していた．冷戦の論理が重視された米国のインドネシア政策においても，自国企業の権益擁護を意識せざるを得ない事情があったのである．例えば，インドネシア政府が外国石油会社の株式を保有しようとした際[55]，コクラン駐尼米国大使はウィロポ（Wilopo）首相に苦言を呈した．コクランはインドネシアへの軍事的関与には反対だったが，北スマトラの油田地域の治安維持のためにインドネシアが国軍を派遣すべきだと考えた[56]．その上で，インドネシアの石油産業は外国投資の呼び込みが必要な段階にあり，政府の関与強化は外国企業の投資意欲を削ぐことになるとウィロポに意見を表明したのである[57]．

　日米の政策的な対応が進む中，日本企業が個社としてインドネシアの石油資源を確保しようとする動きもあった．1951年10月，浅野物産は在日インドネシア代表部に赴き，北スマトラ油田への開発意欲を示した[58]．同年11月，浅野物産が作成・提出した具体的事業計画案は，在日インドネシア代表部から「成功を期待する」という好感を得た．翌年2月，在日インドネシア代表部は，浅野物産の計画に賛同し，北スマトラ油田の修復及び開発に必要な技術者と資材投入を日本政府に要請した．しかし，浅野物産は，インドネシア本国の政府が開発を承認しているか懸念し，外務省や経済安定本部に本国政府の意向を確認するよう要請した[59]．在尼日本公館による調査の結果，インドネシア本国で浅野物産の案件は議論の俎上に上っていなかったのである[60]．結局，浅野物産の開発計画は頓挫を余儀なくされた．

(2) 北スマトラ油田の国営化

　では，インドネシアの石油資源，特に浅野物産が着目した北スマトラ油田に対し，インドネシアはどのような政策的対応を図ったのか．端的に言えば，独

立期における地域間対立，財政経済協定下での政党間対立，軍部の経済活動面
への影響力拡大というインドネシア政治の煽りを受け，北スマトラ油田は国有
化の対象となった［金 1991：2 -3］．ただし，北スマトラ油田は単なる政争の具
であったわけではなく，インドネシアの脱植民地化と「統一インドネシアの完
成」に向けた障壁を如実に表す事例でもあった．

　まず指摘すべきは，オランダ植民地期に外国企業と締結した契約がインドネ
シア独立後にも残存していたことである．既述のとおり，北スマトラの油田開
発は，英蘭合弁の石油会社である BPM が鉱区権を取得し，コンセッションに
基づく開発を進めていた[61]．油田の所有権は国土の一部として植民地政府に帰属
していたが，油田の運営・採掘権は BPM に帰属していた．独立戦争下では，
ハッサン（Teuku Mohammad Hassan）スマトラ州知事が北スマトラ油田の管理に
当たったが，1947 年 8 月のオランダ軍の北スマトラ進攻により油田は壊滅的
に荒廃した．独立後，油田の所有権はインドネシア政府に帰属したが，財政経
済協定でオランダ企業の経済権益が保全されたことで，BPM が北スマトラ油
田の運営・採掘権を維持した．ただし，BPM はインドネシアから事実上の撤
退をしており，運営・採掘活動は営まれていなかった．

　隣接するアチェ州の地方反乱勢力は，休業が続く北スマトラ油田を勢力拡大
に向けた格好の利権とみなし，しばし確保に向けた攻勢をかけた．また，イン
ドネシア政府内では，北スマトラ油田を BPM に返還すべきか，国有化すべき
かで論争が続いていた．先述の浅野物産が開発を提案したのは，こうした段階
であり，インドネシア本国では日本企業の資本を北スマトラに導入するという
検討までは至っていなかったのである．

　一方，かつて BPM 勤務していたインドネシア人従業員たちは，生計を立て
るために採油再開を希望し，北スマトラ州政府に復旧を要請した[62]．そこで，北
スマトラ州政府は荒廃が比較的軽度で済んだ施設を修復し，小規模の採油を試
みた．だが，BPM とのコンセッション期限は 1957 年まで続いており，北ス
マトラ州政府が油田を運営することは契約上の違反行為だったのである．

BPM の元従業員たちは，油田の本格的再開と復旧を要望したが，州政府は慎重な姿勢をとらざるを得なかった．また，BPM による復旧作業開始までに油田設備の損傷・散逸を防止するため，州政府はジョハン（Djohen Api）BPM 元幹部を北スマトラ油田の管理責任者として任命した[63]．元従業員たちは，PKI 系の石油労働組合に支援を依頼し，オランダ資本駆逐を提唱するとともに，ジョハンの排斥および油田の国営化を主張しはじめた．

　このような，地方反乱勢力と北スマトラ州政府，BPM 元職員の思惑が交錯する中，1953 年 7 月に成立した第一次サストロアミジョヨ内閣はジョハンを罷免し，元従業員らによる油田復旧および採油販売を容認した．また，北スマトラ油田に散在する事業拠点の統合を目的とし，アリ内閣は北スマトラ油田共同事業体を設置した．同事業体は，採油・精製・販売の 3 部門を擁し，精油の売上やスクラップの払い下げを収入としながら小規模油田[64]の復旧に投資する事業体であった．この結果，日本軍政期に設置された 3 カ所の製油所[65]の日産製油能力が，114 トンから 540 トンに向上するなどの成果が見られた[66]．

　ただし，相次ぐ労働争議や資金難などの問題は，円滑な油田復旧作業の障壁となり，油田経営をめぐる論争は続いた．BPM との協調派は，油田を返還した上で BPM に復旧を要請するか，或は BPM と合弁設立した蘭尼石油（Nederlandsche Indische Aardolie Mij：NIAM）に運営を委託するかという選択肢を提示した．一方，反 BPM 派は，BPM に協力要請を行うことなく原油を輸出して外貨を獲得し，復旧資金を得るべきと主張した．企業の資金調達をめぐる対立と矮小化することもできるが，脱植民地化のために旧宗主国の資本を活用することが容認されるかという政治的論争だったとも言える．

　いずれにせよ，激論を必要とするほど，北スマトラ油田は荒廃していたのである．例えば，ラントウ（Rantau）油田[67]は独立戦争下で破壊されて以来，採油場以外の付属施設が全く復旧されていなかった[68]．パルタブハン（Paluhtabuhan）油田は低地に立地していたため，海水の浸水を受けて送油管網の腐食が進んでいた．石油精製設備についても，パンカラン・ブランダン（Pangkalan Brandan）

製油所は設備が老朽化し，殆ど全ての設備更新が必要だった．一連の荒廃状況を打開するため，インドネシア政府はパンカラン・スス（Pangkalan Susu）製油所を優先的に復旧させることを試み，揚水ポンプ及び発電所を新設したが，ガソリン貯油タンクが地方反乱勢力の攻撃によって炎上し廃棄を余儀なくされた．

このような状況に対し，BPM のイギリス側の出資者であるシェルは，インドネシア政府が油田施設へのシェルの立ち入りを許可しないため，シェルとしては復旧作業を開始できないとの立場を表明した．一方，インドネシア政府は，施設の荒廃状況を放置した責任は BPM にあり，BPM は鉱業権を放棄したものとみなした．

1956 年 7 月，インドネシア国会経済委員会は 3 名の議員を現地に派遣した上で，北スマトラ油田の国営化に向けた検討と BPM との交渉を開始した．交渉においてインドネシア政府は，採掘権と復旧作業受託の権利，石油販売益の蘭尼石油への譲渡を条件として設定した．さらに，合弁事業体である蘭尼石油をインドネシア法人に改組してインドネシア政府の監督下に置くという方針を提示した．圧倒的にインドネシア側に有利な提案を BPM が受け入れることはなく，交渉は平行線を辿った．

その後，北スマトラ油田の BPM への返還をめぐるインドネシア国内の論争はさらに過熱化していった．マシュミ党は，インドネシアが自力で油田を復旧し，生産規模を植民地期の水準まで回復させることは，技術面・資金面で困難と主張した．また，コンセッション満了前に油田を接収することは外国権益の侵害であり，国際的信用の失墜と外資誘致の頓挫に繋がりかねないと危惧した．さらに，BPM の接収によりオランダのみならずイギリスとの対立が深刻化すると懸念した．一方，PNI は，独立戦争下で油田を破壊したオランダが復旧費用を負担すべきと主張した．また，BPM が荒廃した油田を放置している状況は，コンセッションの不履行であり，インドネシア政府は BPM との契約を取り消すことができると主張した．

政党間での論争に終止符が打たれる契機は，西イリアン問題を通じた財政経

済協定の破棄であった。1956年10月16日，インドネシア政府は工業省令に基づき，国営企業体である北スマトラ石油開発鉱山（P.T Exploitasi Tambang Minjak Sumatra Utara）を設立し，東アチェ及びタミアンの両鉱区における採掘・管理その他の事業を行うこととした．その後，10月24日には，国軍が軍政長官令197号[69]を発し，国民経済および治安の保全という名目で油田は一方的に接収された．同年12月10日，北スマトラ油田の管理開発を担う国営企業体として，北スマトラ石油開発鉱山は国営石油公社（P.T Perusahaan Minjak Nasional：PERMINA）に改称した．1957年2月には北スマトラ油田に対するBPMの利権破棄が宣言された．同年3月14日，スカルノは戒厳令を全土に敷き，経済活動についても国軍の監督を認めた．そして7月，国軍は東アチェおよびタミアンの二鉱区におけるBPMの鉱業権許可の取り消しを宣言するとともに，北スマトラ油田の管轄権を掌握した．

こうした動きの結果，国軍はPERMINAを支配し，PERMINAを通じて北スマトラ油田を経営したのである．PERMINAの社長に就任したストー（Ibnu Suto）大佐は，油田のBPMへの返還には断固反対し，インドネシア民族資本の手による開発を目指した[70]．また，ストーはスハルト（Soeharto）と以心伝心の仲といわれるなど，国軍首脳と密接な関係を持つ人物であった［青山005：13］．

以上のように，北スマトラ油田はインドネシア政府と州政府，地方反乱勢力，国軍の思惑が交錯する政治空間であるとともに，経済的独立と外国資本の関係をインドネシア政府に問いかける舞台であったと言えよう．

┃ おわりに

本章で論じたように，独立戦争に対する英米蘭の関与は，第二次世界大戦後の東南アジア地域における旧宗主国の関与のあり方，そして東南アジアにおける米国の冷戦政策と密接に関連したものであった．米国は，西側陣営内の米蘭

関係に配慮しながらも，東南アジアの防共に重点を置き，独立戦争で疲弊したオランダに譲歩を迫り，インドネシア独立を支援した．一方，インドネシアが最優先していたのは独立の達成であって，自国内の防共ではなかった．この独立をめぐる米国との関係は，その後インドネシアが西側と東側の狭間を漂いながら，双方に支援を要請するという姿勢の礎となっていく．

　ただし，インドネシアが脱植民地化の完遂と，経済面を含めた「独立の完成」を実現していくためには，多大な困難に直面していたと言わざるを得ない．財政経済協定でオランダ企業の権益が保全される中，インドネシア民族資本は未成熟であり，経済水準も植民地期の水準を下回った．各種経済計画は十分に履行されないまま死文化し，自律的経済発展の道筋は見いだせなかった．アジア問題調査会の板垣が指摘したように，経済的独立こそがインドネシアの脱植民地化に向けた最重要課題だったのである．

　こうしたインドネシア経済の惨状に対し，経済援助をいち早く提供したのが米国であった．米国は，NSC-124/2 によってインドネシアを戦略的資源産出地として規定し，日本の共産化防止のためにも自由主義陣営に引き留めるべきと判断していた．しかし，冷戦の論理に傾斜した米国の方針は，ときとしてインドネシア情勢の判断を鈍らせた．インドネシアの総選挙で PKI が議席を拡大し，翌年には援助を求めてソ連に接近していく状況に，米国の困惑は隠せなかった．菅英輝［2011：47］が指摘するように，脱植民地化闘争が目指すものは，独立，自立，近代化であり，そこには冷戦とは異なる論理と力学が働いていたのである．

　そして，西イリアン問題で蘭豪が国連への調停を求めたのに対し米国は中立を維持するなど，インドネシアをめぐる西側陣営の方針は一枚岩的なものではなかった．結局，インドネシアは蘭豪に対して強硬姿勢を強め，財政経済協定を一方的に破棄することになった．米国が薄氷の上に築いた蘭尼関係は壊滅的なものになり，同時にインドネシア経済もさらなる停滞へと向かっていった．インドネシアは，「統一インドネシアの完成」という建国五原則を重視する一

方，経済的独立を可能にするための対蘭妥協策を認めなかったのである．

　この脱植民地化を通じて植民地期よりも経済が停滞するという逆説は，西洋植民地主義的色彩の薄い日本の資本をインドネシアに引き寄せる契機になったと考えられる．日本では，対インドネシア賠償と東南アジアへのプラント輸出が同時並行的に進んでおり，産官ともにインドネシアとの国交正常化を重視していた．1951 年段階で，戦時中にインドネシアに駐留経験を持つ旧軍人や財界人などが，インドネシア側要人に接触を開始し，日本政府に対しても賠償交渉の早期開始を訴えていた．松永安左エ門や鮎川義介，石原広一郎といった「インドネシア・トリオ」は，「賠償ビジネス」をインドネシアに持ち掛け，賠償交渉を産の立場から支えた．賠償交渉が暗礁に乗り上げた時期にも，これら財界人はインドネシアに訪問団を送り，インドネシア政府の関心を引いた．インドネシアもまた，日本による経済的支援を期待して賠償交渉に寛容姿勢を見せ，交渉は急速に収束に向かっていった．同時期，プラント輸出に関しては，輸銀や輸出保険制度の整備が進み，満州人脈に基層を持つアジア経済研究所も設立された．こうした政策機関と産官学のネットワークにより，対インドネシア経済進出が加速化することとなった．さらに言えば，インドネシアの経済発展に寄与する日本の政策は，米国の冷戦政策とも調和するものであった．冷戦の論理に傾斜した米国のインドネシアへの姿勢と，経済の論理に立脚した日本の姿勢が呼応したのである．

　北スマトラの石油資源開発は，上述のような構図を示す事例である．浅野物産による進出検討に始まり，石油資源開発㈱による国策的な海外石油資源確保の試みは，日本の産官が経済の論理に立脚して展開したものである．一方，米国は中東の代替となる油田の確保と米系石油会社の権益確保を目指し，インドネシアの石油資源を注視していた．そして，蘭英合弁で経営された北スマトラ油田は，インドネシアからすれば植民地主義の象徴であった．独立戦争と地方反乱を通じて荒廃した油田の復旧をめぐり，インドネシアと日本の思惑は一致し，しかもそれは米国の冷戦戦略とも整合した．このような構図の下，日尼間

の経済協力の原型は形作られることとなったのである.

注

1 ）独立戦争期のインドネシア共和国は，中部ジャワのジョグジャカルタ周辺を支配地域とする政権であり，インドネシア群島全体への支配権は確立していない.

2 ）外務省調査局第五課「レンヴィル協定と蘭イ情勢」1950 年 5 月，戦後期外務省記録，リール番号 A'-0174.

3 ）Telegram, Steere to the Secretary of State, September 15, 1949, *Foreign Relations of the United States* [FRUS], 1949, Vol.7, p. 487.

4 ）Telegram, Steere to Acheson, October 8, 1949, FRUS, 1949, Vol.7, p. 505.

5 ）Telegram, Steere to Acheson, October 9, 1949, FRUS, 1949, Vol.7, p. 514.

6 ）Memorandum, Rusk and Kleffence, November 4, 1949, FRUS, 1949, Vol. 7 , p. 564.

7 ）外務省アジア局第三課「連合の廃棄に関するインドネシア・オランダ会談及び西ニューギニア問題について」1954 年 9 月，戦後期外務省記録，リール番号 A'-0174.

8 ）同計画の名称は「経済緊急計画」（Rentjana Urgensi Perekonmian; Economic Urgency Program）であるが，スミトロ（Sumitro Djojohadiksmo）貿易・産業大臣によって策定されたため，「スミトロ計画」と呼称される.

9 ）外務省アジア局第三課「インドネシア共和国の経済開発計画について　昭和 28 年 5 月ア三調書甲第八号」1953 年，1 頁.

10）Telegram, The Acting Secretary of the State to the Consulate General at Batavia, June 8 , 1949, FRUS 1949 Vol.7, p. 417.

11）Memorandum, Anderson to Lay, August 27, 1953, FRUS, 1952-1954, Vol.12, Part2, p. 382.

12）National Security Council Report [NSC] 124/2, "United States Objectives and Courses of Action with Respect to Southeast Asia", FRUS, 1952-1954, Vol.12, Part1, p. 127.

13）Memorandum, Anderson to Lay, August 27, 1953, FRUS, 1952-1954, Vol.12, Part2, p. 377.

14）Telegram, Smith to Wilson, June 23, 1953, FRUS, 1952-1954, Vol.12, Part2, p. 364.

15）Telegram, Cochran to the Department of State [DOS], February 10, 1953, FRUS, 1952-1954, Vol.12, Part2, p. 356.

16）Memorandum, "Guide Lines for Fiscal Year 1953 Foreign Aid Programs", September 6, 1951, FRUS, 1951, Vol.1, p. 400.

17）Memorandum, Anderson to Lay, August 27, 1953, FRUS, 1952-1954, Vol.12, Part2, p. 380.

18）Telegram, Acheson to the Embassy in Indonesia [Jakarta], July 30, 1951, FRUS, 1951, Vol.6, Part1, p. 695.

19) Telegram, Merchant Griffin, April 9, 1951, FRUS, 1951, Vol.6, Part1, p. 635.

20) Telegram, Allison to Blum and Cleveland, December 31, 1951, FRUS, 1951, Vol.6, Part1, p. 772.

21) Telegram, Cumming to DOS, April 14, 1954, FRUS, 1952-1954, Vol.12, Part2, p. 420.

22) Telegram, Cumming to DOS, July 28, 1954, FRUS 1952-1954 Vol.12, Part2, p. 455.

23) NSC 5518, "U.S. Policy on Indonesia" FRUS, 1955-1957, Vol.22, p. 153-154.

24) Memorandum, Abdulghani and Cumming, June 3, 1956, FRUS, 1955-1957, Vol.22, p. 277.

25) Telegram, Cumming to DOS, April 18, 1956, FRUS, 1955-1957, Vol.22, p. 257.

26) Telegram, Cumming to DOS, January 25, 1957, FRUS, 1955-1957, Vol.22, p. 346.

27) スバンドリオは 1956 年中にソ連から帰国し, 外務省事務次官（secretary-general）を経て, 1947 年 4 月から 1966 年 3 月まで外務大臣を務めた.

28) *Ibid* p. 347.

29) Memorandum, Abdulghani and Cumming, June 3, op. cit., p. 276.

30) Memorandum, Rusk to Acheson, December 29, 1950, FRUS 1950, Vol.6, p. 1100.

31) *Ibid* p. 1103.

32) *Ibid* p. 1101.

33) Report, Department of External Affairs [DEA], "An Appreciation of the Present Situation in Indonesia, and Likely Development during the 1955 Election Year", February 1, 1955 A7133, 8. Part1, p. 61, National Archives Australia ［オンライン公開資料 https://recordsearch.naa.gov.au 以下 URL を略記］

34) Memorandum, Anderson to Lay, August 27, 1953, FRUS, 1952-1954, Vol.12, Part2, p. 378.

35) Telegram, Cumming to DOS, June 15, 1954, FRUS, 1952-1954, Vol.12, Part2, p. 433.

36) Memorandum, among J.F. Dulles, Roijen, and Jones, November 10, 1954, FRUS, 1952-1954, Vol.12, Part2, pp. 474-475.

37) Letter, Cumming to Young, May 20, 1955, FRUS, 1955-1957, Vol.22, p. 162.

38) NSC 5518, "U.S. Policy on Indonesia", May 3, 1955, FRUS, 1955-1957, Vol.22, pp. 153-154.

39)「電力王」・「電力の鬼」と呼ばれた東邦電力社長. 戦後には池田勇人らとともに事業再編による 9 電力会社への分割民営化を進めた. また, 経済計画策定を目的とした産業計画会議を設立した. 鮎川とともにインドネシアを訪問した松永は, インドネシアにおける日本に対する期待を目の当たりにしていた［日本経済新聞社 1964：355］.

40) 日産コンツェルン創業者. 帝大卒業後, 三井への就職推薦を断り, 身分を隠して芝浦製作所（現：東芝）の職工となった. 1928 年には義弟の経営する久原鉱業の社長に就任し, 同社と関係会社を再編する形で日産コンツェルンを組成した. 満州事変後には松岡洋右の招待で満州の重工業発展計画を提案し, 日産を満州に移転させる形で満州重工業開発（満業）を設立した［日本経済新聞社 1966：289-326］.

41）石原広一郎の経営する石原産業は，バンドン会議にも民間人としては唯一の派遣団員を派遣し，賠償プロジェクトに意欲的な姿勢を見せていた．

42）Telegram, No.193, British Embassy Djakarta [Jakarta] to Foreign Office [FO], October 12, 1953, FO371/105425, Part1, Reel 33.

43）*Ibid.*

44）Telegram, No.255, British Embassy Tokyo [Tokyo] to Eden, October 31, 1953, FO371/105425, Part1, Reel 33.

45）Memorandum, among Agung, Surjotjondro, J.F. Dulles, Young and Haring, October 3, 1955, FRUS, 1955-1957, Vol.22, p. 197.

46）タイ，インド，パキスタン，セイロン，カンボジア，インドネシア，イラン，フィリピン，マレーシア，アフガニスタン，ベトナム，ビルマ，シンガポール，ネパール，ラオス．

47）経済審議庁『アジア経済の概観』お茶の水書房，1953年，148頁．

48）為替手形に船荷証券などの船積み書類を添付したもの．販売代金の早期回収を目的として，荷送人を受取人，荷受人を支払人とする為替手形を振り出し，銀行で割引を受ける．

49）権容奭［2008：26-27］が指摘するように，藤崎には当時の日本を取り巻く対米関係や朝鮮半島との関係に関する認識が希薄であったものの，岸は藤崎らの働きかけに応じつつ，藤崎を活用する形でアジア外交を展開したのであった．

50）開発行為を指す一般用語ではなく企業名であることを明示するため，石油資源開発㈱と記す．

51）帝国石油は，1950年の帝国石油株式会社法廃止に伴い民営化されていた．

52）帝大を卒業した三村は，恩師である新渡戸稲造の勧めで住友に入社した．三村は住友伸銅所（現：住友金属工業）に配属になり，1932年には住友の祖業である別子銅山（後の住友鉱業）の再建に従事した．戦時中は北支の石炭・製鉄・ソーダなどの生産現場の安全管理強化に努め，戦後には鴨川火工や日本冶金工業において，ニッケル生産に邁進した［日本経済新聞社 1962：328-379］

53）Telegram, Webb to Johnson, August 4, 1950, FRUS 1950, Vol.6, p. 1046.

54）Telegram, Marshall to Acheson, November 7, 1950, FRUS 1950, Vol.6, pp. 1092-1093.

55）1951年末，米国 Stanvac 石油のインドネシア法人に対し，ウィロポ首相（Wilopo）は65％の株式をインドネシア政府に譲渡するよう求めた．インドネシア事業の拡大維持に向けて多額の設備投資を行い，50％程度の株式保有を通じた経営権の維持を想定していた Stanvac 石油からすれば青天の霹靂であった．植民地期においては，在尼外国石油会社の法人税支払義務は免除されていたため，独立後のインドネシア政府が税収確保の点から株式保有を要望したものと考えられる．

56）Telegram, Cochran to DOS, February 10, 1953, FRUS, 1952-1954, Vol.12, Part2, p. 359.

57）Telegram, Cochran to Acheson, December 31, 1951, FRUS, 1951, Vol.6, Part1, p. 768.

58）浅野物産発外務次官宛「南方石油資源開発に関し御願の件」，1952年2月25日，戦

後期外務省記録，リール番号 E'-0214.

59) 浅野物産発経済安定本部総務長官宛「南方石油資源開発に関し御願ひの件」，1952 年 2 月 25 日，戦後期外務省記録，リール番号 E'-0214.

60) 武藤発外務大臣宛「北スマトラ石油問題に関する件」，1952 年 9 月 26 日，戦後期外務省記録，リール番号 E'-0214.

61) 具体的な開発油田は東部アチェ油田をはじめ，ランサ，バンガル，ブランダン等の北部海岸地帯が中心であった.

62) 鶴見発重光宛「北スマトラ石油の国有化に関する件　ジ経普第 813 号公信写」，1956 年 11 月 20 日，戦後期外務省記録，リール番号 E'-0214.

63) 同上史料.

64) 1955 年時点では，スマトラ石油共同事業体管轄下に，北アチェおよびランカットをはじめとして 6 カ所の油田が存在していた.

65) ランサ：Langsa，パンガラン・ブランダン：Pangkalan Berandan，パンガラン・スス：Pangkalan Susu.

66) 「北スマトラ石油の国有化に関する件　ジ経普第 813 号公信写」，前掲史料.

67) 外務省の文書上，1956 年段階では Rantan と記載されているが，北スマトラに Rantan という大規模油田は見当たらない. 実際には Rantau のスペルミスであることが想定され，1958 年ごろを境に，外務省発行文書は Rantau で統一されている.

68) 「北スマトラ石油の国有化に関する件　ジ経普第 813 号公信写」，前掲史料.

69) Peraturan Penguasa Militer (Regulation of Military Rulers) No: PRT/PM/017, 197.

70) 「北スマトラ石油に関する件」高木臨時大使から藤山大臣宛，1958 年 7 月 1 日，外交記録，E'-0214.

第 3 章

「経営の真空」と日尼国交正常化

はじめに

西イリアン問題の激化に伴い，インドネシアでは経済的ナショナリズムが勃興し，オランダを中心とする外国資本の排斥が強権的に進められた．しかし外資排斥の嵐の中においても，日本の資本は排斥対象とならず，国交正常化と賠償協定・経済協力協定の締結が実現する．なぜ外資排斥下において，かつての軍政支配者である日本の資本がインドネシアで受け入れられ，しかも米国もそうした情勢を静観したのだろうか．本章では，次の3つの観点から考察する．

第一には，外資排斥と脱植民地化の関係である．本章では，1950年代後半までのインドネシア経済に多大な影響を持ったオランダ企業の接収と華僑排斥という二つの事例を基に，その展開と影響を述べる．留意すべきは，第三世界の多くの国で行われたように，外資排斥は外国企業の国有化という形態で行われた点である．したがって，外国企業がインドネシアで築いた経営資源は消失したのではなく，国有企業として再編され存続した．しかし，インドネシアが外国企業の経営資源を掌握した際，その企業を拡大成長させるための方途は明らかではなかった．そこで，本章では，「経営の真空」という概念を基にその様相を論じる．「経営の真空」とは，経営能力を有する経営陣が企業に存在しないために，経営ノウハウを外部から引き寄せようとする動きとして定義づけたい．この「経営の真空」の出現により，外資排斥を進めつつも，外国企業の経営能力を取り込む必要性にインドネシアが直面した様相を本章では指摘する．また，そうした外国資本として，西洋植民地主義的色彩の薄い日本の資本への

期待がインドネシアで高まっていた様相を明らかにする.

　第二には，米国の対インドネシア冷戦戦略と日本企業の関係である. 1957年から1960年までの米国は，「指導される民主主義」を通じたインドネシアの東側陣営への接近と，資源産出地における地方反乱に懸念を寄せた. 本章では，これら問題に対する米国の姿と日本への期待を明らかにする. その際，スマトラ，スラウェシ，カリマンタンといった日本経済界による進出予定地を，米国も戦略的資源産出地としてNSC文書で位置づけ，日尼関係深化によるインドネシアの共産化防止を図った政策方針を明らかにする. これらを通じ，米国による冷戦の論理と日本企業の経済の論理が絶妙に整合していた様相を指摘し，日本政府にとっても米国との関係を懸念することなく経済界の支援を実現できたことを指摘する.

　第三には，日本とインドネシアの国交回復過程における日本企業の役割である. 戦後初めてのインドネシアへの首相訪問に先立ち，経済進出を目指して自律的に活動していた日本企業の姿を明らかにする. その上で，米国に対しては冷戦政策への適合という点を強調しつつ，実体としては日本企業の動きに呼応する形で，岸政権が対インドネシア経済外交を展開していく様相を明らかにする.

▌ 1　民族資本の追求による「経営の真空」

(1)　経済的ナショナリズムの帰結

　まずはじめに，財政経済協定の破棄前後のインドネシアの経済状況について概観したい. 既述の通り，独立後のインドネシアでは経済的停滞状況が続き，自国で必要な食糧や衣料品すら生産できていなかったという厳しい現実があった. 1952年8月の独立記念日にスカルノは，「毎年何十万トンの米の輸入を余儀なくされ，通商と産業で外国人が依然支配的役割を発揮し，我々の肉体をまもる衣類はことごとく海外から輸入しなければならぬ現状」を憂慮した［スカ

ルノ 1952：59]．1950 年代前半を通じ，インドネシア政府は民族資本育成と経済発展を目指し経済計画を策定した．これら計画は，「之等民族主義的経済政策は稍行き過ぎの観さへ見える[1]」と日本の外務省が指摘する急進的なものであり，十分な履行もされないまま死文化していった．

　スカルノは「植民主義は経済的支配，知的な支配，一部国内における外国人会社による現実の，事実上の支配という近代的な装いを持っている」［スカルノ 1955：53］とバンドン会議開会宣言で述べたように，民族資本育成という目標を堅持した．しかし，産業育成や各産業における企業経営ついてスカルノが有効な方針を見出していた形跡は見られない．

　このような中，1956 年には建設五カ年計画が議会を通過し，政府部門と農村部門に 125 億ルピア，民間部門に 100 億ルピアの予算が拠出された．化学プラントの建設を視野に入れた壮大なスミトロ計画と異なり，建設五カ年計画は農業・畜産の育成や森林保護，未開発資源の開発など地に足の着いた計画であった．しかし，建設五カ年計画もまた，十分な成果を残すことなく[2]，1958 年にはインドネシア経済は戦後最悪の状況[3]と云われるに至る．海外経済協力基金が後に分析したように，「工業化の遅れは，現在のインドネシア経済の決定的弱点[4]」だった．

　工業化の遅れに加え，豊富な埋蔵量を誇る天然資源についても，インドネシア政府は産出を十分に進められていなかった．原油こそ生産量が，1500 万 ℓ（1957 年）から 2000 万 ℓ（1960 年）に増加したが，他の資源産出は低下傾向にあった．例えば，錫は，オランダとの合弁会社であるビリトン合弁鉱業公社（Billiton Joint Mining Company）によって産出されていたが，インドネシア政府による同社の国営化に伴い，資金調達や経営者及び技術者の確保が難航し，生産高は減少した．また，輸出産品は石油等の鉱物資源に傾斜し，それらが輸出金額に占める割合は 30％（1938 年）から 45％（1958 年）に増加した[5]．一方，食糧の自給は更に困難化し，1959 年のコメの輸入量は 1938 年比で 2 倍近くに増加し，人口成長速度をはるかに上回った[6]．

　以上のように，財政経済協定の破棄の後も経済状況は好転せず，それまで以上に厳しい局面が訪れたのである．経済的ナショナリズムに基づく経済運営が更なる停滞をもたらすという逆説にインドネシアは直面することとなったのである．

⑵　オランダ企業国有化

　1956 年 6 月の財政経済協定破棄の後，インドネシアにおける対蘭強硬世論はさらに過激化した．その過程でも民族資本による経済建設の重要性が叫ばれ，インドネシア国内のオランダ企業を国有化する動きへと繋がっていった．

　まず，当時のインドネシアにおけるオランダ企業の状況を指摘しておく．財政経済協定により権益が保全されたオランダ系五大商社 5 社（ヤコブソン社[7]，インターナショ社[8]，ボルスミ社[9]，ヘオ・ウェリー社[10]，リンデテビス社[11]）は確固たる地盤と強力な資本を擁し，地場系業者の追随を許さない支店網と商圏を築いていた．こうした商社の活動は，当時のインドネシア経済にとって基層をなすものだったのである．例えば，1957 年のオランダとインドネシアの経済関係は，オランダにとっては財政収入ベースで 3.1％に留まる規模だったが，インドネシアにとっては同 50％にまで至っていた．両国の経済関係に依存しているのは，インドネシアのほうでありオランダは経済面では優位な立場を維持していた[12]．例えば，外貨獲得にむけた輸出すらも，インドネシアは KPM 社（Koninklijke Paketvaart Maatschappiji：オランダ王立郵船会社）に外航海運を委託しなければ実現できなかったのである．

　このような状況下で，財政経済協定はナショナリズムの勃興するインドネシアにおいて「火薬庫」となり，絶えず対蘭強硬世論を誘発する原因となった［板垣 1963：164］．例えば，1957 年 11 月，ジョン・アリソン（John Moore Allison）米国大使と会談したスバンドリオ外相は，オランダ資産接収の可能性は否定しつつも，オランダの交渉姿勢如何では，北スマトラ油田を含む在尼資産の保全を確約できないという強硬な姿勢を示した[13]．これに対し，オランダからはイン

ドネシア向け債務や北スマトラ油田の保全，およびオランダの経済権益のあり方について交渉する用意がある旨の返答があった[14]．11月の時点では，オランダ資産の国有化が懸念されつつも，蘭尼両国間で対話の余地が残されていたのである．

しかし，翌月には状況が悪化した．1957年12月2日，西イリアン問題に憤慨した労働組合は，インドネシア国内に存在するオランダ企業の占拠を開始した[15]．翌日にはPNI系労組がKPM本社を接収し，PKI系労組も企業接収に向けて労働者を動員した．事態に驚いたインドネシア政府は，全国のオランダ系農園500か所，海運，商社，銀行などのオランダ企業を国軍の管理下に収めた．オランダ企業の接収に関し，インドネシア政府の方針も錯綜した．労働者によるKPMの資産接収を積極的に支援する意見と，労働者によるKPMの資産破壊を防止するために軍管理下におくという意見に二分されていたのである．

12月5日，アレン・ダレス（Allen Dulles）CIA長官は，PKI系労組がオランダ企業を占拠した状況を踏まえ，蘭尼間の外交関係は壊滅的危機にあるとの認識をNSCで示した[16]．そして，一連の接収はインドネシア政府が扇動したものであるとの情報を得た米国は[17]，接収が西イリアン問題に由来するものだと関係づけた．翌6日，インドネシア政府から日本に対し，KPMの代替となる海上物流網の整備支援要請が行われたことを踏まえ，米国は米国輸出入銀行によるクレジット供与の延期をはじめとする経済制裁の発動を検討し始めた[18]．米国は，インドネシアにおける米国企業の保全をクレジット供与の条件としたのである．一方，12月6日，スイト（Suwito）外務大臣政務官は米国大使館において，国軍によるオランダ企業の管理目的は資産の「保全」であり，国際法上の「接収」や財政難に起因する「国有化」ではないと抗弁した．また，西イリアン問題を中心とするオランダとの諸問題さえ解決すれば，オランダ企業の資産を返還するとスイトは主張した．米国大使館は，オランダ企業を人質として米国に西イリアン問題への介入を迫っていると認識した[19]．

こうした状況に対して，米国国務省は，スカルノとの関係がもはや限界に来

ていると認識した．この時点において米国は，スカルノの反共姿勢が親米の表明ではなく，インドネシア国内の反共主義者への迎合を通じた保身手段だと認識した[20]．そこで米国は，PNIとマシュミ党，国軍といった反共主義者との関係を直接深め，スカルノ政権に対する援助の追加供与凍結を検討し始めた[21]．ただし，スカルノがソ連や中国にも接触する中で米国が援助を中止すれば，インドネシアを西側に留めるという目的を完遂ができなくなることは必至であった．

そこで，カミング元大使は，インドネシアの感情的反応を惹起する西イリアン問題は論点として持ち出すべきでなく，冷静に議論可能な論点であるスマトラ反乱に対して英米豪が連携して対処し，インドネシアとの関係を維持すべきと主張した[22]．国務省がスカルノに強い疑念を寄せる中，在尼米国大使館はなおインドネシアとの関係維持に努め，自由主義世界の長期的利益のために行動を自制するようオランダに要請した[23]．

このような米国大使館による関係維持の努力も空しく，オランダ企業接収による経済的影響は広がっていった．1957年11月から12月にかけ，インドネシアの生産停滞によって米価は3倍程度に高騰し，一般国民の生活を圧迫した．また，接収を逃れたKPMの主要船舶はオランダ本国に送還され，インドネシアの貿易が停滞した．この状況にソ連は着目し，インドネシアに対する船舶や技術者の供与を急遽決定した．12月12日のNSCでアレン・ダレスが懸念を示したように，オランダ企業の接収は「極めて深刻な派生効果」を生じさせていたのだった[24]．また，インドネシアは，日本やユーゴスラビア，ポーランドに対して船舶の手配を行ったが，これら外国船のインドネシア入港には3週間の時間を要し，食料の緊急輸入には対応できなかった．スバンドリオが認識していたように，3週間の間にインドネシアの食糧は底をつく危険性があったのである[25]．

アリソンは，食糧難と西イリアン問題を別個の論点として捉えるべきだと主張したが[26]，国務省は，西イリアン問題とオランダ企業接収，そして食糧難を因果づけ，冷徹な姿勢を示した．翌1958年1月2日，国務省，CIA，国防総省

の三者会議において西イリアン問題に関する米国の関与方針が検討された. 会議では, インドネシアへの支援を主張するアリソン大使の意見が紹介されたが, 会議参加者はスカルノを「頼りにならず, 信頼もできない[27]」人物と批判した. インドネシアに対する米国の方針は本国と大使館で大きく乖離していた.

そして, 接収の被害者であるオランダは係争の国際司法裁判所への付託へ進み, 対蘭交渉を望むインドネシアとの関係が決定的に悪化していった[28]. 当初, インドネシア政府は, 接収を一時的な措置としたが, 接収を脱植民地化の契機とみなす対蘭強硬世論の影響を受け, オランダ人財産の恒久的な接収へと傾いていった. 1958年12月, オランダ企業国有化法 (1958年86号法) が議会で可決され, 12月10日にはインドネシアに存在する全オランダ企業が接収・国有化の対象となった. 同法は国有化された企業の所有者への補償制度を将来的に創設すると謳っていたが, 実現の見通しは立っていなかった. オランダ系五大商社も接収の上で商号変更され, 1959年3月までに国営8大商社へと完全に改組されていった [須山 1960:298]. 外航船舶を引き上げたKPMについては追放対象となり, インドネシア政府は中古船の購入・備船を進めたが船舶不足や海技の未成熟は免れず, 海運能力は低下した. こうした排斥の結果, 1957年12月段階で5万人を超えたインドネシア在住のオランダ人は58年8月までに1万人程度まで急減した.

接収と国有化が進む一方, 国有化された企業が円滑に事業を展開できたわけではなかった. 各種労働組合はインドネシア人による経営の実現 (Indonesianization) を目指したが, 壮大な構想に比して労働者の技能は限られていた[29]. そもそも, 植民地期に技術者や経営者として活躍したインドネシア人は少なく, 企業の経営権を掌握しても事業計画の立案や履行, 組織の運営, 技術開発を進められる人材が不足していたのである. このため, 接収した企業の経営がインドネシアにとって喫緊の課題となった [谷口 1958:9]. 経営能力を持った経営陣が存在しないという意味で, 接収企業の中枢には真空地帯が発生していたと言えよう. そして, 真空を埋めるかの如く, インドネシアは経営ノウハウを国

外から引き寄せざるを得なかった．「経営の真空」とも呼ぶべき現象であった．ただし，オランダ資本排斥の結果として生じた「経営の真空」に，オランダの資本が引き寄せられることはなかった．インドネシアはあくまでオランダの植民地主義を批判し，オランダは接収を非難した．また，外資排斥を西イリアン問題の帰結としてみなした米国は，中立性維持の観点から接収企業に対する協力は控えた．

　1959 年 5 月，在尼米国大使館は国務省に対し，西イリアン問題については国連総会で討議するよう蘭尼両国に要請すべきと具申した．さらに，西イリアンを 5 年間，国連の信託統治下に置き，オランダ資産の補償や差別待遇の撤廃を定めた協定の批准後に，インドネシアに主権を委譲するという案を提示した．しかし，国務省は，オランダの西イリアン問題に対する強硬姿勢と被害意識が和らぐことはないと判断した[30]．オランダは，西イリアン問題と外資排斥を別個の問題と捉えていたし，米国のインドネシアに対する軍事援助も反オランダ的とみなしていたのである．こうした状況に対し，国務省は，「米国がオランダを西イリアンひいてはインドネシアから駆逐しようとしていると非難されても誇張には当たらない[31]」と米蘭関係を懸念した．

　米蘭関係への懸念は，アイゼンハワーの発言からも垣間見られる．1960 年 8 月 17 日，スカルノはオランダとの国交断絶を発表した．これを受け，モカルト（Moekarto）駐米尼大使と会談したアイゼンハワーは，資源産出地としての西イリアンの重要性を指摘しつつも，インドネシアが西イリアンに固執する理由を問うた．もちろん，アイゼンハワーは過去にヤング（Philip Young）駐蘭米国大使と会談した際，西イリアンはオランダが旧支配地域から駆逐された象徴的事例であるという説明を受けていた[32]．こうした説明を踏まえつつも，インドネシアの寛容姿勢を引き出すべく，アイゼンハワーは発言したものと考えられる．結局，西イリアン問題に対する米国の方針に大きな変化は見られなかった．1960 年 9 月にアイゼンハワー向けに作成されたブリーフィングペーパーは，NSC-5901「米国のインドネシア政策に対する声明」に基づく中立性を堅

持しつつ，西イリアン問題に対する将来方針は検討中との言及に留まった[33)].

同月，ハーター（Christian A. Herter）米国務長官と会談したオランダのルンス（Joseph Luns）外相は，オランダとインドネシアの外交関係はもはや断絶状況だと明言した[34)]．経済的ナショナリズムに基づく企業接収と西イリアン問題は，オランダとインドネシアの関係に重大な亀裂をもたらし，未成熟なインドネシア経済はさらなる低迷へと向かっていったのである．

2　米国の冷戦戦略との整合

(1)　「指導される民主主義」を巡って

1950年代後半，米国のインドネシアに対する期待は，反共かつ民主的な政治体制の樹立と国内政治の安定に集約されるものだった．本節では，前者の障壁として「指導される民主主義」を取り上げる．

1955年9月の総選挙によって政党が乱立したインドネシアでは議会運営が難航していた．ハリヨト（Hariyoto）政府情報次官［1957：4］が指摘するとおり，法案を起草しても議会提出前に議会が解散を余儀なくされるほどの混乱状況だった．支配的政党が不在の中で，内閣は大同団結的な連立形態を余儀なくされ，1〜2年の短命で終わっていたのである[35)]．一方，国家統一と地方分権，政軍関係，経済開発，東西両陣営との外交といった重要な政策課題に内閣は直面していた．また，多民族から構成されるインドネシア群島に統一的なナショナル・アイデンティティを形成するのにも長期を要し，各地での反乱が相次いだ．そうした中，スカルノは政党を「埋葬」し，大統領に強大なリーダーシップを付与することで事態の打開を試みた．1956年1月10日の議会成立式辞においてスカルノは，「ある階級が民主主義を利用してほかの階級を搾取することのないように見張ることが必要」と述べた上で，「議会があまりにも長期間にわたり会議を続けることのないよう希望する」と主張した［スカルノ1957：4 -5］．スカルノは，政党乱立に伴う議会の紛糾と反スカルノ主義の高まりを牽制しよ

うとしたのである.

スカルノは議会や政府間関係のあり方を模索し, 1956 年 9 月には共産諸国を訪問した. スカルノが特に注目したのは, 中国における人民政治協商会議である. 人民政治協商会議は, 1954 年の全人代成立まで立法機関として機能し, 全人代成立後にはあらゆる政党・党派の代表からなる政策提案機関として機能していた. そこでスカルノは, インドネシアにおいても国会に加えて国民の全階層からなる国民評議会[36]を設置し, インドネシア伝統のゴトン・ロヨン (Gotong Rojong:相互扶助) に基づく合意形成を行う構想を抱いた [黒崎 1957:23]. 政党乱立と議会の紛糾の打開策とは言え, 議会の代替組織を設立し自らその長の座に就こうとしたのが実態であろう. スカルノは, 同年 10 月に全政党の解散を提唱したが, 各政党は猛反発しスカルノを警戒した. そして 12 月, 盟友ハッタは理由を明かさずスカルノと袂を別った.

しかしスカルノの独走は続いた. 1957 年 2 月, スカルノは政治制度改革である「スカルノ構想」を発表し, 議会における討議と多数決による決定を「インドネシアの本性とは一致しない民主主義だ」と喝破した. また, 政党連立に基づく内閣を組閣し, ゴトン・ロヨンに基づく閣議決定を行うこと, 内閣を補佐するための国民評議会を設置することを提唱した. ここに, インドネシアに順応した民主主義体制をスカルノの指導の下で築こうとする「指導される民主主義」という発想が成り立ったのである. スカルノによれば, 内閣は議会の意見を反映し, 国民協議会は社会の意見を反映するものとなるはずであった[37]. スカルノ構想発表から 1 週間後, サストロアミジョヨ内閣は政党乱立の解消を目的とした「政治体制再編成に関する決定」を発表し, 大統領集権制に向けた政治改革を開始した [首藤 1978:92-96]. 次いで同年 4 月発足したジュアンダ内閣は, 政策目標として国民評議会の設置を目指した[38].

「指導される民主主義」は, 選挙に基づく議会制度を縮小し, 不透明な合意形成プロセスを導入しようとした点で, 一般的な民主主義の概念とは一致しないものであった. ゆえに, 米国は,「指導される民主主義」を東側陣営から援

助を引き出すためのレトリックとみなし，「病的な政治理論」と批判した[39]．釈明を余儀なくされたスバンドリオ外相は，1958年3月15日，ジョーンズ（Howard P. Jones）駐尼米国大使に対して「指導される民主主義」は必ずしもスカルノによる指導を意味するのではなく，あらゆる政治勢力の代表者による合議体制を意味すると苦しい説明をした[40]．また，同月19日，ジョーンズとの会談においてスカルノは，「指導される民主主義」は政党乱立による政治的停滞を解消するための措置であって，共産主義的な仕組みではないという自説を述べた[41]．

　これらの説明に米国は納得せず，スカルノ政権における PKI の影響力拡大を懸念した．PKI は建国理念五原則のうち，「協議と代議制において英知によって導かれる民主主義」という原則を巧みに解釈し，「指導される民主主義」に賛同してスカルノの心を捉えたのである．また，西イリアン闘争に対してスカルノに積極的な支援を行う事で，スカルノのみならず世論の支持を集めた[42]．PKI の政治的影響力は拡大し，1957年8月段階では，内閣に4人，定数45名の国家評議会に18人を輩出した．「指導される民主主義」の支持基盤となったPKI が，与党と同等の勢力にまで台頭する可能性を米国は懸念した[43]．

　そこで米国は，インドネシアの西側陣営との関係強化を図った．日尼国交正常化後の1958年5月12日，マッカーサー（Douglas MacArthur II）駐日米大使は山田外務次官を訪ね，スカルノとハッタ双方に日本側から働きかけてほしいと要望し，日尼共同のプロジェクトが具体化されたのちには米国として援助を供与する用意があると述べた[44]．翌年2月3日，米国は NSC-5901 を発表し，インドネシアをアジアの自由主義国，特にオーストラリアと日本，フィリピン，マラヤに接近させるとともに，対蘭関係を修復させることを目指した．インドネシア国内において PKI を孤立させ，中国共産党の脅威をインドネシア国民に認識させるとともに，反共労働者および商工組織の組成を行うことがその目的だった[45]．

　ただし，インドネシアへの援助という点では，東側陣営は確固たる影響を及

ぼしていた．1959 年 6 月の時点で，ソ連からは船舶購入用に 1 億 2900 万ドル，中国からは米や繊維を対象に 2000 万ドルの援助が供与されていた．ユーゴスラビアからは 1957 年中に 4000 台のジープが販売され，チェコスロバキアからは 30 機の MIG17 戦闘機が提供された[46]．西側陣営が軍事援助に消極的なため，インドネシアは軍事援助を東側陣営に求めたのである．その際，ソ連との調整に当たったのが PKI であり，以後西イリアン問題においてもソ連からの協力を引き出すことに成功した[47]．

東西両陣営の思惑が交錯する中，「指導される民主主義」による政治改革は進んでいった．1959 年 7 月 5 日，スカルノは大統領令に基づき憲政議会を解散し，大統領集権制を定めた 45 年憲法への回帰を宣言した．45 年憲法への回帰に伴い，議会はスカルノによって任免される職能集団（Golongan Karya：GOL-KAR）で構成される諮問機関に縮小され，スカルノに反旗を翻したマシュミ党や社会党は排除された．7 月 10 日，スカルノは組閣された新内閣で複数の要職を兼任し，国軍の拡大と国民生活の向上を目指した．米国が分析したように，スカルノは国軍の拡大によって台頭する PKI を抑制し，両者の勢力を均衡させたうえで自らの権力を強化しようとしたのであった[48]．7 月 15 日，スカルノは「国民戦線規約に関する大統領決定」を発令し，「45 年憲法」，「インドネシア式社会主義」，「指導される民主主義」，「指導される経済」，「インドネシアの個性」を「スカルノ体制」の基本原則とすることを標榜した[49]．それぞれの原則は必ずしも明確なものではなかったし，具体的な実行手段を伴うものでもなかった．しかし，こうしたスローガンを提示し，スカルノ自身を統一国家インドネシアの指導者として定義付けていく中で，所謂「スカルノ体制」が構築されていった．

このような中，米国は，日本とインドネシアとの関係を強化することで，中国のインドネシアへの接近を牽制しようと試みた．インドネシア国内における反日世論の存在を米国は関知していたが，国交正常化を通じた日尼経済関係の深化に期待したのである[50]．ここに，経済的手段を以てインドネシアの共産化防

止を図るという冷戦の論理と，インドネシアへの経済進出を目指すという日本企業の論理が調和を見せることになったのであった．日本政府にとっては，米国に対しては冷戦の文脈において，日本企業に対しては経済の文脈において，インドネシアへの経済進出を支援することが可能になった．

　人民政治協商会議への憧憬とは裏腹に，中国とインドネシアの経済関係構築は難航した．1950 年代後半の外資排斥の一環として，華僑も排斥の対象になったのである．インドネシアの華僑は，17 世紀初頭にオランダ東インド会社創設当初から徐々に勢力を拡大し，小売業や金融業を媒介として各地に取引ネットワークを構築していた［須山 1960：332］．特に，小売業では地方村落の末端に至るまで農産物の集荷や商品配給に対して影響力を行使していた．有馬駿二が指摘するように，インドネシア人の手によって輸入された商品であっても，華僑の商流を使わなければインドネシア国内での販売活動が困難だったのである［有馬 1957：20-21］．

　転換点となったのは，1959 年 9 月 3 日，大統領令 10 号により外国商社に対して拡張，移転及び権利の譲渡，新規開業が禁止されたことである．この結果，華僑の活動は大きな制限を受け，1959 年初頭に 1068 社あった華僑輸入商は，同年中に 40 社まで激減した．ただし，経営名義をインドネシア人にしつつも，実態として華僑が経営する商社は多数存在していたとみられる［須山 1960：330］．このような「名義貸し」の排除と民族資本育成を目的に，前述の国営 8 大商社に主要 9 目輸入の独占権を与える措置が講じられたのである．華僑勢力の活動制限は，輸出品集荷機能を減退させ，輸出を全面的に退化させた［アジア経済研究所 1959：44］．

　華僑に対する排斥は，事業許認可の取り消しに留まらず，1959 年 5 月の外国人移住法による華僑の強制移住という形でも問題化した．同年 3 月から 5 月にかけてインドネシアに調査訪問した須山卓（国際食糧農業協会）によれば，同法施行以前から華僑の強制移住は行われていた．こうした動きは徐々に強まり，11 月には西部ジャワのチバラク（Cibadak）で，立ち退きを執行する軍・警察と

執行猶予を懇願する華僑の間で暴動が生じ，華僑側に負傷者が出た．事件直後にチバラクに赴いた在尼中国大使館の王日升副領事も軍当局から追い返され，中国大使館員のジャワ全地区への立ち入りが禁止される事態にまで進展した．西部ジャワでは約230人の華僑が外国人移住法違反で逮捕された．これに先立ち，10月26日には，中国語新聞にインドネシア語訳を付記することを定めた中央戒厳司令部令が施行され，検閲が強化されるとともに華僑の言論の自由が制限されていた．

　当初，米国は，状況の好転が容易ではないと認識する程度[51]だったが，同年12月のNSCでは，インドネシアと中国の関係は最悪の状況に陥ったとアレン・ダレスが言及するなど，懸念を強めていった．また，中国は，小売流通網からの外国資本撤廃を規定した大統領令10号は，華僑のみならず中国共産党に対する挑発だとみなした．インドネシアはこれに呼応すべく強硬姿勢を強めた[52]．華僑排斥運動はインドネシアと中国の国際問題にまで発展し，陳毅外相とスバンドリオ外相間で書簡の交換が行われるに至った．そして1960年1月，2重国籍問題に関する批准書が中尼間で批准され，華僑がインドネシア国民と認められることで，終息の目途が立った．

　和解が実現したとはいえ，インドネシアにおける小売流通網が壊滅的打撃を受けたことに変わりはなかった．3世紀近くに及び，民族資本による小売流通網が築かれていなかったインドネシアにおいて，華僑以上の流通網をインドネシア人が作れる可能性は高くなかった．「経営の真空」は，国営化された大企業のみならず，インドネシア経済の末端においても発生する余地があったのである．

(2) インドネシアの地方反乱と米国の迷走

　「指導される民主主義」に加え，米国のインドネシアに対するもう一つの懸念事項は，地方反乱であった．まずは，地方反乱の背景とその推移を整理する．群島から構成される多民族国家インドネシアでは，各地の民族が異なるアイデ

ンティティーを持っていた．そのインドネシアにおいて，ジャワ人のスカルノが大統領として中央集権体制を構築したことは，ジャワ人と他民族間で対立が生じる温床となった．独立後の共和国成立時，地方政府における各民族の要求は自治権の拡大に留まっていたが，1955 年の総選挙以降は政党の支援を受ける形で地方分離やスカルノの退陣を要求するようになっていった[53)]．しかし，政党が乱立し，各政党が地方反乱勢力を支援する構図の中で，スカルノが反乱鎮圧に向けた合意を議会で成立させることは困難だった．

その後，バンドンにおけるクーデター未遂を始め，西部ジャワにおけるスンダ族反乱，南スラウェシにおけるブギス族およびマカッサル族の反乱など，反乱が相次いだ．各地方では，国軍地方部隊が地元政党や宗教団体，企業等と結託し，地方軍閥を形成することで反乱勢力を主導した．また，中央政府への歳入納付拒否や，地域独自の貿易管理などを通じ，中央政府の歳入や外貨収入源が損なわれる局面もあった［クレフユスット 1957：39-43］

一連の地方反乱において，「無血の反抗」として行われた政治活動も少なくない．反乱勢力の主張に関しても，各地方のインドネシアからの分離独立を求めるわけではなく，現政権の下での自治権拡大を求めるものも少なくなかった．国軍将校の中にも，地方の貧困の原因を地方政府の自治や財政上の制約に見出し，地方の困窮を中央政府に訴えるべきと主張する者も存在した[54)]．一方，米国が疑念を持ったように，自治権拡大の要望は反乱勢力指導者たちによる名声獲得のための手段だった可能性も否定できない[55)]．また，西イリアン問題で自国の安全保障を脅かされたと認識するオーストラリアは，反乱が西イリアンに伝播し情勢が再び不安定化することを憂慮した[56)]．

地方反乱の代表例であるスマトラの反乱は，スマトラ島における国軍勢力がフセイン（Hussein）中佐を指導者として 1956 年 12 月に起こしたものである．スマトラ島は概ね 5 つの地域からなるが，道路網の未整備により，雨季には各地域を往来することもできず，しかも各地域の部族は相互に敵対していた．一方，スマトラが石油・ゴム・錫などの戦略物資を産出して外貨獲得をする見返

りとして，ジャワから繊維や工業製品，金融サービス，輸出入サービスを受け取るなどの互助関係もみられた[57].

米国は，スマトラ反乱を資源戦略の面から注視していた．スマトラは，米国が重要物資とする石油・錫・ゴムなどの主要産地だったからである[58]．当初米国は，反乱が分離独立運動にまでは発展しないとみなしていた．たしかに，1957年5月20日時点でスマトラの反乱勢力はスマトラの独立を標榜していたわけではなかった．副大統領を辞したハッタは反乱勢力によって反スカルノの象徴とみなされていたが，ハッタもまたスマトラの即時独立には反対であると言明していた．スマトラ内部での民族対立やジャワとの経済的関係が，スマトラの即時独立を引き留める要素になっていた可能性はあろう[59]．

そして米国は，PKIと距離を置く反乱勢力が，親共姿勢を掲げる中央政府に対する対抗勢力となりえると考えた[60]．スマトラ反乱の拡大によって，中央政府におけるPKIの影響力低下を図ったのである．だからこそ，米国は中央政府との関係を維持しつつ，反乱勢力を活用する機会を窺った．ここでも米国は冷戦の論理に徹していた．

1957年5月31日，ジュアンダ内閣と各地方の反乱勢力は，漸次的な自治権拡大，民主主義の保全，汚職の撤廃について同意した．スマトラの反乱戦力が中央政府との合意を履行したのを機会とし，スカルノはマクモウル（Macmour）中佐をはじめとする反乱勢力の強権的な排除を計画した[61]．一方，スラウェシではサミュエル（Sumual）中佐の下で合意内容への反発が起こった[62]．ジュアンダは，スラウェシ島内部での地域対立を抑えてきたサミュエルと排除すれば，地域対立が再燃すると想定し，反乱勢力の動向を容認する姿勢を示した．

反乱勢力と中央政府の合意状況を見た米国は，国軍将校の反乱勢力に対する同情がある中で中央政府による武力鎮圧は起きにくいと想定し[63]，段階的な自治権拡大を進めるべきという立場をとった[64]．しかし合意が成立した後にも地方反乱は継続し，アレン・ダレスはスカルノ政権の対応に懸念を寄せるようになった．

　こうした中，アイゼンハワー政権はマクマーン［McMahon 1999：88］が「冷戦期において，最も誤っており，病的な誤解に基づく，逆効果な認識」と批判するNSCの勧告を受入れた．NSC-5518に基づき，地方の反共反乱勢力に対して，秘密裏に経済・軍事両面の援助を供与し，機密諜報活動を展開したのである[65]．米国は，表面上はスカルノとの関係を維持しつつ，実態としては容共的なスカルノに代わる政治勢力が成立することを期待したのだった．そこには地方反乱勢力に対する過大評価とスカルノに対する過小評価があったと言わざるを得ない[66]．

　1958年に入ると，地方反乱に対する米国の関与はより積極化した．その要因の一つはスカルノによる東側陣営への接近であった．ジョン・ダレスは，インドネシアが援助を引き出すべく東西両陣営間を奔走していることに危機感を抱いた．外資排斥をしてもなお経済停滞が続く中，中央政府の地方に対する影響力は低下していた．また，インドネシア各地の反乱勢力は地域横断的に連携しつつあった．フセインやバーリン，サミュエルなどの反乱指導者は連携し，さらにカリマンタンやモルッカ諸島などの外島諸地域およびジャワのイスラム勢力にも協力を仰いだ．米国は，地方反乱がカリマンタンにも伝播することを懸念した[67]．そして，反乱勢力の要求が自治権拡大に留まらず，分離独立にまで至ることを米国は懸念した[68]．

　反乱勢力への米国の支援は，1958年2月，パダンおよびスマトラの反乱勢力によるインドネシア革命政府（Pemerintahan Revolusioner Republik Indonesia：PRRI）の樹立という形で結実した[69]．憲法に基づく政治体制の再構築，汚職の撤廃，ハッタによる新内閣の組成，地域間経済格差の是正などを求めて，反乱勢力が革命政府の樹立を宣言したのである[70]．しかし，革命政府の樹立によってインドネシアの社会秩序が混乱し，それに乗じたPKIの影響力が拡大するという，米国にとって皮肉な結果が生じた[71]．

　米国の情勢判断は迷走を始めた．1958年4月段階では中央政府が鎮圧部隊の大勢をスマトラからスラウェシに移動させており，スマトラの反乱が収束に

向かっていると国務省は認識していた．ただし，CIA は国務省の認識を楽観的なものと批判した．アレン・ダレスが指摘するように，スラウェシ近郊の外島では戦闘活動が発生しており，スマトラにおいてもゲリラ活動が継続していたのである[72]．分離独立を唱える反乱勢力の中から，新たな政治指導者が生まれることも期待できなかった[73]．そして，ついにカリマンタンでも反乱が生じ，アレン・ダレスは見通しを失った[74]．

　こうした中，中央政府は米国に支援を要請した．ジュアンダは，フィリピンやカリマンタンで産出された石油やガスがスラウェシ島のメナドに輸送されている点を引き合いに出し，地方反乱の鎮圧が東南アジアの地域秩序ひいては米国の経済権益保全につながると主張した[75]．この要請を受け，1958 年 5 月，ロアイエン駐米蘭大使と会談したジョン・ダレスは，地方反乱は武力鎮圧が必要な段階にきており，米英豪の協調の下でインドネシア国軍に協力すると述べた[76]．それでもなお，事態が好転しない場合には，フィリピンや台湾からの軍事援助を受けて事態収拾にあたる計画であった[77]．西イリアン問題では中立を堅持した米国も，地方反乱に対しては迷走の末にスカルノ政権への軍事支援を選択したのであった．

　その後も地方反乱は続き，経済に負の影響を与えていった．1959 年 11 月には，地方反乱への対処に係る支出がインドネシア国家予算の約半分を占める至り，費用捻出のために行われた新札発行がインフレを引き起こした．中央政府は，地方反乱鎮圧を目的として諸外国への援助要請に奔走した[78]．米国もまた，1959 年末にはスマトラとスラウェシにおける反乱が完全に収束する見込みはなく，和平交渉も実現しがたいと結論を下した[79]．

　また米国は，反乱勢力のみならずスカルノ政権とも関係維持が困難だと認識し始めた．1960 年 10 月に訪米したナスティオン（Abdul H. Nasution）参謀総長が軍事援助を依頼した際にも米国は要請を断った．ナスティオンは 1961 年 1 月にソ連を訪問し，軍事援助を取り付けることで，米国を困惑させることとなった．1960 年 12 月 19 日採択の NSC-6023「米国のインドネシア政策に対す

る声明草案」は，スマトラやスラウェシにおける反乱勢力の活動が継続し，インドネシア経済へ負の影響をもたらしていると言及した．また，スマトラ，スラウェシ，カリマンタンの三地域を，インドネシアにおける外貨獲得地域として位置づけ[80)]，米国が優先的に対処すべき地域した[81)]．かつて日本企業が軍政期に進出した地域が，地方反乱の中で米国によって注目されるに至ったのである．

3　国交正常化と日本の資本

(1)　岸政権における冷戦と経済

外国資本排斥が続くインドネシアに対し，日本はどのような外交を展開し，国交正常化と経済進出を実現したのだろうか．本節では，戦後の首相として初めて東南アジアを歴訪し，国交正常化を実現した岸信介政権と日本企業の動向を論じる．

岸信介は，岩川隆［1982：75］がその思想を「商人」と例えるように，農商務省入省以来，商工政策や満州の産業開発に従事した人物であり，商工業は最も従事経験の長い政策分野であった．岸のA級戦犯容疑者としての経歴や日米安保に関する姿勢から，その政治的保守性が際立った形で論じられることもある．「戦前は東条内閣の閣僚で，戦後すぐにA級戦犯として逮捕され，しかも運よく起訴を逃れた後，右旋回をした占領軍権力に取り入ってふたたび支配層にのし上がっていった，言うならば戦前と戦後とをとおしての反動を体現しているような人物［山本2015：17］」という山本義隆（元東大全共闘議長）の人物観はその代表的なものであろう．

しかし近年では，国内経済政策や福祉政策と関連づける形で岸の外交政策を解明しようとする研究もある．長谷川隼人［2015：377, 382］によれば，岸は民生の安定や福祉国家建設，中小企業育成などの内政を重視した．そして，一連の内政指針を実現する手段として，重化学工業の発展に基づく貿易立国を志向した．アジア諸国等の発展途上国と日本の間に工業生産面での垂直的分業体制

を構築することで経済的自立を図ったのである．事実，1952年4月に岸が設立した日本再建連盟は，共産主義の排除や改憲といった政治的争点に加え，「日米経済の提携を深め，アジア諸国との通商を密にし，産業経済の興隆を期す」という経済政策方針を掲げていた．アジア諸国との関係強化を通商政策と産業振興の文脈で語る岸の姿勢が垣間見られる．

　1957年2月に首相に就任した岸は，同年5月に東南アジアを周遊し，パキスタン，インド，セイロン，ビルマ，タイの5カ国と台湾を訪問した．訪問目的の解釈は多様であるが，例えば原彬久の岸に対するインタビューによれば，「アジア発展の指導役」として経済外交を推進していくことを米国に示すため，訪米に先立ってアジアの首脳と日本の構想について討議し現地事情を把握することが目的であった［原2014：164-165］．また，佐藤晋［2003：240-50］によれば，東南アジア開発基金や手形再割引機構，アジア貿易基金など，東南アジア開発のための地域開発機構創設を各国に提案することが目的だったとされる．さらに権容奭［2008：44］によれば，日米対等に向けた訪米の布石という目的以外にも，アジアにおける日本の地位確保，ネルーや蒋介石と会談する政治的効果，経済協力を通じた東南アジア市場確保のための事前調査，国内政治基盤の安定といった複合的な目的があったとされる．もしくは，戦前期に薫陶を受けた大川周明のアジア主義に対して想いを馳せ［原2014：448］，満州での自身の経験と結び付けつつ［原1995：190］，「アジアの盟主」たらんとする岸のアジア観に基づく行動であったとも考えられる．これらを総括すれば，岸は「アジア発展の指導役」という存在を確固たるものにすべく，その具体的手段である開発機構の主導的創設を提案し，日本の存在をアジア主義的観点から世界に主張しようとしたと言えよう．

　では，岸は訪問諸国をどのような眼差しで見ていたのか．外務省作成の「総理の東南ア諸国訪問に当たつての資料[82]」によれば，東南アジア外交の基本的方向性は，「アジアの繁栄と平和」を通じて世界平和に寄与することに据えられていた．そのためにも，ナショナリズムの高揚期にあったアジア諸国に対し，

「若い各国の独立を完成するためには，経済面での国家建設に努めることが今日もっとも必要なこと」としたのである．

同資料において東南アジア諸国と討議予定の論点は，中共問題，経済協力，通商問題，核実験問題から構成されるが，本章では経済協力と通商問題について整理する．まず，対東南アジア経済協力については，「従来より市場性の面から相当の協力をしてきたが，この協力関係をますます有機的に強化したい」という基本方針が示された．そして，市場性だけではなく，開発や工業化についても日本の技術と工業生産力を活用して東南アジア諸国の経済建設に協力していく旨の姿勢が示された．そして，「東南アジア諸国に対する経済協力を促進するため，輸出入銀行法及び投資保険制度の改正をし，民間企業による経済協力の促進を図ることとした」[83]と制度改正の周知を図ったのである．

加えて，先述の東南アジア開発基金創設を各国に提案するとともに，工業技術伝播のための技術センター設立に関する意見を把握し，こうした多国間協調枠組みを立ち上げるべく意見集約が目指された．その一方，東南アジア各国政府に対しては，二重課税の防止や利益送金保証，経済協力により設立された企業等を妥当な理由なく国有化しない旨の保証，経済協力関係事業に対する関係国政府の優遇措置等を要請することが想定された．

通商問題については，東南アジア諸国共通の問題として，工業化により各国の資本材輸入が増加する一方，農林水産物を中心とした輸出は振るわず，各国が外貨不足に陥っているという点が指摘された．この観点から，開発用資材の長期延払輸出に係る各国の要請を一定の条件の下で受け入れることが想定された．

上記論点が示すように，岸の東南アジア訪問は経済分野に関する討議を目的の一部に据えるものであった．では，岸の外交構想において，経済分野に関する外交はどのように位置づけられるべきであろうか．第一次東南アジア訪問後の 1957 年 9 月，岸は『外交青書』で「外交活動の三原則」を示す．この三原則とは，国連中心主義，自由主義諸国との協調，アジアの一員としての立場の

堅持といった政治的修辞に富むものである．しかし，この三原則の基層に，日本の経済発展という要素が埋め込まれていたことは指摘されるべきである．

　例えば，前年に発生したスエズ運河国有化に伴うアラブ・ナショナリズムの勃興に対して，岸政権はエジプトの説得に努めアジアの一員としての自主外交姿勢を提示した．この行動の背景には，中東におけるソ連の影響力増大を阻止し，中東と西欧諸国の仲介者として西側の利益を守るとともに，西側の産業発展に必要な石油の安定供給に貢献するといった目的があった［権 2008：185］．このように，「外交活動の三原則」は，西側秩序の安定化という冷戦の論理と産業の発展という経済の論理が結びつくことで形成されたものだと考えられよう．三原則策定時の外務省総務参事官であり，後にインドネシア大使となる斎藤鎮男［1991：42］が言うように，三原則は「新たに打ち立てられた方針というより，そのころ国民の間に育っていた対外願望を要約したもの」であったのであろう．

　だとすれば，先述の輸出入銀行法及び輸出保険制度の改正もまた，この文脈の中で解釈すべきであろう．1957 年に改正された輸銀法は，海外投資や技術提供に対する融資や外国政府に対する融資を可能にし，借入限度額を拡大した．制度改正により，1955 年末に残高 3400 万ドルであった融資規模は，1957 年には単年で 3200 万ドルを計上するに至った．そもそも，輸銀法改正の背景には，先進諸国による援助競争の高まりがあった．東側諸国は，現物返済を認めた低利借款を供与し，第三世界へ接近した．これに対し，米国は開発借款基金（DLF）の設立を，英仏は自国通貨圏での開発投融資を，西独は延払輸出の強化を行うなどの対抗策を取った．その一環として，日本も国際援助行政における存在感を示すべく輸銀法を改正するが，その背後でプラント輸出の振興が進められていた形となる[84]．輸出保険制度の場合には，プラント輸出振興としての目的が際立っていた．折しも，国際収支改善緊急対策が公示され，その中心的施策として輸出振興が目指された．この一環として，輸出保険の保険料率の引き下げや填補対象の拡大，長期貸付保険の創設などを定めた法改正が行われた．

日本の輸出業者にとっての利便性を高めることで，輸出促進と国際収支改善を図ったのである[85].

　さらに，発足自体はやや後になるが，岸政権下では海外経済協力基金の設立検討も進んだ．その起源は，東南アジア開発基金構想である．同構想の骨子は，① 米国資金を中心に国際金融機関を設立し，東南アジア諸国の経済開発事業等に対し投資・低利融資を行う，② 既存の国際機関の機能を補完する役割を果たす，③ 資本金は設立後10年間で5億ドルから50億ドルに増資する，というものであった［国際協力銀行2003：4-15］．東南アジア諸国の冷淡な反応を受けて同構想は頓挫したが，日本政府は同基金出資金に充当する予算を確保していた．この予算を資本金として，1960年1月に海外経済協力基金の設立が閣議決定されることとなる．岸の東南アジア開発基金構想は，海外経済協力基金の設立という形で部分的に実現したのである．

　このように，商工官僚としての経歴を持つ岸は，国連中心主義や自由主義諸国との協調，アジアの一員としての立場の堅持といった外交原則を提示する一方，第一次東南アジア訪問を通じて，経済協力の提供を通じた国交関係の深化を図るとともに，経済協力の実施機関を整備していった．冷戦の論理に基づく対米外交と経済の論理に基づく東南アジア外交の両面を岸は目指したのではなかろうか．

(2) 対インドネシア国交正常化における産と官

　第一次東南アジア訪問後の1957年6月，岸は米国を訪問し，アイゼンハワーと会談した．会談において，日米新時代に向けた岐路に立っているとの認識を示した岸は，共産化防止を目的とした国内無党派層の自民党への取り込み，日米安保条約改正，北方領土・沖縄・小笠原等の領土問題についての見解を述べた．その後，日本の東南アジア貿易に触れ，日本としては対東南アジア輸出の増大を図るため，まずこの地域の購買力を増加させることに援助をしたいと伝えた[86]．折しも河野一郎らは，日本企業の対中貿易再開の希望の背景には，東

南アジアの購買力低迷があると指摘していた．岸の発言も，東南アジアとの通商拡大によって日本企業の中国への関心を逸らす政策意図があることを米国に伝える目的があった．渡米前のマッカーサー大使との準備会談においても，東南アジア諸国を「地理的にも近く，貿易構造から見ても有望な輸出市場」をみなしつつも，賠償義務を負っている日本政府はこれら諸国にまとまった資金援助を行う余裕はなく，「民間商業ベースの協力関係の促進という途をとらざるを得ない」とその立場を表明していたのである[87]．同大使もまた，中国の東南アジアへの消費物資の輸出増加に基づき，日米双方が合意し得る統制方法を見出すことが重要だと認識していた[88]．

　こうした見解を踏まえ，東南アジア地域における基本的問題として資本と技術の欠如を指摘し，プラント設備への設備投資が状況改善に資するとして，岸は米国の支援を求めた[89]．そして，世界銀行による東南アジア向け融資の比率が低迷していることを理由に，既存国際金融機関を補完する存在として東南アジア開発基金の必要性を主張したのである[90]．一方，米国側は東南アジアにおける対日不信の存在を把握し，日本が帝国主義時代の悪しき慣習に逆戻りするのではないかという危惧をしていた．米国の認識は，日本人は同地域のセンシティブな国民に対し，もっと民主的なアプローチをすべきというものだったのである［権 2008：78-79］．その後，ニューヨークで石油企業を中心とする米国企業12社と会談した岸は，米国の援助に対して東南アジア諸国は猜疑心を持っていると発言し，猜疑心を向けられるのは日本の援助も同じだと参加者から窘められた．それでもなお，「日本は同じアジアの一国であり，事情が異なる」と岸は強弁したのであった[91]．帰国後，岸は「国民諸君の要望をそのまま率直に米国側に説明した」というメッセージを発し，日米の対等性を強調したが，実際には日米間で見解の相違が残ったまま帰国した感は否めない．

　そして，1957年7月10日に組閣された岸改造内閣においては，外交における経済重視の風潮がさらに強まった．藤山愛一郎が外相に登用されたのである．藤山は，戦前期に南洋協会副会長や南方経済懇談会会長，海軍省顧問を務め，

仏印，タイ，マラヤ，蘭印，フィリピンを歴訪した経験を持っていた［日本経済新聞社 1957：348］．戦後にもアジア協会会長や商工会議所会頭を歴任した藤山には，アジア外交の推進が期待されていた．藤山自身も「朝鮮事変はいつ終わるかわからない．いつまでも特需，新特需をあてにしていくわけにはいかん．正当に物を作って，正常の貿易で出していくことが根本だ」として貿易拡大による経済成長の牽引を重視してきた［藤山 1953：30］．日本企業の利害を背負った藤山が外相として起用されたことは，岸外交における経済分野の重要性を示すものであろう．

　藤山は，東南アジア開発基金構想についても，実現性の担保と米国の同意取り付けの観点から，岸構想を縮小させた「藤山試案」を策定した．9 月 23 日，国連総会出席のため渡米した藤山はジョン・ダレス国務長官と会談したが，「藤山試案」に対するダレスの反応は消極的だった．ダレスは，東南アジア諸国に対して日本が技術と資本を提供するという方針には賛同しつつも，世界銀行などの援助機関が存在する中で新規に基金を設立する必要性はないという認識を示した[92]．そして，これまで基金設立に言及してこなかった東南アジア諸国が，日本の構想にどのような反応を示すのかと米国側から問われる中で，藤山は「いまだ反応は把握できていない[93]」と回答に窮した．岸の第一次東南アジア訪問において，東南アジア開発基金構想に対する各国の反応は冷淡だったからである．

　同時期の日本国内では，インドネシアとの国交正常化に向けた動きが財界人の間でも生じていた．ここで関西インドネシア協会[94]の動きを紹介したい．同協会は，岡崎真一（参議院議員，神戸商工会議所会頭，日本商工会議所副会頭）が会長を務め，関西に拠点を置く商社，商船会社，損害保険会社，インドネシア企業の在日法人が加盟する協会であった．第 4 章で述べるカリマンタン森林開発をめぐり，日本側との連絡役を果たすバハーリン・ヤヒヤ（Bahrin Jahia）在神戸インドネシア領事館書記官も常任理事として名を連ねていた．

　同協会は，賠償問題解決の糸口として 1957 年 10 月のハッタ来日を重視し，

ハッタを迎えて晩餐会を主催したい旨，外務省に要請した[95]．当時，外国要人の来訪に際しては首相ないしは外務大臣主催の晩餐会が設定されることはあっても，私的団体が主催者となることは珍しく，同協会の積極的な姿勢を窺い知ることができる．外務省との調整の末，東京で各種表敬後にハッタが関西方面を視察するスケジュールが組まれた．ハッタは，10 月 17 日の藤山との会談や 18 日の天皇謁見，19 日のアジア問題調査会主催の懇談会と企業視察を経て，22 日には岸と会見した．その後，24 日から 28 日の 5 日間にわたって日本企業の視察をした[96]．視察対象とされたのは，日本電気，三菱重工業，川崎車輌，豊田自動織機，興国工業，日本陶器といった製造業だった[97]．来るべき賠償と経済協力の案件組成に向けて，重工業の生産拠点視察が組み込まれたのであろう．

ただし，当時すでに副大統領を辞任していたハッタを歓待しても，賠償交渉に明確な進展を期待できたわけではない．インドネシア要人往来に際して現地視察等の各種便宜供与を財界人が行うことで，インドネシア政界との関係を強化し，経済進出の足掛かりを築こうとしたというのが実情であろう．事実，同協会は加盟企業の協力を得て，商業船 18 隻，貨物船 13 隻，タンカー 5 隻をインドネシアに対してリース形式で提供し，経済関係を樹立した[98]．参議院議員の岡崎を会長にした協会である以上，純粋な私的立場とは言えないが，外交政策に企業が積極的に関与し，政策を方向付けようとした一件であろう．

岸が第二次東南アジア訪問を実施したのは，まさに上述のような米国政府と日本企業の動向がある中でのことである．第二次訪問は，1957 年 11 月 18 日に日本を発ち，ベトナム，カンボジア，ラオス，マレーシア，シンガポール，インドネシア，オーストラリア，ニュージーランド，フィリピンを歴訪し，12 月 8 日に日本に帰国する旅程となった．第一次東南アジア訪問と異なる点は，第二次世界大戦中に日本によって戦災を蒙った国々が複数含まれている点である．岸自身，訪問の目的を「戦時中色々と迷惑をかけたり，被害を与えたりしたことに対し遺憾の意を表するとともに，アジアの日本としてこれらの国々の実情を把握し，首脳者と親しく語り合ってその要望を十分に把握したうえで米

国との話し合いに入ることが適切である［岸 1983：312］」とし，訪問の目的に謝罪が含まれていることを明示した．

　実際，ベトナムにおいて岸は，「各国に対し相当の損害を与えたことは十分に反省しており，わが国としてもその保障をしなければならない．」と述べる一方，「我が国としては将来長きにわたり，当国産業復興に寄与出来る方法を選ぶことが，最良のゆき方である．」と賠償や経済協力への意欲を示した[99]．また，現地日本大使館から対日世論に留意すべきと要請されていたオーストラリアにおいては，「此の悲しむべき戦争中に起こった事態に対し我々の率直なる遺憾の意を表することは，公人としての私の義務であり且私の個人的願望でもある[100]」と述べた．しかし，岸は東南アジア各地に残る戦争の記憶と対日不信に直接向かい合う機会を得ないまま，歴訪を終えた．「戦争であれだけたたきのめされたにもかかわらず，10 年もたつとみんな立派な服装をし，テレビまで持っているという日本人は偉い民族だ，我々は見習うべきだ，という気持ちを持っていた」［岸 1983：315-316］というのが，岸の率直な見解だった．

　岸は 11 月 26 日から 28 日にかけ，インドネシアを訪問した．同時期，駐日米国大使を務めたアリソンが駐尼米国大使としてインドネシアに赴任しており，米国は日本とインドネシアの関係を取り持っていた［Nishihara 1976：40］．スカルノとの会談において岸は，「我が国と貴国同じくアジアに位し，資源，産業等の関連から，本来きわめて緊密な協力をなすべき関係にある[101]」と述べ，両国の経済関係の重要性を改めて強調した．

　インドネシア訪問の最大の眼目は，賠償金額の交渉だった．27 日，岸との会談において冒頭スカルノは，賠償問題が両国の国交正常化を阻む唯一の心理的障害であるとの見解を提示しつつ，「インドネシア国民の対日感情を抑える為必要なものとして賠償四億ドル，経済協力四億ドルの線を堅持する[102]」との姿勢を明らかにした．岸は，賠償額 4 億ドルの支払いが実際は可能であると言及しつつ，ビルマ賠償額とのバランスから調整が必要と返答した．これに対してスカルノは，ビルマ賠償とのバランスを図りつつ，簡素な問題解決方法として

貿易債務を4億ドルから差し引き，賠償金額を2億2300万ドルとする提案をした．スカルノは，岸の言葉に同意を示しつつ，軍政期から絶えず対日協力をしてきた自らの経歴を主張した．外務省記録によれば，「どうか自分を信頼してほしいと言わんばかりの態度[103]」であった．経済停滞と貿易債務に喘ぐ新興独立国指導者の哀願であったのだろう．同日，ハッタも賠償額4億ドルから貿易債務を差し引く形で決着を図るべきと岸に進言した[104]．そして岸は，債務棒引きを認め，賠償金額に同意した．

同日午後，岸はジュアンダ首相と会談し，スカルノおよびハッタとの合意内容を帰国後に閣議にかけると伝えた[105]．また，賠償問題の速やかな解決を図るため，岸の個人的特使として小林中を引き続きインドネシアに駐在させることで[106]，交渉を継続させることを約束した[107]

貿易債務の棒引きについては，未だ日本政府内で方針が策定されていない段階であったので，岸の一存で決まったとも言えよう．この決着は，インドネシアでオランダ企業占拠が始まる僅か4日前のことだった．オーストラリア政府の分析が示すように，東西両陣営から距離を置いた「真空地帯」であるインドネシアとの交渉妥結は，日本がオランダの代替となる経済的地位を築く契機になったのである[108]．オランダは日本の経済的台頭を抑制するよう米国に要請したが，米国は消極的な姿勢を示した[109]．

以上のように，岸政権下でのインドネシアとの国交正常化は，対米自主やアジア主義，独立の完成といった政治領域だけでなく，日本における産官の相互作用と経済の論理を包含して進められたものだと言えよう．

(3) 日本企業とスカルノの「蜜月関係」

交渉妥結の前後，日本の外務省はインドネシアにおけるオランダ企業の占拠・接収に注意の目を向けていた．佐藤晋［2003：253-255］によれば，オランダ企業排斥によって生じた経済的空白が共産主義の伸長を招くという危機感の下，自由主義陣営が積極的にインドネシアに関与すべきだというのが外務省の

認識であった.

　ただし，第2章で述べたように，石油資源開発㈱は1955年末の段階でインドネシア事業の組成に言及していたし，国営化されたPERMINAから技術供与の要請を受けていた．また，第4章で述べるように1957年4月にニッケル精錬6社で組成されたスラウェシ懇談会は，スラウェシ島のニッケル試掘に関してトラジャ鉱業会社との交渉を行っていた．すなわち1957年12月の段階で，日本による対インドネシア経済協力は，日本企業によって案件組成が進められており，日本政府もこの動向を感知していたのである.

　したがって，日本政府はインドネシアにおける外資排斥を日本企業の権益保全という観点からも捉えた．その際，宮城大蔵［2004：21］が指摘するように，経済の脱植民地化という方針の下にオランダ排斥を進めるインドネシアは，日本の進出余地がある「真空」地帯としてみなされていたのであった．だからこそ，岸政権はインドネシアとの関係を良好に保つ必要があったのであろう．事実，在日オーストラリア大使が，藤山に対して西イリアン問題に関するオーストラリアの政策方針を説明した際にも，藤山は何の質問や反応もせず，説明に対する謝辞を述べるに留まった[110]．インドネシアとの関係に配慮し，西イリアン問題についての中立を堅持したのである.

　そして，日本がインドネシアとの賠償協定を締結したのは，このような状況下においてであった．1958年1月20日，藤山愛一郎・スバンドリオ両外相間で賠償協定に調印がなされた．純賠償額2億2308万ドル（803億880万円）経済借款4億ドル（1440億4800万円）の供与がなされるとともに，1億7691万3958ドル（636億8900万円）の債務棒引きが行われることとなった．総額約8億ドルに上る協定は，4月15日に東京で批准書が交換され，発効をみた．岸はその後もスカルノに対する好意的な姿勢を維持した．1958年5月には，インドネシアの政情に対する諸国の干渉を批判した岸に対し，スカルノは「大いに満足」［宮城2004：22］した.

　こうした日本の賠償や経済借款を用いて，工場建設や電源開発，ビル建設，

機械・輸送機器等の供与が行われた．しばしば指摘されるように，賠償案件の組成過程では，日本企業によるインドネシア政府への「営業行為」が行われた[Nishihara 1976：102-103]．日本工営を経営する久保田豊はアサハン河における[111)]水力発電計画を推進し，同計画をはじめとして複数のプロジェクト受注を達成した．「インドネシア・トリオ」のうち，石原広一郎が率いる石原産業も活動を活性化させたが，反スカルノ運動であるスマトラ暴動を支援したためにスカルノから敬遠された．賠償案件の中には，外資系企業が入居する高層ビルやホテルなど奢侈品とも思われる案件も存在していた[112)]．林理介［1999：61-62］によれば，こうした施設は庶民にとって「高嶺の花」であり，「本来あるべき賠償のあり方から大きくかけ離れたもの」であった．1961 年には海外経済協力基金も「経済開発の観点から見て若干の問題がある[113)]」と苦言を呈した．倉沢愛子［2011：212］によれば，賠償は経済的効果よりもスカルノ主義を振興させるための政治的効果の方が重要であった．また，インドネシアは賠償引当借款の返済に賠償予算を費やし，1965 年までに事実上賠償予算を使い切ってしまった[国際法事例研究会 2016：145]．そして，1968 年の外交青書において，外務省も賠償案件がインドネシア経済に裨益していないことを認めた[114)]．

　こうした問題の背景には，賠償案件の調達方式の特殊性があったことは指摘されるべきであろう．賠償案件の組成に際しては，日本に派遣されたインドネシア賠償使節団と日本企業個社の商談に基づき，対象となる製品・サービスが選定された．インドネシアの「官」と日本の「産」が直接交渉し，日本の「官」はその交渉結果に承認を与える役割に留まったのである．ここに，賠償案件をめぐる不透明な「蜜月関係」が生じる余地があった．実際，日本企業は賠償案件の利権に目を光らせた．大野伴睦や河野一郎，児玉誉士夫らを役員に掲げ，伊藤忠商事との取引関係をもつ東日貿易はスカルノに接近し[115)]，スカルノの第三夫人としてラトゥナ・サリ・デヴィ（日本名：根本七保子）を紹介することで関係を深めた．デヴィは東日貿易の撤退後も日本の商社や大使館の窓口役[116)]を務め[117)]，賠償案件の組成・推進に関与した［倉沢 2011：224-227］．

特に，特命全権大使として斎藤鎮男が赴任してからは，大使公邸においてデヴィを含めた会合が数多く持たれ，1965年の9・30日事件まで続いた［谷野2015：8］．斎藤も，軍政監部総務部企画課政務班長として軍政施行要綱策定や軍政協力工作など軍政全体の方向性を形作り，敗戦後には連合軍との折衝を担当した人物であった．また，初期軍政の構築に際して斎藤は，ジャワに勤務経験のある三井や三菱，野村の支店長級の人物や，東印度日報の経営陣などの現地日本人実業家との関係を築いていたのだった［斎藤1977：15］．旧知の斎藤が大使として赴任することを知ったスカルノは，膝を打って喜んだのである［インドネシア日本占領期史料フォーラム1991：219］．こうして企業の進出は拡大し，日本企業の在ジャカルタ事務所は1958年に16社しかなかったが，1960年代半ばには60社程度に増加した［倉沢2011：213］．

このように，賠償案件については不透明な「蜜月関係」が目立った．だが，日本企業のインドネシア進出という観点に立った際，賠償協定と同日で発効した「経済開発借款に関する交換公文」（経済協力協定）のほうが着目されるべきであろう．なぜなら，1440億円に及ぶ経済協力は，賠償予算を上回り，大規模な直接投資やクレジット供与を可能にしたからである．「今これ［筆者注：クレジット供与］を怠ることはインドネシア市場に対する進出をみずから放棄することを意味する［アジア経済研究所1959：35］」とアジア経済研究所が主張したように，インドネシアは日本企業が進出すべき有望市場と認識されていた．日本のインドネシアとの関係構築の目的は，アジア・アフリカ諸国におけるリーダーシップの発揮というよりも，市場及び投資先の開拓や石油等の資源確保に据えられていたのである[118]．

国交正常化前後の日本企業のインドネシア進出に対する評価は分かれるところであるが，インドネシアが日本の資本を積極的に受容した点は看過できない．宮城大蔵［2004：25］が指摘するように，経済再建が立ち行かず外貨準備高が減少する中で，インドネシアが日本に対する強い期待を寄せる余地が生じたのである．経済的独立を目指しオランダ企業の接収を進めてもなお停滞する経済

を打破できないインドネシアは，かつての軍政支配国である日本を「高度な工業国」として認識しなおし，その資本と技術に期待をしたのであろう．そして，日本の資本には，米国のような冷戦の色彩も，オランダのような植民地主義の色彩も希薄であった．そして，インドネシアの経済界で生じた「経営の真空」が日本の資本を引き寄せていったのである．

おわりに

1957年12月に始まった一連のオランダ企業接収は，西イリアンをめぐるオランダとの政治的対立の産物であると同時に，財政経済協定によるオランダの経済権益を否定し，経済的独立を達成しようとする経済的ナショナリズムの帰結でもあった．しかしオランダ企業の接収によって直ちにインドネシアの経済的独立が進んだわけではなく，むしろ外国資本なしで経済運営をすることの困難性が顕在化した．KPM社撤退により食料の輸入もままならず，華僑排斥により農村部に至るまでの流通網も麻痺した．オランダから接収した企業では「経営の真空」が生じ，国営企業として再編された後にも経営が難航した．経済的ナショナリズムに基づく外国資本排斥がインドネシア経済の停滞をもたらすという逆説が生じたと言えよう．

　ここに，インドネシアがオランダに代わる外国資本，それも西洋植民地主義的な要素の薄い外国資本を受け入れる思想的基盤ができ上がったと考えることができる．この状況下で，日本はインドネシアとの国交を正常化し，賠償協定及び経済協力協定を締結したのである．ただし，日本はインドネシアの経済的ナショナリズムに乗じて，国交正常化を遂げたわけではない．むしろ，戦後のプラント輸出や日本企業の進出構想そして賠償交渉など，数か年にわたる通商・外交活動の最終局面で，インドネシアの経済的ナショナリズムが勃興したといったほうがよいであろう．この意味で，日本にとってインドネシアの経済的ナショナリズムは意図せざる好機であった．

インドネシアとの国交正常化を遂げた岸信介は，元来アジアとの通商強化を
重視する人物であり，輸銀法や輸出保険法によってプラント輸出の振興を進め
る一方，満州人脈を通じてアジア経済研究所の礎を築いた．こうした岸が掲げ
た「外交活動の三原則」には冷戦だけでなく経済をも見据えた外交姿勢が埋め
込まれていたと考えられる．三原則策定以前にも，インドネシア・トリオをは
じめとする財界人がインドネシア政府にアプローチをしており，関西インドネ
シア協会もハッタとの関係強化を目指していた．国交正常化後に日本企業の進
出活動は活性化し，スカルノとの「蜜月関係」も築かれた．このように考えた
際，三原則に経済の論理が埋め込まれた背景には，岸の通商構想のみならず，
日本企業の岸政権に対する通商強化の要望があったと考えてよいのかもしれな
い．

　ただし，日本企業の利害だけに基づき国交正常化がなされたのかと言えば，
もちろんそうではない．米国の冷戦政策における日本への期待と上記の通商目
的が調和したことで，国交正常化を進める政策的動機が生じたと考えられる．
米国はインドネシアを西側陣営に留めるべく奔走した．しかし，「指導される
民主主義」を掲げるスカルノは東側陣営との関係を構築していく．そこで，米
国はインドネシアと日本の関係強化を通じて，スカルノの親共姿勢を抑制しよ
うとしたのであった．一方，地方反乱への対処を通じて米国のインドネシア政
策は迷走をはじめた．NSC-6023 の採択を通じ，スマトラやカリマンタン，ス
ラウェシが資源戦略上の重要地域と位置づけられたが，米国が自ら資源開発に
対する大規模援助を行おうとしたわけではなかった．これら地域に，日本企業
が進出していくこととなるのである．

注
1）外務省アジア局第三課「インドネシア共和国の経済開発計画について」昭和 28 年 5
　月，ア三調書甲第 8 号，3 頁.
2）インドネシア中央銀行発表の産業別国内純生産（1954 年～1959 年）によれば，年率
　17％程度の成長率が記録されているが，これはインフラ率を加味しない名目値である.

3）遠藤尚之「戦後最悪のインドネシア経済」『月刊インドネシア』131 号（1958 年 9 月），30 頁.

4）海外経済協力基金調査部『インドネシア』（調査資料第 23 号），1965 年，45 頁.

5）Bank Indonesia, "*Statistical Pocketbook of Indonesia 1961*", （Jakarta: Biro Pusat Statistik, 1962), pp. 109,115.

6）*Ibid.* pp. 10,119.

7）Jacobson van Den Berg & Co オランダに本店を持つナショナル・ハンデルスバンク傘下として 1860 年設立. インドネシアの主要都市に支店を有し，貿易業者としてはインドネシア最大規模の商社.

8）International Credit Vereneging Rotterdam 同じくナショナル・ハンデルスバンク傘下として 1863 年にロッテルダムで設立. インドネシアに 19 支店を持ち，海運業の代理店やエステート経営（ゴム，砂糖，茶，コーヒー，タバコ）に参入していた.

9）Borneo Sumatra Handel Mij 同じくナショナル・ハンデルスバンク傘下として 1894 年ハーグで発足. 本社所在地はジャカルタ. インドネシア主要都市に 44 支店，加えて大阪，東京，メルボルン，香港，バンコクの在外支店，ニューヨーク，マラヤの子会社を保有.

10）Geo Wehry & Co 1868 年アムステルダムに本社を設置. インドネシアには 8 支店を設けた.

11）Mik tot Voortzetting der Zaken van der Linde & Teves en R.S. Stkvis Co., 1889 年ジャワに拠点設立. 本社はアムステルダム. インドネシア国内に 18 支店を設け，貿易，委託代理業，農園企業等に参画.

12）Memorandum, among Luns, Herman, J.F. Dulles, Jones, Walmsley and Cameron, November 27, 1957, FRUS 1955-1957, Vol.22, pp. 518-519.

13）Telegram, Jakarta to DOS", November 4, 1957, FRUS, 1955-1957, Vol.22, p. 486.

14）*Ibid.*, p. 487.

15）前章で述べたとおり，1956 年 6 月のハーグ財政経済協定破棄後，同年 10 月にインドネシア政府は北スマトラ油田を国有化し，57 年 3 月の戒厳令に基づいて同油田の経営を陸軍に移管した. ただし，石油などの資源分野以外については，インドネシア政府はオランダ企業の国有化に踏み切っていなかった.

16）Editorial note, FRUS, 1955-1957, Vol.22, p. 526.

17）Telegram, DOS to Jakarta, December 5, 1957, FRUS, 1955-1957, Vol.22, p. 529.

18）Notes of the Secretary's Staff Meeting, DOS, December 6, 1957, FRUS, 1955-1957, Vol. 22, p. 530.

19）Telegram, Jakarta to DOS, December 6, 1957, FRUS, 1955-1957, Vol.22, pp. 531-532.

20）Message, Robertson to Allison, December 7, 1957, FRUS, 1955-1957, Vol.22, p. 534.

21）*Ibid.*, p. 534.

22）Notes of the Secretary's Staff Meeting, DOS, December 9, 1957, FRUS, 1955-1957, Vol. 22, pp. 536-537.

23) Telegram, Jakarta to DOS, December 9, 1957, FRUS, 1955-1957, Vol.22, pp. 538-539.

24) Editorial Note, FRUS, 1955-1957, Vol.22, p. 546.

25) Telegram, Jakarta to DOS, December 14, 1957, FRUS, 1955-1957, Vol.22, p. 549.

26) *Ibid.* p. 549.

27) Memorandum, among J.F. Dulles and A. Dulles, and other staffs in DOS, CIA, DOD, January 2, 1958, FRUS, 1958-1960, Vol.17, p. 5.

28) *Ibid.* p. 9.

29) Savingram, O.3946, Department of External Affairs [DEA] to Australian Embassy Washington [Washington], March 26, 1958, National Archives Australia Digitized Collection [NAA]: A1838, 3103/11/106/ Part 2, p. 202.

30) Dispatch, Jakarta to DOS, May 26, 1959, FRUS 1958-1960, Vol.17, p. 384.

31) Dispatch, the Embassy in the Netherlands [Hague] to DOS, September 3, 1959, FRUS, 1958-1960, Vol.17, pp. 429-431.

32) Memorandum, among Eisenhower, Moekarto, Parsons, August 24, 1960, FRUS, 1958-1960, Vol.17, p. 527.

33) Memorandum, Prepared for President Eisenhower, "The West New Guinea Problem", September 9, 1960, FRUS, 1958-1960, Vol.17, pp. 533-534.

34) Memorandum, among Herter, Young, Kohler, Luns, Schurmann, September 23, 1960, FRUS 1958-1960, Vol.17, p. 540.

35)「スカルノの指導型民主主義とインドネシアの政治運動」『エカフェ通信』188 号（1959 年 4 月），21-23 頁.

36) 構成員の任免権源が大統領に属する大統領直轄の諮問機関．大統領，副議長または 5 名以上の構成員の発議に基づき召集され，政府に対する勧告を大統領名義で提出することを活動内容とした．

37)「スカルノ大統領の構想」『国際資料』40 号（1958 年），41-45 頁.

38)「スカルノ構想の展開」『月刊インドネシア』130 号（1958 年 7 月），2 頁.

39) Memorandum, Robertson to J.F. Dulles, January 2, 1958, FRUS, 1958-1960, Vol.17, p. 1.

40) Telegram, Jakarta to DOS, March 15, 1958, FRUS, 1958-1960, Vol.17, pp. 73-74.

41) Telegram, Jakarta to DOS, March 19, 1958, FRUS, 1958-1960, Vol.17, p. 78.

42) Memorandum, among Mukarto, J.F. Dulles, and Mein, May 23, 1958, FRUS, 1958-1960, Vol.17, p. 196.

43) National Intelligence Estimate [NIE], "The Political Outlook for Indonesia", August 27, 1957, FRUS, 1955-1957, Vol.22, p. 430.

44) 藤山発高木宛「インドネシヤ問題に関する山田・マッカーサー会談に関する件」1958 年 5 月 24 日，戦後期外務省記録，リール番号 A'-174.

45) NSC 5901, "Statement of U. S. Policy on Indonesia", February 3, 1959, FRUS, 1958-1960, Vol.17, p. 343.

46) Memorandum of Information, March 28, 1958, FRUS, 1958-1960, Vol.17, p. 89.

47) NSC 6023, "Draft Statement of U.S. Policy on Indonesia", December 19, 1960, FRUS, 1958-1960, Vol.17, p. 573.

48) Memorandum, Mein to Parsons, September 10, 1959, FRUS, 1958-1960, Vol.17, p. 434.

49) この基本原則は，憲法（Undang-undang dasar），社会主義（Sosialisme），民主主義（Demokrasi），経済（Ekonomi），個性（Kepribadian）の頭文字から USDEK とも呼ばれた.

50) Memorandum, Mein to Robertson, June 17, 1959, FRUS, 1958-1960, Vol.17, p. 397.

51) Telegram, Jakarta to DOS, November 18, 1959, FRUS, 1958-1960, Vol.17, p. 451.

52) Editorial Note, FRUS, 1958-1960, Vol.17, pp. 457-458.

53) 1955 年には PNI・イスラム勢力・PKI から構成されるジャワ勢力とマシュミ党による反ジャワ勢力といった対立構図が定着した.

54) Report, the Intelligence Advisory Committee, "The Situation in Indonesia", March 5, 1957, FRUS, 1955-1957, Vol.22, p. 362.

55) Telegram, Jakarta to DOS, May 9, 1957, FRUS, 1955-1957, Vol.22, p. 378. Telegram, Jakarta to DOS, May 15, 1957, FRUS, 1955-1957, Vol.22, p. 379. 事実，ジュアンダがスマトラを訪問した際に，ジュアンダに対する反乱勢力の姿勢は穏健なものだったという.

56) Memorandum, among J.F. Dulles, Robertson, Reinhardt, Peterson, Casey, and Tange, March 13, 1957, FRUS, 1955-1957, Vol.22, p. 367.

57) *Ibid.*, p. 382.

58) Letter, Allison to Robertson, April 8, 1957, FRUS, 1955-1957, Vol.22, p. 372.

59) Memorandum, Cumming to Herter, May 20, 1957, FRUS, 1955-1957, Vol.22, p. 387.

60) Memorandum, Mein to Robertson, May 17, 1957, FRUS, 1955-1957, Vol.22, pp. 381-385.

61) Telegram, Jakarta to DOS, July 17, 1957, FRUS, 1955-1957, Vol.22, p. 398.

62) Telegram, Jakarta to DOS, May 31, 1957, FRUS, 1955-1957, Vol.22, p. 388.

63) Telegram, Jakarta to DOS, August 30, 1957, FRUS, 1955-1957, Vol.22, p. 435.

64) NIE, "The Political Outlook for Indonesia", August 27, 1957, FRUS, 1955-1957, Vol.22, p. 430.

65) Report, the Ad Hoc Interdepartmental Committee on Indonesia for the NSC, "Special Report on Indonesia", September 3, 1957, FRUS, 1955-1957, Vol.22, p. 438.

66) 朝海発岸宛「米国の対インドネシア政策の転換に関する社説報告の件」1958 年 9 月 24 日，戦後期外務省記録，リール番号 A'-174.

67) Editorial Note, FRUS, 1958-1960, Vol.17, p. 11.

68) Memorandum, A. Dulles, January 31, 1958, FRUS, 1958-1960, Vol.17, pp. 19-20.

69) Editorial Note, FRUS, 1958-1960, Vol.17, p. 38.

70) Telegram, Jakarta to DOS, May 15, 1958, FRUS, 1958-1960, Vol.17, p. 179.

71) Attachment, "Comments on Australian Paper on Negotiations with Dissidents Handed to the Secretary", Mein and Wenzel to Casey, November 4, 1959, FRUS, 1958-1960, Vol.17, p. 445

72）Memorandum, among J. F. Dulles, A. Dulles, Reinhardt, Elbrick, Green, Dale, Macmillan, Caccia, Brook, Dean, Hood, Carter, Morris, and Bishop, June 11, 1958, FRUS, 1958-1960, Vol.17, p. 219.

73）Memorandum, Burke to J.F. Dulles, Washington, May 13, 1958, FRUS, 1958-1960, Vol. 17, p. 167.

74）Editorial Note, FRUS, 1958-1960, Vol.17, p. 81.

75）Telegram, Jakarta to DOS, May 15, 1958, FRUS, 1958-1960, Vol.17, p. 176.

76）反乱勢力によるゲリラ活動は細々と続いた．国務省によれば，1959 年 1 月時点での武装勢力数は，スマトラで 1 万人，スラウェシで 5000 人と見積もられた．Memorandum of Discussion, NSC 395th Meeting, January 29, 1959, FRUS, 1958-1960, Vol.17, p. 326.

77）Memorandum, among Roijen, Voorst, Ketel, J. F. Dulles, Robertson, Jandrey and Cameron, May 27, 1958, FRUS, 1958-1960, Vol.17, p. 211.

78）Attachment, "Comments on Australian Paper on Negotiations with Dissidents", Mein and Wenzel to Casey, November 4, 1959, FRUS, 1958-1960, Vol.17, p. 445.

79）NIE, "The Prospects for Indonesia", December 8, 1959, FRUS, 1958-1960, Vol.17, p. 456.

80）1959 年 2 月に採択された NSC5901 では，インドネシア経済に重要な意味を持つ外貨獲得地域として，スマトラに加えてカリマンタンが指定されていた．NSC6023 ではこれにスラウェシが加わった．

81）NSC6023, "Draft Statement of U.S. Policy on Indonesia", December 19, 1960, FRUS, 1958-1960, Vol.17, p. 579.

82）外務省官房総務課「総理の東南ア諸国訪問に当たつての資料」，日付不明，戦後期外務省記録，リール番号 A'-153.

83）同上史料 30 頁.

84）特に，アラスカにおけるパルプ事業やブラジルにおけるミナス製鉄所，サウジアラビアにおけるアラビア石油に対する投資は輸銀の三大投資事業として累計で 1 億ドル近くの規模を記録した．またニューカレドニアのニッケル鉱石生産に係る木造艀輸出（1953 年〜1957 年累計 2 億 3600 万円）やフィリピンからの木材輸入に係る製材設備・林業機械（1955 年〜1959 年累計 9500 万円）など，資源開発に関する輸出金融案件が成立していった．

85）1961 年 9 月，「現行輸出保険制度の改善要望に関する要望意見」の中で，経団連は輸出保険を「払わない保険との悪評すら蒙っている」と批判し，支払円滑化や保険料率の引き下げ，対象リスクの拡大を求めた．経団連による意見を踏まえ，1961 年度及び 1962 年度には保険料率の引き下げが実現した．

86）Memorandum, between Kishi and Eisenhower, June 19, 1957, FRUS, 1955-1957, Vol. 23, p373.

87）「東南アジア経済協力についての日米協力問題」1957 年 4 月 17 日，外務省戦後期記

録（2018 年 12 月 19 日公開）岸総理第 1 次訪米関係一件，岸・マッカーサー予備会談（於東京）第 1 巻：第三回（オンライン公開文書）（https://www.mofa.go.jp/mofaj/annai/honsho/shiryo/shozo/pdfs/2018/04_10.pdf，2019 年 8 月 27 日アクセス）．

88）外務省文書課「岸総理・マッカーサー米大使会談要旨」1957 年 5 月 18 日，外務省戦後期記録（2018 年 12 月 19 日公開）岸総理第 1 次訪米関係一件，岸・マッカーサー予備会談（於東京）第 1 巻：5 月 18 日会談（オンライン公開資料）（https://www.mofa.go.jp/mofaj/annai/honsho/shiryo/shozo/pdfs/2018/04_16.pdf，2019 年 8 月 27 日アクセス）．

89）*Ibid*. p373.

90）「アジア経済開発基金と米国の経済開発援助について」1957 年 6 月 12 日，外務省戦後期記録（2018 年 12 月 19 日公開）岸総理第 1 次訪米関係一件，準備資料第 1：アジア開発基金（オンライン公開文書）（https://www.mofa.go.jp/mofaj/annai/honsho/shiryo/shozo/gshir/index.html，2019 年 8 月 27 日アクセス）．

91）「岸総理米実業家有志との懇談要旨」1957 年 6 月 25 日，外務省戦後期記録（2018 年 12 月 19 日公開）岸総理第 1 次訪米関係一件，岸総理第 1 次訪米関係一件，会談関係:民間人との会談関係（オンライン公開資料）（https://www.mofa.go.jp/mofaj/annai/honsho/shiryo/shozo/pdfs/2018/07_18.pdf，2019 年 8 月 27 日アクセス）．

92）Memorandum, Fujiyama and Dulles, September 23, 1957, FRUS, 1955-1957, Vol23, p. 499.

93）*Ibid*. p. 500.

94）関西インドネシア協会は，1954 年に関西在住のインドネシア人全員と日本人（主に商社社員及び個人）で結成されたものであり，名古屋以西では唯一のインドネシア関連団体であった．

95）高木発岸宛「ハッタ前副大統領御一行の訪日に関する件」，1957 年 9 月 30 日，戦後期外務省記録，リール番号 A'-0396.

96）外務省情報文化局「ハッタ・インドネシア前副大統領略歴，一行氏名および滞在予定日程について」，1957 年 10 月 14 日，戦後期外務省記録，リール番号 A'-0396.

97）外務省アジア局長発各企業宛「ハッタ氏一行来日視察に関し，便宜供与依頼に関する件」，1957 年 10 月 14 日，戦後期外務省記録，リール番号 A'-0396.

98）Memorandum, No. 1251, Australian Embassy Tokyo [Tokyo] to DEA, December 24, 1957, NAA: A1838, 3103/11/106/ Part 2, p. 264.

99）「岸総理大臣とゴー・ディン・ディエムヴェトナム大統領との第二次会談録」小川臨時代理大使発，1957 年 11 月 20 日，戦後期外務省記録，リール番号 A'-0151.

100）「豪州連邦政府主催パーラメンタリー・ランチョンの際の挨拶」，1957 年 12 月 4 日，戦後期外務省記録，リール番号 A'-0150.

101）「岸総理大臣とスカルノ大統領との第一次会談録」，1957 年 12 月，戦後期外務省記録，リール番号 A'-0151.

102）同上史料．

103) 同上史料.

104) 「岸総理大臣とハッタ博士との会談録」, 1957 年 12 月, 戦後期外務省記録, リール番号 A'-0151.

105) 「岸総理大臣とジュアンダ首相との第二次会談録」, 1957 年 12 月, 戦後期外務省記録, リール番号 A'-0151.

106) 1957 年 9 月, 外相に就任した藤山愛一郎の後任として第二代アジア協会会長に就任した小林中は東南アジア移動大使に任命され, 賠償交渉の調整に当たっていた.

107) 高木発藤山宛「日・イ共同声明に関する件」, 1957 年 11 月 28 日, 戦後期外務省記録, リール番号 A'-0150.

108) Savingram, No. I. 19022, Tokyo to DEA, December 13, 1957, NAA: A1838, 3103/11/106/ Part 2, p. 283.

109) Cablegram, No. 18973/4/5, Washington to DEA, December 13, 1957, NAA: A1838, 3103/11/106/ Part 2, p. 284.

110) Cablegram, No. 261, Tokyo to DEA, August 22, 1957, NAA: A1838, 3103/11/118, p. 32.

111) 日本工営創業者. ダム開発と水力発電を専門とし, 満州事変後には水豊ダムをはじめ, 中朝国境地域で複数のダム建設に従事した. これらのダムの関連水系が満州国に及んでいたことから, 岸信介などを相手として満州国政府との交渉も行った. 戦後, 開発コンサルティング会社である日本工営を設立し, インドネシアやビルマ, 中南米を重点地域として営業活動を行った [日本経済新聞社 1966：139-158].

112) 例えば, ウィスマ・ヌサンタラ・ビル, サリナデパート, 外国人向けリゾートホテル（インドネシア, アンバルクモ, サムドラビーチ, バリビーチ）など.

113) 海外経済協力基金調査部, 前掲史料.

114) 『わが外交の近況（第 12 号）』外務省（http://www.mofa.go.jp/mofaj/gaiko/bluebook/1968/s43-contents.htm　2019 年 10 月 28 日アクセス）.

115) 1958 年のスカルノ非公式来日の際, 東日貿易の久保正雄は児玉誉士夫からスカルノの身辺警備を託された. これを契機に東日貿易はスカルノの信頼を獲得し, 賠償事業に食い込んでいった.

116) 日本企業から託されたスカルノ向け賄賂を久保正雄社長が着服していたことが, 瀬島龍三（当時：伊藤忠商事社長）経由でデヴィに伝わり, デヴィから児玉誉士夫とスカルノ双方に報告される形で, 東日貿易はインドネシア撤退を余儀なくされた.

117) 「賠償事業に関する日本商社の要望をスカルノに取り次いだ」ということに関し, デヴィ自身は自伝の中で否定している [デヴィ 2010：101]. 一方, 日本商社から所謂「ヤソオ詣」（デヴィの居宅であるヤソオ宮殿への表敬訪問）を受けたことについては, 言及していない.

118) Memorandum, No. 657, Tokyo to DEA, June 26, 1958, NAA: A1838, 3103/11/106/ Part 2, p. 172.

第 4 章

経済協力と産官軍の遺産

はじめに

　冷戦と経済の論理が交錯した国交正常化の後，日本企業は如何なる手法でインドネシアに経済進出を遂げたのか．本章では経済協力に着目し論じる．日本のインドネシアに対する経済協力は，賠償以上に多額の金額が費やされ，両国の経済関係の礎を築いた活動である．また，経済協力の組成は日本のプラント輸出や米国の冷戦戦略，そしてインドネシアの経済的ナショナリズムといった政治的潮流とも呼応していた．すなわち，戦後日本のインドネシアへの経済進出過程において，看過すべきでない重要な活動だったと言えよう．しかしながら，国交正常化に伴う企業活動は賠償に焦点が当てられてきた感が否めない．そこで本章では，これまであまり着目されてこなかった対インドネシア経済協力の案件組成過程を明らかにするとともに，個々の経済協力案件が日本とインドネシアの経済関係構築に持った歴史的意義を考察する．

　具体的には，北スマトラの石油開発，スラウェシのニッケル開発，カリマンタンの森林開発を事例として分析する．これら事例は，戦前期の産官軍の連携にその萌芽を見出すことができ，そして戦後においても産官の連携である経済協力として復権したものである．注意すべきは，その復権の過程であろう．端的に言えば，インドネシアへの再進出を目指す日本企業が，事業に公的色彩を付与することを現地政府から求められ，日本政府と連携した過程であった．結果，日本企業の活動が経済協力として結実するのである．日本企業による一連

の取り組みは，インドネシア政府と直接交渉し，経済協力の手法や内容を策定していった点で，政府間の外交関係を補完するものであった[1]．さらに木村昌人[1989：31]の「非公式接触者が，国家間の経済問題に関する話し合いや交渉を親善を兼ねて行う外交」という定義に基づけば，民間経済外交ということもできよう．

　本章では，これら事例を次の4点から考察する．第一は，戦前戦後を通じた連続性である．軍政下で日本企業が獲得した石油，ニッケル，森林開発等の経済利権は，戦後どのように変容ないしは継続したのか．経済利権をめぐる人脈に注目し論じる．第二に，経済的ナショナリズムの矛先が向きやすい資源分野において，かつての軍政支配国の資本をインドネシアが受容した背景を論じる．第三には，日本企業と冷戦の関係性である．各経済協力案件に対する米英の情報収集や見解の推移について論じる．第四に，経済協力を取り巻く産官の連携構造である．経済協力を推進した日本側の構図を明らかにするとともに，産官双方の役割を論じる．

1　北スマトラ石油開発協力（NOSODECO）

(1)　「小林グループ」による連携へ

　1951年の浅野物産による北スマトラ油田へのアプローチが頓挫した後，しばらくは日本側で際立った動きは生じていなかった．とはいえ，平田重胤によれば，「北スマトラ油田に関しては，何時までも外国石油会社にその開発を委せて置いては，インドネシアの技術は向上しないから，政府は当該油田を国営化し第二次大戦中に開発経験がある日本技術者の援助を得るなどしてその開発を行うべきだとする意見が閣内に強いらしい［平田 1953：5］」という情報もあったという．

　インドネシアにおけるオランダ企業の接収後，インドネシア賠償事業で数々の案件を組成した木下商店[2]が行動を起こした．1958年4月，木下商店は，接

収後の北スマトラ油田運営者である PERMINA のストー大佐と交渉を行い，
5カ年にわたり月間3万5000トンの原油を PERMINA から買い取ることで意
見の一致を見た[3]．その際，木下商店は油田復旧の対価として PERMINA から
原油を受け取ること[4]，および木下商店が BPM と共同で接収された油田の運営
に当たることが約された[5]．木下商店は，北スマトラにおける石油の優先的買取
権と運営権を掌握しようと試みたのであった．

　上記合意を受け，木下商店は丸善石油との共催で，石油資源開発㈱，インド
ネシア通商産業協会，パシフィックコンサッタンツから構成される調査団を北
スマトラに派遣する計画を立てた[6]．ただし，石油資源開発㈱が派遣する技術者
をめぐり，同じく北スマトラ油田の権益獲得を目指すブリヂストンタイヤとの[7]
間で軋轢が生じた．石橋正二郎[8]（ブリヂストンタイヤ社長）は，PERMINA が
PNI の影響下にあることに着目し，来日予定のイサ（Mohammad Isa）PNI 第二
副総裁と会談を設定した上で，技術者の派遣をすべきとの結論に至った[9]．そこ
で石橋は，石油資源開発㈱に対して調査団の派遣時期をイサとの会談後にすべ
きと提案した．これに対し，三村起一（石油資源開発㈱社長）は石橋の提案に合
意し，木下茂（木下商店社長）に合意を伝えた．

　石油資源開発㈱の対応に木下商店は困惑した．木下商店は，PERMINA か
らの招聘状に基づき，すでに石油資源開発㈱の技術者を含む調査団の出発準備
を進めていたのである．折しも，「木下商店が66席の船と1千万トンの原油の
バーター取引[10]を提案した」という報道が7月4日付でなされ[11]，日本国内の関係
事業者のみならず，米英蘭の在尼公館も木下商店の動向に注目していた[12]．木下
は通産省と外務省に調査団派遣を働きかけたが，在尼日本大使館は，「イサ博
士の来日を待って本件解決したし」との冷淡な姿勢を当初見せた．一方，ジュ
アンダ首相は日本大使館に対し，イサは PERMINA とは直接関係がなく，
PERMINA による木下商店の招聘はインドネシア政府も了解済みであると説
明した．この結果，日本大使館は調査団派遣を了承した．

　こうした日本企業間での軋轢に木下商店は悩まされたが，逆説的なことにそ

の過程において，日本の石油業界と政府が連携して北スマトラ進出を図る基礎が築かれたのである．連携を進めた中心的人物は，インドネシア賠償交渉でも活躍した小林中（日本開発銀行総裁）[13] である．小林は，北スマトラ油田に利害意識を持つ日本企業各社を媒介して連携を進め，通産省や外務省とも密な情報連携を図った．小林を中心とする一群の関係者は，「小林グループ」と呼ばれ，北スマトラ油田開発に関する日本側を代表する交渉主体となっていく．また，小林グループとインドネシア政府との交渉の過程で，開発体制や経済協力手法が発案されたのである．

　まずは，小林グループの成立過程を説明したい．1958 年 7 月 9 日，木下商店村上常務はブリヂストンタイヤ石橋社長と会談した．石橋は，自社の関心は石油ガス事業であって油田開発ではないという前提の下，油田開発については小林と木下商店との間で調整すべきと述べた．また，来日中のイサとの会談は木下側で設定すべきと木下に伝えた．石橋の意見に従い木下は小林と会談したが，小林の意見はブリヂストンタイヤと木下商店で議論すべきというものだった．「石橋氏の処に行けば，小林氏に行けと云われ，小林氏の処に行けば，石橋氏に会えと云われ，堂々巡りの結果，何等の具体的進展が行われずに徒に時日の経過を見たが実情[14]」という木下の言葉は，たらい回しを受けた憤懣を如実に語っていた．

　状況を打開するため，7 月 14 日に木下商店は，石油資源開発㈱，ブリヂストンタイヤとの三社会合を設定したが，議論に大きな進展は見られなかった[15]．こうした中，同月 18 日，小林中は 3 社の仲を取り持つ形で，三村起一，石橋正二郎，木下茂との会談を設定した．この席上，小林は木下に対して，当初の予定どおりに調査団を派遣すべきとしたが，三村の反応は消極的だった．「石油資源開発株式会社の性格上，外国の油田調査に対し一商社の依頼のみで技術者を派遣する事は，議会の問題になり兼ねない懼れあるにつき，形式上，先方政府筋から所在外交機関を通じ日本政府に要請させることとした[16]」と，異を唱えたのである．石油資源開発㈱は技術者派遣を一旦は承諾しながらも，突如

延期を通告し，その上個社支援は行えないと言明していると木下商店は認識した．木下商店は同月 22 日付で，抗議文書を三村に送った．[17]「面目が全く失墜する」[18]危険性の中で，木下商店がこれまでの経緯と三村の発言を具に記録し，対応の是正を求めるもの[19]であり，企業の経営者間で交わされる書簡としては異例のものであろう．

　両社が一触即発の状況にある中，小林は石油資源開発㈱，木下商店，ブリヂストンタイヤの仲を取り持つ形で調整を進め，意見集約と企業間対立の緩和に努めた．関係者の合意点を求めて渉猟し，日本政府との情報共有を進めた小林は，触媒として機能したのだった．そして外務省は，小林を中心とする企業群を小林グループと呼び，その動向に注視し始めた．経緯から明らかなように，当初から小林グループを機軸とした日本側体制の一本化が目指されていたわけではない．むしろ個社の利害対立仲裁の過程で小林グループの形成が進んだのである．逆説的な結果とはいえ，日本国内の体制を一本化し，産官の連携の下でインドネシアへの経済進出を図ろうとする手法が形成されたのである．

　調査団派遣に関する調整の末，9 月 4 日に小林はストーに調査団の構成を伝えた．団長は松沢達夫（石油資源開発㈱取締役）が就任し，調査団員には，ブリヂストンタイヤや木下商店をはじめとする日本企業が名を連ねた．石油資源開発㈱とブリヂストンタイヤ，木下商店の間における利害対立を小林が収束させた形であった．9 月末から 10 月にかけ，派遣された調査団は，メダン（Medan）とブランダン（Brandan）で現地調査を実施し，油田復旧計画を立案した．[20]

　1959 年 2 月，ストーはインドネシアを再訪した松沢に対して，具体的な開発計画を示すよう要請した．これを受け，小林グループは開発計画や事業形態に関する検討に本格着手した．当初，小林グループは PERMINA との合弁企業設立を目指したが，PERMINA の資金難により合弁出資が困難だと判断した．PERMINA は資本金を出す余力も，借入金を返済する余力もなかったのである．小林グループは，PERMINA の資金を使わずに事業を組成・運営す

る仕組みを発案せざるを得なかった．そこで，小林グループが発案したのが，後に経済協力方式として定着する生産物分与方式（Production Sharing; P/S方式）だった．その骨子は次のようなものである．[21] ① 日本企業からの出資金と輸銀融資で賄われた資金を，PERMINA に 30 年間クレジット供与する．② 同クレジットを用い，PERMINA が生産設備や技術を拡充し，原油を生産する．③ 日本は，原油増産の 50% 相当分を原価にて 30 年間購入し続ける．すなわち，PERMINA に対して出資や現金返済を求めない代わりに，原油を安価に長期安定供給させるという取引である．

　この構想に対し，ストーは現物による返済方式については同意しつつ，返済期間や返済条件について異を唱えた．ストーは，小林グループの提案の背後に投機目的があると疑念を抱いたのである．そこで 6 月 24 日，小林グループはストーの疑念を払拭するための説明文書を黄田多喜夫（駐尼日本大使）[22] に託した．黄田大使は 6 月 30 日，ストーと会談し，小林グループの目的は油田開発による原油の安定供給であり，投資会社として過度な利益を求めてはいない旨説明した．小林グループの活動の公益性を日本大使館が説明し，小林グループ自体は営利意識に基づいて事業組成を進めるという関係が築かれていった．

(2) 外務省による英蘭への配慮

　小林グループと PERMINA の交渉が進む一方，油田を接収された BPM とインドネシア政府の補償に係る交渉は進んでいなかった．1956 年 10 月，財政経済協定の破棄に基づいてインドネシア政府が北スマトラ油田を接収した際，BPM は一方的な契約破棄に反発し補償を求めた．この関係下で，小林グループは北スマトラ油田への進出を進めたため，日本政府も蘭英による対日批判が生じることを懸念した．

　1958 年 6 月，藤山と会談したロイヒリン（Jonheer O. Reuchlin）駐日蘭大使は，オランダ・インドネシア間での「懸案」に日本が配慮すべきと言及し，オランダ企業の財産権の移転に際して事前にオランダ政府との協議を求める口上書

（エードメモワール）を手交した[23]．オランダは，油田権益が補償なく小林グループに渡ることを懸念し，日本政府に警告したのである．外務省は，蘭尼間で補償交渉が進むことを希望すると返答した一方，日本企業がインドネシアにおいて正当な手段で財産を取得することを日本政府は妨げないという立場をとった[24]．翌年3月，在日オランダ大使館は，インドネシアにおける接収が国際法上無効である上，オランダ企業資産を日本が無断で活用した場合，法的訴追の可能性があると警告した[25]．ストーと小林グループの間では生産物分与方式による事業計画が立案されている段階だった．そこで，外務省は，オランダ大使館の見解は国際法上の一般論であって，小林グループが進めている石油開発計画について言及したものではないとの解釈を示した[26]．

　BPM に共同出資していたイギリスからの申し入れはより具体的だった．1958 年 5 月，グエピン（F. Guepin）シェル東京拠点長は，昭和石油の四日市製油所落成式に出席して，昭和石油社長及び岸信介首相と意見交換をした．このとき，グエピンは北スマトラ油田の権益を放棄する意思はないと明言した．また，イギリスに権益が属する油田開発に日本が関与したことを批判した．これに対して岸は，インドネシアとの賠償協定締結に触れ，日本はアジアの一国としてインドネシアとの経済提携を強化するが，既存の外国権益を侵害する意思はないと応じた．さらに岸は，シェルが北スマトラ油田において日本企業と提携することを提案した[27]．

　また，インドネシア現地においては北スマトラ油田をめぐる日英間での利害対立が鮮明化した．1958 年 8 月，ベル（Astley Bell）シェル・インドネシア拠点代表は黄田大使を訪問し，インドネシア政府による PERMINA 設立の動きに触れ，「蛮族の決め事（Law of the jungle）に屈する意思は毛頭ない」と怒りをあらわにした[28]．インドネシア政府による補償なき接収を指し，文明人の対応とは程遠いという意味で批判したものと思われる．これに対して黄田大使は，日本政府のインドネシアに対する経済協力方針に基づき，円満に協力を進めると言及するに留めた．東京においても，1959 年 5 月 23 日，ハーバム（Harbam）

在日英国公使は，日本政府が北スマトラ油田開発を支援すれば，日英関係にとって「結局はおたがいのためにならぬ」と批判した[29]．ハーバムの示した強硬な姿勢は，1959 年 6 月 8 日に在日英国大使館が発表した口上書によって明文化された[30]．

シェルをはじめイギリスが重視したのは，補償なければ接収なしという国際慣行であった．実際，ハーバムも，「即座に，十分かつ効果的な補償が行われること」をインドネシアに要求していた．しかし，インドネシア政府は，荒廃状態のまま放置され，10 数年間にわたって鉱業権が行使されていない油田を取り戻したにすぎないため，補償すべきものは何もないとの見解を示していた[31]．インドネシアは補償を行わない姿勢を強硬に示し続けたのだった．

以上のように，小林グループと PERMINA の交渉の背後には，蘭英とインドネシアの間での補償をめぐる紛糾があった．そうした中で行われた岸や黄田の対応の陰には，外務省の国際法上の懸念事項[32]を払拭しつつ，小林グループを支援しようとする姿勢があったのではなかろうか．例えば，外務省は条約局を中心に理論武装を進め，「国有化は第二次世界大戦後の新しい現象であるので，何が正当なる補償であるかについても，国際法上確立した基準はない」という解釈を提示した[33]．つまり，補償の定義がない以上，蘭英とインドネシアの間での補償成立状況は判断できないというグレーな解釈である．この解釈に基づき条約局は，第三者である日本は接収や補償の成立について感知せず，日本が北スマトラ油田をインドネシア国内法に基づき開発しても国際法上の責任を負わないと判断した．また，油田の接収や補償に係る係争の管轄はインドネシア国内の裁判所になると判断した．上記のように，外務省は小林グループの交渉を法的に担保し，英蘭との調整を担ったのである．

(3) NOSODECO の発足

外務省の蘭英との対応の間にも，小林グループは PERMINA との交渉を進めた．1959 年 9 月，経済協力を目的とした投資会社を日本国内に設立し，同

投資会社が生産物分与方式に基づく経済協力を実施することに関して，三村起一を団長とする交渉団と PERMINA の間で基本了解が成立した．翌月，来日したスバンドリオ外相は，岸と藤山との会談において，インドネシア政府としても上記基本了解を承認したと伝えた．

ただし，新設される投資会社の社長人選をめぐり，小林グループと通産省の間で対立が生じた．小林グループは，PERMINA との折衝を担った三村起一を推すことに決め，経団連もこれに同意した．しかし通産省には，経済協力第1号案件として慎重を期すという配慮に加え，新会社を政策的色彩の強い国策会社として発足させたいという意図があった[34)]．そこで，経産省は小林グループの構成企業によって新会社の経営が掌握されることに難色を示したのである[35)]．

こうした社長人選をめぐる紛糾はあったが，三村起一らによるジャカルタでの交渉は進み，1960年2月18日，小林グループと PERMINA との間での交渉が妥結した．結果，日本側が10年間にわたり最高188億円の開発用機器と資材・技術を貸与することで油田を復旧し，日本は産出された石油（年間80万 kℓ超過分の40%）の無償提供および残分の優先買取権を享受することとなった[36)]．

また，資機材供与に必要な資金調達も争点となった．小林グループは，設備投資費用57億円のうち，42億円を輸銀と商業銀行の協調融資から，残り15億円を海外経済協力基金から調達する予定だった[37)]．しかし，海外経済協力基金は未設段階だったため，同基金出資金額分の融資を輸銀に申し入れた[38)]．

しかし，1960年3月1日，世界銀行は日本政府に対して「海外石油開発への政府援助は不適当」と非公式に申し入れた[39)]．背景には，輸銀は日本国内のインフラに優先的に投融資をすべきという世銀の認識があった．同日，在尼米国大使館は，国務省に対して4種の日本語資料と1種の地図を至急英訳するよう要請した[40)]．その資料とは，「北スマトラ油田復旧開発計画収支計算表」，「資金計画計算資料」，「北スマトラ油田復旧開発に関する日・イ経済提携の交渉経緯」，「北スマトラ油田復旧開発計画の内容」であった[41)]．同大使館の見立ては，小林グループの活動は企業ではなく小林中と政府のイニシアチブに基づくもの

であり，日本企業にとって利益面での魅力は低いというものであった[42]．また，日本からの技術者派遣は，インドネシア側の強い要請に基づいて日本側が応諾したと同大使館は認識していた[43]．しかし，米国がインドネシアでの十分な情報源に基づき，上記認識を出したとは言い難い．実際，1960年12月にインドネシアで米国石油会社への規制が強まった[44]際，現地政府高官との人脈形成が希薄な米国石油会社は困惑を余儀なくされることとなる[45]．

　世銀の見解に対し，池田勇人通産相は衆院予算委員会において「輸銀が融資するかどうかは未定」と回答するなど，消極的な姿勢を示した．一方，小林中は「首相に頼まれた計画」である北スマトラ油田開発に関し，政府が「輸銀融資に協力するのが当然」と批判した[46]．そこで，石油資源開発㈱は，吉田半右エ門（同社顧問，元通産相審議官）を通じ，債務保険を取り付けるよう計らった．債務保険を付保すれば輸銀融資の審査が円滑化すると想定したのである．結果，3月23日には，大蔵省，外務省，通産省，経団連，石油資源開発㈱によって「北スマトラ石油開発に関する会議」が開催され，自己資本を除く必要資金相当額の輸銀融資が可決された[47]．

　輸銀融資に係る合意を受け，4月には懸案の社長人事が決定し，佐藤久喜（三井金属鉱業会長）が社長に就任した[48]．三村は新会社の会長に就任した．5月には技術顧問団がインドネシアに派遣され，現地調査結果に基づき事業計画が立案された[49]．

　そして1960年6月1日，小林グループの権利義務を継承する形で，北スマトラ石油開発協力株式会社（North Sumatra Oil Development Cooperation：NOSODECO）が設立された（**図1**）．NOSODECOはジャカルタに代表部を設置し，石油資源開発㈱及び帝国石油から1960年末までに49名，最盛期には130名の技術者を受け入れた．1961年から翌年にかけては，融資継続をめぐって再び輸銀との攻防があったが，1962年7月15日には，輸銀と商業銀行による協調融資および海外経済協力基金の出資が閣議了解され，事業計画の履行に踏み切った[50]．そして1963年6月，ラントウ2号井において契約後初めての出油

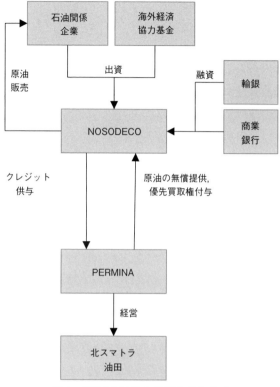

図1 NOSODECO 生産物分与方式

（出所） 戦後期外務省記録より筆者作成.

に成功した.

　設立後の NOSODECO の活動で注目すべきは，軍政期のインドネシアに駐留した経験を持つ人物が採用され，インドネシア政財界との密接な関係の下で事業を推進したことであろう．石油資源開発㈱顧問であった矢部孟 [2002a：24] によれば，西嶋重忠（NOSODECO 常務・ジャカルタ代表），中谷義男（NOSODECO 社員），宮山慈夫（NOSODECO メダン所長，業務部長）は，豊富なインドネシア人脈を活かして NOSODECO の事業を発展させた人物であると指摘している.

　西嶋重忠は一高卒業後の 1934 年に左翼運動から転向し，日本を逃れる形で
ジャワに渡り，ジャワ千代田百貨店に勤務した人物であった．オランダ語能力
を活かしてオランダ人顧客との関係を深め，インドネシアにおけるオランダ人
の動向に精通していた．日米開戦後にオーストラリアに抑留されたが，抑留解
除後にはジャワの海軍武官府調査部に所属した［インドネシア日本占領期史料
フォーラム 1991：465］．西嶋は，インドネシア独立を容認しない軍政に疑念を禁
じえず，独立を目指すスカルノやハッタの情熱に賛同した［西嶋 1975：160-161］．
1945 年 8 月 16 日には，スカルノとスハルトに通訳を依頼される形で前田精海
軍武官府公邸を訪れ，独立宣言の起草にも立ち会った．その直後に訪問した西
村乙嗣邸で斎藤鎮男と口論になり，西嶋はポケットに忍ばせたピストルを握り
しめて独立を訴えた［西嶋 1975：218］．連合軍の進駐後，西嶋は日本人戦犯弁護
団の通訳を務め，1948 年 2 月に帰国した．1953 年にインドネシアを再訪した
際，スカルノは，西嶋を大統領官邸に招き入れ，西嶋の近況を尋ねるなど，友
好的な姿勢を見せた．既述のとおり，1956 年には松永安左エ門，鮎川義介と
ともにアサハン河開発計画についてインドネシア政府にアプローチし，翌年に
は小林中とともに賠償に関する現地調整に従事した．西嶋は自身が「賠償交渉
の一端を担っていた」と自認していたのである［西嶋 1975：178］．その後，ブリ
ヂストンの顧問として PERMINA との交渉や現地調査を担い，石油事業への
関与を強めた．

　中谷義男もまた，スラバヤで商店に勤める傍ら，インドネシアの言語，文化，
歴史について見識を広めた人物であった．軍政下では，ジャワで刊行されたイ
ンドネシア語新聞の「アジア・ラヤ」の翻訳に従事した．大東亜会議の際には
スカルノの随員として同行し，終戦時には西嶋とともにスカルノの通訳として
軍政監部を訪問した．戦後，新聞事業への従事経験をもとに朝日新聞社論説委
員室に勤務しつつ，ジャカルタ在住時代の旧友との親交を深めていった．その
後インドネシアに戻り，西嶋の指示の下で PERMINA との契約交渉における
約款策定を担当した［矢部 b：32］．

　一方，宮山慈夫は軍政下で西スマトラに駐留した軍人である．終戦後には残留日本兵としてアチェ方面軍に加わり，インドネシア独立戦争に参加した．独立後にはメダンで中学校の教師をした時期もあったが，1952年6月の帰国後にはインドネシア協会に就職した．そして，1960年に東京会館で開かれたNOSODECO設立準備パーティーにおいて通訳を務め，その語学力を西嶋に認められる形でNOSODECOに入社し，メダン所長を務めた［矢部b：33］．

　これら三人のように，軍政期を通じてインドネシアの政財界と関係を築いていた人物がいたことで，NOSODECOのインドネシア政府との関係構築が円滑化したのだった．

　以上のように，戦前期から日本が石油資源調達地として重要視してきた北スマトラ油田は，軍政下における接収と独立後インドネシアによる国有化を経て，NOSODECOの設立と生産物分与方式の実現により，初めて合法的な形で，日本への石油供給源となったのである．その過程において，日本の石油関係企業は小林中を媒介として連携し，インドネシア政府との直接交渉を通じて生産物分与方式という経済協力手法を発案した．また，軍政期人脈は事業の組成と拡大の礎となった．戦後日本の対インドネシア経済協力第1号案件である北スマトラ石油開発は，産官連携の産物とはいえ，日本企業の発案と実質的推進によって実現したといえるだろう．

2　スラウェシニッケル開発（SUNIDECO）

(1) 日本側体制の一本化

　NOSODECO組成の手法は，その後の対インドネシア経済協力にどのように継承されたのか．本節では，経済協力第2号案件であったスラウェシ島のニッケル開発を事例に，生産物分与方式が経済協力手法として確立する過程を明らかにする．

　戦後日本におけるニッケル業界復興の契機は，朝鮮戦争期の米国の輸出統制

法に基づくニッケルの対日輸出制限に遡る．1951年5月，米国の輸出制限に
よるニッケル逼迫に伴い，通産省はニッケル精錬事業助成臨時措置法を施行し，
ニッケルの国内精製再開を目指した．この助成措置が契機となり，別子鉱業
（旧住友鉱業，翌1952年に住友金属鉱山に改称[51]），日本鉱業，日本冶金工業（日本火工，
大江山ニッケル鉱業を吸収）が業者指定され，ニッケルの生産再開に踏み切った．
志村化工も日本鉱業との連携を通じてニッケル精製を行った［板谷1956：
222-224］．その際，精製用ニッケル鉱石の調達先確保が問題になった．日本冶
金工業では1940年代にニューカレドニアからのニッケル鉱石輸入を検討した
経緯があるため，同社をはじめニッケル精錬各社はニューカレドニアに着目し
た．かつてスラウェシ島での事業経験のある住友金属鉱山も，同地での事業再
開の目途が立たないため，ニューカレドニアからの輸入に頼った［住友金属鉱山
1970：83］．

　日本のニッケル精錬会社は，ニッケル供給源のニューカレドニアへの一極依
存を懸念し，かつて住友鉱業が開発を試みたスラウェシ島のポマラ（Pomalaa）
鉱山復旧に意欲を見せた．日本鉱業協会は上島清蔵（古河鉱業[52]）によるニッケ
ル開発構想を推進し，上島によるインドネシアとの交渉を期待した[53]．上島は，
スラウェシ島の地方反乱の要因が脆弱な産業基盤と経済水準の低迷にあると想
定し，ニッケル鉱山開発を通じた状況の打開を目指した．上島の構想は，鉱山
開発を民間合弁事業で行い，関連する電源開発や港湾整備等については賠償案
件として組成するというものであった[54]．

　インドネシア政府もニッケル埋蔵量に富むポマラ鉱山に注目し，総合8カ年
計画の一環としてニッケル開発を重視したが，地方反乱によりOBM（東ボルネ
オ鉱山会社）は事業を再会できていなかった．1958年には外資排斥の一環とし
てニッケル鉱山の国有化が宣言され，トラジャ鉱業会社（N.V. Pertambangan
Toradja）が国営企業として設立されることとなった．その後，同社は国営鉱山
第二公社一般理事会（Badan Pimpinan Umum Perusahaan 2 Tambang Umum Negara；
BPU）への改組を経て，後述するようにニッケル・インドネシア株式会社へと

拡大改組されていく[55].

　時期はやや前後するが，1957年4月，通産省が主導する形で住友金属鉱山，日本冶金工業，日本鉱業，志村化工，鴨川化工，日曹製鋼の6社によるスラウェシ懇談会[56]が設立された．通産省は，日本に存在しない高品位ニッケル鉱石を安定調達するという政策的観点から，個社単独の事業に依存するのではなく，ニッケル精錬業界を取りまとめ，二国間政府関係の認可の下で円滑かつ確実に事業を組成することを目指した．同年7月，同懇親会はスラウェシ島のニッケル開発に関する資金援助と調査団派遣に合意した[57]．しかし，同合意は共同事業の設立を約束するものではなく，懇談会加盟企業の歩調は一致しなかった．

　このため，ニッケル資源獲得を狙う商社独自の動きもあった．1955年段階からトラジャ鉱業会社のサンペトディンにアプローチしていた三井物産は，すでに社員をコラカ（Kolaka）とポマラに派遣していた．翌1956年には，日本鉱業と住友金属鉱山の技術者4名を率いて追加調査を実施した．このため，1957年にスラウェシ懇談会が組成された際，三井物産はサンペトディンとスラウェシ懇談会との仲介窓口となった[58]．

　日商[59]（現：双日）もまた独自の動きを見せた．日商は，戦後ニューカレドニアのニッケル鉱石調達に成功し，日本鉱業や住友鉱業，志村化工との取引実績があった［日商 1968：212-462］．そこで日商は，スラウェシ懇談会の活動が活性化しないことを好機と捉え，インドネシア政府に対してスラウェシ島ニッケル開発案を提案した[60]．その際，日商が重用したのは，かつてのジャワ軍政監部宣伝部宣伝課長の清水 斉 だった．軍政期，清水は3A運動やプートラ運動の推進を担い，口伝宣撫工作を通じて民衆工作を行った人物である［インドネシア日本占領期史料フォーラム 1991：298-307］．その手腕は「民衆組織者としての天与の資質を持っていた」と斎藤鎮男が評するほどであった［斎藤 1977：113］．また，清水はスカルノから独立のロードマップを示した文書を密かに受け取り，独立宣言の日程や内容をはじめ，行政機構や憲法草案，民衆指導方針など，スカルノの構想を具に把握していた人物であった．戦後，日商社員となった清水は

1960年2月にインドネシアを訪問し，サレー（Chaerul Salah）基礎産業・鉱業大臣に対して日尼共同でのニッケル開発を積極的に提案した[61][62]．

これら商社独自のアプローチは，ニッケル精錬業界の一本化を狙う通産省にとって警戒すべきものであった[63]．また，複数の日本企業から同様のアプローチを受けたサレーも，日本側の体制一本化を日本政府に要望した．サレーは，清水がスラウェシ懇談会と無関係ならば，日本政府として渡航を禁止してはどうかという踏み込んだ発言も残している[64]．

サレーの要望を受け，外務省と通産省はスラウェシ懇談会の活動強化を目指した．1960年10月，スラウェシ懇談会は通産省金属課長出席の下で最高幹部会を開催し，「イ国よりNi鉱石をコマーシャルベースに基づいて長期共同買収することとこれに伴う共同開発に参加することに熱意を有する[65]」という合意を形成した．同合意は決議文書として在尼日本大使館に提出された．

次に外務省と通産省は，サレーの提案を受ける形で，日商のスラウェシ懇談会への引き込みを図った．サレーは，清水をスラウェシ懇談会に引きこみ，その人脈を活用すべきと黄田に提案していたのである[66]．外務省から打診を受けた清水は，「民衆的な又指導者関係を調整して事を運べせる『かけ橋』には十分なりえる[67]」と自負してスラウェシ懇談会に参加し，渉外担当役としてインドネシア要人との交渉を担った．

このようにスラウェシ懇談会は，ニッケル精製業者の歩調の不一致と商社の独自行動によって活動が停滞した時期もあった．外務省と通産省はその状況に楔を打ち込み，日本側体制の一本化を図ったのである．

(2) 生産物分与方式の継承

一本化された体制の下，スラウェシ懇談会加盟企業は1961年6月に「スラベシニッケル資源開発協力会社設立準備委員会」（以下，設立準備委員会）を設立し，ニッケル資源の開発計画を取りまとめた[68]．同計画では，スラベシニツケル資源開発協力会社（Slawesi Nickel Development Cooperation：SUNIDECO）を新たに

設立し，同社とインドネシア政府の出資により総計約 1700 万ドルの資金を調達することが目指された．そのうち SUNIDECO 出資分については海外経済協力基金からの借入が予定されていた．また，SUNIDECO の事業内容は，10 カ年契約でインドネシアの国営会社に経営参画の上，建設用資材や技術などをクレジット供与し，産出物を全量買い取ることであった．クレジットの返済方法としては，インドネシア国営会社が SUNIDECO にニッケル鉱石等を安価で販売し，その販売代金を海外経済協力基金への返済に充てることとなった[69]．

この内容から推察されるように，設立準備委員会は生産物分与方式（P/S 方式）の導入を念頭に置いていた．田村茂利（日本鉱業協会理事，設立準備委員会事務局長）が，「インドネシア側が現在石油などについておこなって居るプロダクト・シアリングに似かよった方法であって，何とかこの線で取りきめたい[70]」と語っているように，SUNIDECO 設立は NOSODECO をモデルケースとして進められたのである．

上記計画策定を経た 1961 年 7 月，設立準備委員会はインドネシアに交渉団を派遣した．交渉使節団には，日本の鉱山会社と総合商社が名を連ね，清水斉も設立準備委員会顧問として参加した．1961 年 7 月 11 日に日本を発った使節団は，深夜や週末を含め 10 日間で 11 回に及ぶ交渉を行い，7 月 26 日には一般協定書に合意が成立した．一般協定書は起草直後に基礎産業・鉱業省に持ち込まれ，サレー大臣及び吉良臨時大使立ち合いの下に調印が完了した[71]．

同協定書により，日本側使節団（会社設立後は SUNODECO）と新設の国営工業公社ニッケル・インドネシア[72]（後に株式会社に改組）が両国における公式かつ唯一の交渉主体として定められた．その上で，インドネシア政府が総合 8 カ年計画で開発対象としていたポマラ地区を対象に，10 カ年契約に基づく鉱床調査，採鉱，運搬，船積，精錬工場建設，技術者派遣を行うことが定められた．なお，必要資金については，両国の財務合同委員会において検討することが約された．このように具体的な一般協定が 10 日間の間に締結されたことは，日本側交渉使節団の予想を超える結果であった．田村自身，第一回使節団派遣に際して目

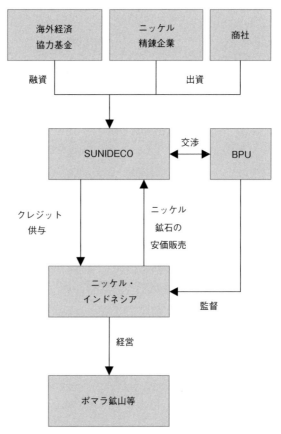

図2　SUNIDECO の生産物分与方式

（出所）　戦後期外務省記録より筆者作成.

指したのは，交渉使節団が日本側唯一の交渉主体であることを示すこと，そして インドネシア政府の方針を把握することに留まっていた[73]．ただし交渉は「終 始相互間において誠実と親愛の裡に，稀に見る友好的雰囲気」[74]の下に行われた．

　一般協定締結から約3カ月後の1961年10月，スラウェシニッケル開発協力 会社（SUNIDECO）は日本国内で法人設立登記を完了し，企業として発足した[75] （**図2**）．SUNIDECO の株式は精錬各社間および商社間で均等に保有され，中 立不偏な事業展開が行えるよう配慮された[76]．同月，SUNIDECO はインドネシ

ア側交渉使節団を東京に招聘し，生産計画や現地調査，クレジットに係る交渉を行った[77].

　1962年1月，SUNIDECO は交渉使節団をインドネシアに派遣し，交渉結果として「履行契約の内容となる基礎項目に関する協定」および「実施細目契約に関する協定」に調印した[78].　一般協定で先送りにされていたクレジット返済方式については，計画生産量に相当する全ニッケル鉱石を日本側が引き取る現物返済の形で妥結した[79].　両国の交渉担当使節団は事業の早期開始を希望していたが，特にインドネシア側は日尼通商友好条約後初の経済協力案件を早期に組成すべく熱意を有していた．同年4月から9月にかけて契約の最終交渉が行われ，10月には来日したサレーの調印により，生産物分与方式による経済協力の本契約が成立した[80].　本契約の成立により，SUNIDECO は1963年7月に事業を開始したのである．

　以上のように，SUNIDECO は，NOSODECO モデルケースとして組成された経済協力案件である．だがそこには，生産物分与方式の導入以外にも様々な共通項を挙げることができる．例えば，軍政期に同様の事業経験を持つ住友金属鉱山が戦後に再びインドネシアへの進出を目指した点である．また，産官により一本化された体制の下で，日本企業がインドネシア政府との交渉を直接担った点も共通している．そして，軍政期にインドネシアとの要人と関係を築いた人物である清水斉の存在も挙げられる．インドネシア側の事情についても，外資排斥の一環としてオランダ企業 OBM から接収したポマラ鉱山が舞台となった点や，インドネシアの経済的独立達成のために日本の資本を受容した点がある．

　この相似形の中で，NOSODECO と SUNIDECO の双方に影響を与えた人物が三村起一だった．住友鉱業，鴨川火工を渡り歩いた三村は1953年に日本冶金工業の社長に迎えられ[81]，同社の再建に尽力するとともに，ニッケル業界に確固たる影響力を持っていた．そしてその経営手腕を鮎川義介に買われる形で，石油資源開発㈱社長に就任することとなる．インドネシアにおける石油開発と

ニッケル開発は，三村起一という財界人を通じて繋がっていたのである．

3　カリマンタン森林開発（FDC）

⑴　「私的立場」での交渉

NOSODECO と SUNIDECO の組成を通じて生産物分与方式が定着する中，森林開発に関しても類似の動きがあった．本節ではカリマンタン（旧蘭領ボルネオ）における森林開発の戦後の展開を論じる．

1948 年 6 月に再開された南洋材の輸入は当初管理貿易の下におかれ，貿易公団が代行商社を通じて行った．同年の日本合板工業会設立が示すように，合板は当時の日本にとって重要な輸出品目であり，南洋材は合板の原料に割り当てられていた[82]．その後，民間貿易再開に伴い日本木材輸入協会が設立され，民間企業各社の活動を通じて南洋材の輸入量は拡大した．1950 年代になると，日本の木材需要は戦前水準の 200％以上に拡大し，これに合わせて合板の主要材料であるラワン材の輸入も増加した［松田 1962b：25］．ラワン材の加工品である合板は，1958 年の時点で木材輸出高の 55％を占めるようになっていた[83]．しかし，日本のラワン材輸入元の 80％を占めたフィリピンでは供給能力が上限に近づいていたため，フィリピン政府は木材加工業保護を目的に，丸太輸出禁止法案の提出によって原木の輸出規制を進めていた．そこで，林野庁はフィリピンの代替となりえるラワン材調達先を模索し，再びボルネオ島，特にかつての蘭領ボルネオであるカリマンタンに注目したのである．

こうした中，日本の木材関係業者の中には開発事業への意欲を見せる企業があった．南洋興発系の南方林業[84]（社長：栗林徳一，元南洋興発社長）がその代表である．南方林業は，カリマンタンの林業近代化に向けたプラント輸出を目指し，1952 年以来インドネシア政府に接触を試みていた．1958 年 4 月，南方林業は現地に職員を派遣し，インドネシア政府と交渉した．インドネシア政府は，経済協力ないしは賠償によって半官半民の会社を設立し，日本側に経営と資材供

出を求める形で，森林開発を行いたいと意欲を見せた[85].

　また，同年 11 月には，亜南産業（旧ボルネオ物産）からの依頼に基づき，その後のカリマンタン森林開発に影響力を及ぼす宮元静雄と三浦伊八郎が活動を開始した［荻野 2003：196］．宮元は第 16 軍陸軍作戦参謀としてジャワで終戦処理に当たった経験のある人物であった．また，三浦伊八郎については第 1 章で述べたとおり，東大農学部長を経験した森林学者であり，大日本山林会長に就任していた．

　特に三浦伊八郎は，同年 8 月段階でカリマンタンに関する研究会に参加し，森林開発に向けた合弁事業設立に向けた動きを見せていた．同研究会の正式名称や参加メンバーについては不明確な点が残るが，「国家権力や利己的利益追求を目的とする個人や商社の意思はまったく加えられていない[86]．」という名目の下で森林学者や材木業者が参加したものであった．ただし，経済協力や脱植民地化の文脈で森林開発を捉える側面もあった．三浦伊八郎は，北スマトラの石油開発やスラウェシのニッケル開発を引き合いに出し，「鉱山技術者の少いインドネシアでこれを進めるのはその再植民地化は真ッ平というタブーにふれる．（中略）森林開発にはこのかげがない[87]．」と主張していた．また，ジャワへの産業の偏在が同地域への人口集中の要因になっていると指摘し，他地域における森林開発を通じて人口の分散を図るべきなど，インドネシアのネイション・ビルディングへの配慮も滲ませていた[88]．これら発言を踏まえると，三浦伊八郎は国家権力と無関係と言いつつも，政策としての森林開発を念頭に置いていたと考えられよう．

　1958 年 11 月，宮元と三浦はバハーリン・ヤヒヤ在日インドネシア大使館書記官を連れ立ち，インドネシアの林野庁（DJKEH：Djawatan Kehutanan）を訪問した．宮元・三浦両名の弁によれば，「全く自由な個人的立場」でのインドネシア訪問であったが，今村均や山本茂一郎[90]の紹介状を携えての訪問であり，戦時中にインドネシアに駐留した代表的な軍人の紹介という体裁を取っていた．また，東畑精一[91]（東京大学教授，移動大使）も同時期にインドネシア産木材の対日

輸出をインドネシア政府に打診していた.

　宮元・三浦のインドネシア政府との協議内容にも，プラント輸出や経済協力の要素が垣間見られた．宮元・三浦は，フィリピン材調達の困難化を背景に日本ではカリマンタン材に注目が集まっていると述べるとともに，カリマンタンの森林開発には，大規模な機械導入が必要であると提言した[92].

　インドネシア政府は，宮元・三浦の提案に原則的に同意した．ヌルハディ（Noerhadi）林野庁参事官は宮元・三浦の構想に賛意を示し，開発候補地域の情報を提供した．スナルジョ（Sunarjo）外務省賠償部長は，事業組成は民間企業が担い，必要資金は借款ないしは合弁による調達を検討すべきと指摘した[93]．こうしたインドネシア政府の姿勢の背後には，総合 8 カ年計画において森林開発が外貨獲得源として位置づけられていた事情がある［松田 1962a : 28］．そして，日本の資本を導入することで，その実現を図ろうとしていた．石油やニッケルと同じく，経済的独立のために，かつて軍政を敷いた日本の資本を活用するという逆説が，森林開発においても垣間見られた．そして，その意識は切迫したものであった．「インドネシヤ国としては財政的危機を切り抜けるためには，資本と技術を導入してくれる国であればその相手国を選ばないほどの覚悟を持つ．（中略）早急に日本が協力しないとすれば，西欧圏のみならずソ連からの協力をも辞さない情勢[94]」と宮元・三浦も認識していた.

　そこで，宮元・三浦は，「大規模且つ長期に亘る計画開発を必要とする[95]」という想定の下，カリマンタン林業開発研究会（以下，「宮元・三浦研究会」）を組織し，インドネシアとの書簡を交換し続けた．その結果，1959 年 2 月 25 日，スシロ（Soesilo）林野庁長官は，「カリマンタン地区における林産物工業の建設を伴う森林開発方面の経済協力を行うことに同意[96]」した．スシロには，経済的独立の達成だけでなくカリマンタンにおける反乱勢力への対処という動機があった．地方州政府による反乱勢力への加担を警戒したスシロは，宮元・三浦に対してインドネシア林野庁とのみ交渉し，地方州政府への接触は避けるよう要請したのである[97]．そして，スシロは，日本側が政府承認の下で体制を一本化し，

インドネシア林野庁と公式交渉を行うよう求めた．事実1959年4月，スシロは亜南産業に対して，日本政府によって経済協力案件としての正式な打診があるまでは，日本企業個社による林業開発は承認しないという旨を伝えた[98]．一方，亜南産業が認識していたように，カリマンタンの森林開発は，日本企業個社で対応不可能なほど大規模なものであり，日本側としても体制の一本化が必要であった[99]．

(2)　体制一本化の難航

ただし，日本側での体制一本化は容易には実現しなかった．カリマンタン森林開発を日本で主導する主体が度々変化し，関連団体が複数併存したためである．例えば「宮元・三浦研究会」とは別個の会議体として，1959年4月，南方林業開発懇談会（以下，「懇談会」）が組成された．「懇談会」は，農林省，林野庁，通産省をはじめ，南方林業や亜南産業等の関係企業，大日本山林会や経団連等による会議体である．宮元・三浦も「懇談会」の委員に就任したが，宮元・三浦研究会も存続した．林野庁の目的は行政主導での早期検討にあったが[100]，外務省の参画は見られなかった[101]．また，木材業者間でも体制一本化に賛成する南方林業や長谷川商事と反対派の亜南産業で意見を異にしていた[102]．特に亜南産業の続木馨は，「イ国に於ける産業（殊に林業）は玄人筋（戦前派で授業料を山程たくさん払った）によってのみ成遂げられるものであって，前述素人筋（授業料を払っていない人）では絶対にできない[103]」と「懇談会」の組成に反対した．競合企業の新規参入に対する警戒感もあろうが，過酷な環境で事業に携わってきた経験者の弁ともいえる．

1959年5月に林野庁は，「インドネシヤ（カリマンタン地区）森林開発について」という内部資料を作成し，カリマンタン森林開発の構想を示した[104]（**図3**）．日本への木材供給を主目的としつつ，林業開発を梃としたカリマンタンへの人口誘致を見据えた構想であった．具体的には，まず日本側法人として投資会社を，インドネシア法人として開発会社を設立する．次に，輸銀が投資会社に必

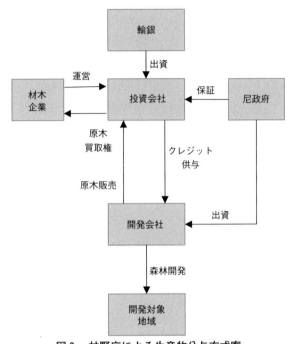

図3　林野庁による生産物分与方式案

（出所）　林野庁「インドネシア（カリマンタン地区）森林開発について」
より筆者作成.

要資金を出資し，投資会社から開発会社に資本財の貸付を行う．そして，開発
会社は生産された原木の一定量を投資会社に値引き販売し，値引き分を召還に
充てるという生産物分与方式だった．上記構想が直ちにインドネシア政府に対
して提案されたわけではないが，若干の修正を経て事業の仕組みとして確定し
ていくこととなった．

　実際にインドネシア政府に接触したのは，林野庁や「懇談会」ではなく「宮
元・三浦研究会」系の人物だった．ムスチカラット商事（長谷川商事インドネシ
ア拠点）の山鹿敬二である．宮元・三浦のインドネシア訪問時の面談相手の一
人であった山鹿は，宮元・三浦の構想を実現すべく，「カリマンタン林業開発
採算書」を取りまとめるなど様々な現地情報収集を行い，水面下でインドネシ

ア政府関係者にアプローチしていた。ただし，個人による活動には限界があった。インドネシア政府からすれば，日本側の開発構想が不明なまま，「宮元の知人」から情報の聴取を受けるばかりの状況だったのである。このため，ヌルハディらは，宮元発行の公式文書を提示するよう山鹿に求め，山鹿自身も宮元に文書発行の依頼を再三していた。山鹿は，インドネシア政府関係者や農林省アタッシェの山口二等書記官との間で調整に奔走したが，「山鹿の考えは先走りにすぎる。抑える必要がある」と宮元から非難されることになる。

　一民間人である山鹿が孤軍奮闘する背後で，日本側では体制構築が遅れていた。「懇談会」は 1959 年 5 月 6 日に南方林業開発委員会に改組され，委員長に小林準一郎（元王子製紙副社長），会長に三浦辰雄（元林野庁長官，参議院議員）が就任した。三浦伊八郎は同委員会の顧問として，宮元は同委員会カリマンタン部会の専門員として就任し，主導的な立場から後退した。しかし，委員会の設立が外務省に報告されたのは 7 月 8 日であった。また，1959 年 8 月 5 日，福田農林大臣が「日本はインドネシアとの林業開発に乗り出す」とコメントしたという報道がインドネシアで流れた。これに対し，インドネシアのメディア各社が日本政府に取材したところ，外務省は「そんな計画は初耳だ」と答え，農林省は「民間企業による交渉が行われている段階」と説明に追われた。8 月 10日，アンタラ通信は「スシロ長官が南ボルネオの森林資源を開発するインドネシア・日本合同企業提案には原則的に同意できないと発表」と報じた。この報道を受け，19 日に日本側林野庁長官から外務省事務次官宛てに初めてカリマンタン森林開発の経緯説明と協力要請がなされた。

　カリマンタン森林開発に関する情報連携の希薄さは，林野庁と外務省の間だけでなく，外務省と大使館の間にもみられた。1959 年 6 月時点で，黄田大使は宮元・三浦の意向を把握しており，三浦辰雄とも面識があった。また，同月 15 日には小林準一郎が訪日中のスカルノと会談し，ジャワの人口分散政策の観点から有意義な開発案件だと賛意を受けていた。しかし，外務省から大使館へは，南方林業開発委員会設立の一報があっただけで，交渉の進捗状況や日本

国内における調整状況の共有はなされず，黄田は不満を募らせた[114].

　結局，宮元・三浦の構想は山鹿を通じて非公式に展開され，「懇談会」やその後継である南方林業開発委員会とは，十分に情報の共有がなされていなかった．宮元は在日インドネシア大使館員バハーリンを連絡役とし，山鹿は農林省アタッシェの山口とともにヌルハディやハディベイとの調整を山口私邸で行っていた．このため，外務省への公式報告ラインを経由せずに，森林開発に向けた各種調整が進行していたのが実情だったのだろう．多種多様な人物・組織が本件に関与しつつ，相互の連携が希薄だったと言わざるを得ない．

(3)　日本政府への介入要請

　日本側の連携不足を解消するため，関係者を仲介する形で通産省が動きを見せた．通産省は，小林，三浦辰雄をはじめとする4名の調査団を派遣すると外務省に通達し，便宜供与を求めた[115]．1959年11月，三浦辰雄を団長とする予備調査団が派遣された．三浦辰雄は，宮本・三浦らによる「私的」活動との差異をインドネシア側に説明するとともに，日本側費用負担によるカリマンタンの航空写真撮影についてインドネシア空軍の了解を得た[116]．出発前，予備調査団が最も懸念したのは，国内移民政策とカリマンタン森林計画の関連であった[117]．そこで予備調査団のインドネシア到着に先立ち，黄田大使はスバンドリオ外相経由でこれら二つの論点を分離すべき旨申し入れた．スカルノは，両論点の関連を重視しながらも，移民についてはインドネシア側で費用を負担することを仄めかした．またスカルノは，スバンドリオ外相にカリマンタン森林開発に関する交渉を命じた[118]．両国において，カリマンタン森林開発を仕切りなおそうという機運が生じていたのであろう．

　通産省は，現地調査に必要な調査予算3000万円のうち，2000万円を同省の海外投資等基礎調査費から拠出し，現地調査の実現を目指した[119]．そして1960年5月，航空調査班を先発隊として調査団が出発した．団長の三浦辰雄をはじめ，初期からインドネシアとの折衝に携わってきた宮元，南方林業に所属しカ

リマンタンでの林業経験を持つ西川泰治の姿もあった[120].しかし,現地調査は難航を極めた.主要調査事項であった航空写真撮影はインドネシア国軍の判断で延期を余儀なくされた[121].また,調査対象地域は未開の原生林であり,調査団の往来や機材運搬もままならなかった.三浦辰雄自身,9月30日の帰国挨拶で,「全般的には質的,量的構成には十分期待が持てる」と前向きな見解を示したが,調査が不十分に終わったことを認めた[122].11月末,三浦辰雄は調査報告書の中で,開発の困難性を指摘しつつ,タラカン地区におけるササヤップ川上流地域をモデル地域[123]とし,「全知能と資金を投入[124]」して開発すべきと提言した.

　調査団は多くの課題を残したが,カリマンタン森林開発を経済協力案件として行うことは揺るぎないものとなった.外務省は,カリマンタン森林開発に係る日本側予算として,10年間で145億円の延払い輸出を計上した[125].また,宮元は「カリマンタン林業開発の事業化は専門家中の専門家たる経団連首脳に現状を以て一切お願いしよう[126]」と大規模資本の参画を募った.三浦辰雄による経団連への報告を経て,同年4月28日,経団連経済協力委員会は外務省,通産省,農林省,経済企画庁,大蔵省の担当局長と懇談会を開催し,カリマンタン森林開発の重要性に認識の一致を見た[127].

　ただし,スカルノの国内移民政策への執着はなおも懸念材料であり続けた.1961年6月,非公式来日中のスカルノは自民党の鹿島守之助対外経済協力委員と会談し,国内移民政策と森林開発の関係を改めて強調した[128].会談に参加した三浦辰雄は,想定してきたのは森林開発のみであるとスカルノに伝えるとともに,森林開発を行えば農地が増え,定住人口の増加にも繋がり得る旨の返答をした.同席した黄田は,「カリマンタンの森林開発は未だ道遠し」と嘆息を洩らした[129].南方林業開発委員会は移民受け入れを検討したが,結局は実現困難と判断した[130].スカルノの発言をめぐる事態収拾に積極的な動きを見せたのはサレーであった.1961年10月,小林・三浦辰雄達と会談したサレーは,国内移民政策を進めている点は事実としながらも,同政策に係る予算はインドネシア

政府が拠出すると明言し，日本側の不安払拭に努めた[131]．

　サレーの発言により国内移民政策との関連についての問題は収束を見せ，南方林業開発委員会は事業組成に向けた検討を加速化させた．その際，南方林業開発委員会は NOSODECO をモデルケースとしつつ，日本側林野庁案の生産物分与方式を導入することを決めた[132]．経団連はソ連の対インドネシア経済援助の増加を危惧し，森林開発の早期着手を勧告した[133]．同勧告に基づき，南方林業開発委員会はカリマンタン森林開発委員会に拡大改組された．同委員長には三浦辰雄が就任し，委員には亜南産業や南方林業をはじめとする商社が 18 社，林業業界 2 社，木材加工業界 18 社，その他 6 社が就任した[134]．

　同委員会で注目を集めたのは，北炭の政商，萩原吉太郎[135]（北海道森林工業社長）の参加であった．委員の大半を商社や木材業者が占める中，伐採事業に対応できる資本と実績を持つ萩原を，三浦辰雄は歓迎した[136]．一方，経団連をはじめ他の参加企業は，大物政商である萩原が主導権を握ることで，亜南産業や南方林業などの立場が弱まると懸念した[137]．この結果，萩原参画後の推進委員会の人事問題をめぐって参加企業と萩原が相互に牽制し，事業組成が停滞する事態が生じた[138]．

　また，経団連が本件推進のための基本事項に関する取極は両国政府間で行うべきと外務省に対して要望を出すなど紛糾は絶えなかった[139]．1962 年 1 月 12 日に開催された各省連絡会議では，民間主導でなされた NOSEDECO や SUNIDEDCO の前例を破り，政府間交渉を行うことの是非について，質問が集中した．外務省は，本件に関わる日本企業の結束の弱さを指摘し，政府間交渉を必要視した．そこで外務省は，政府間交渉に先立ち，関係企業の結束強化のために協力会社設立準備会を至急発足させることを提案した[140]．

　同提案を受け三浦辰雄は，生産物分与方式における投資会社としてカリマンタン森林開発協力株式会社（Kalimantan Forest Development Cooperation Co, Ltd.：FDC）を設立することを発表した．その一方，協力方式，事業規模，資金調達，債務保証，対第三国問題，技術センター・パイロット工場設置に関する構想に

ついて，政府間交渉によって基本線を打ち出してほしいと三浦辰雄は要望した[141]．
企業間調整が難航する中，カリマンタン森林開発は官主導のものになりつつ
あった．一方，インドネシア側では着々と体制整備が進んだ．1962年5月，
インドネシア国営林業公社（B.P.U. Perusahaan Kehutanan Negara Indonesia：
PERHUTANI）が設立され，総裁にスジョノが就任した．

　1962年8月，インドネシア政府へのサウンディング活動のため，外務省は
南方林業，丸紅飯田，林野庁から各1名の職員を派遣した．これら3名は，30
日間にわたってインドネシア国営林業公社と交渉し，FDC設立準備会の作業
工程を具体化した．その結果，準備会名義でインドネシア国営林業公社と基本
協定（Preliminary Agreement）を締結し，その後開発地区ごとにクレジット供与
に係る一般協定（General Agreement）を締結することとなった[142]．これら協定は，
12月の両国間協議を経て，1963年5月に締結された．

　基本協定および一般協定の締結に伴い，日本側でも萩原を筆頭とする発起人
により，契約主体となるFDCの正式設立が進められた[143]．1963年6月20日，
準備会構成企業27社および三浦辰雄個人の出資による株式会社として，FDC
はその設立をみた．発起人代表と会長には萩原が就任し，三浦辰雄は社長に就
任した[144]．以後，生産物分与方式に基づく経済協力案件として，180万ドルのク
レジットを供与し，全原木生産量の65.8%を有償で，4.2%を無償で日本側へ
引き渡すべく，事業が進められた．

　以上のように，カリマンタン森林開発は，NOSODECOやSUNIDECOとい
う先行事例があるにも関わらず，日本側の体制をめぐって度々空中分解の危機
に直面した「難産」の子だった．NOSODECOやSUNIDECOが軍政期におけ
る産官軍の遺産を活用できたのに対し，カリマンタンの森林開発にはそうした
要素が希薄だったとも一因かもしれない．また，林野庁と外務省，そして日本
大使館の間での情報連携の仕組みにも問題があった．さらには，国内移民政策
という，日本企業が対応可能な範囲を超える問題との関連もまた，日本企業が
「官」主導を要望する背景になったのであろう．

おわりに

　本章のまとめとして，日本の対インドネシア経済進出過程において，生産物分与方式の経済協力3案件が果たした意義について考察する．

　第一に，北スマトラの石油開発，スラウェシ島のニッケル開発，カリマンタンの森林開発といった事例には，戦前戦後の連続性を見出すことができる．石油とニッケルに関しては，蘭英資本の開発運営会社であるBPMやOBMを日本軍が接収した上で，帝国石油や住友鉱業等に運営委託がなされた．BPMやOBMは，1950年代後半の外資排斥を経てインドネシア国営企業となった．カリマンタンの森林開発について日本の木材業者が植民地期以降活動しており，戦後はインドネシア政府が開発運営会社を新設した．人材面でも戦前と戦後の連続性を見出すことができる．NOSODECOは西嶋重忠（千代田商会），中谷義男（ジャワ軍政監部通訳），宮山滋夫（第16軍兵士）を登用し，インドネシア政府との調整に当たらせた．SUNIDECOにおいても清水斉（ジャワ軍政監部宣伝部を経て日商）を引き込み，渉外担当に登用した．カリマンタン森林開発でも宮本静雄（第16軍参謀），続木馨（ボルネオ物産，阿南産業）などの存在があった．すなわち，軍政期にインドネシア政財界と関係を築き，現地事情を熟知した「軍政期人脈」が活用されたのである．

　第二に，軍政期との連続性を持つ日本企業の活動を，インドネシアが受容した理由の共通性である．第3章で述べたとおり，インドネシアは西洋植民地主義的な外国資本を排除しつつも外国企業の経営技術を希求した．それは本章で述べた事例においても確認できる．石油に関しては，BPMの接収後に経営及び開発技術の提供が日本に求められていた．ニッケルに関しては，国営化にも休山が続くポマラ鉱山の運営主体をインドネシア政府が模索し，日尼通商友好条約締結の象徴としようとした．森林開発についても，総合8カ年計画履行のためにインドネシア政府は日本企業を歓迎した．すなわちインドネシアは，経

済的独立のために軍政期日本の経済的野心とその遺産を受け入れるという選択をしたのだった.

　第三に，これら経済協力案件が西側陣営の中で冷戦遂行の手段として位置付けられたことである. 米国は，対中国政策として日本とインドネシアの経済関係を深化させることや，NSC-6023 を通じたスマトラ，スラウェシ，カリマンタンの資源確保と政治的安定の実現を目指した[145]. 米国は NOSODECO が米系石油会社の脅威にはならないと認識し，その動向を静観した. SUNIDECO や FDC についても，第5章で述べるとおりマレーシア紛争を通じてインドネシアから撤退していくイギリスが，インドネシアの共産化防止の手段として期待を寄せるようになる[146].

　第四に，経済協力案件の組成過程における産官の構図に見出せる一定の共通性である. すなわち，軍政期にインドネシアで事業経験を持つ日本企業が，戦後に再進出を目指して体制を一本化し，インドネシア政府と交渉するという手法である. そして，日本企業による交渉の難航や体制瓦解の危機が生じた際には，日本政府が必要な支援を行うという関係がみられた. 帝国石油に起源を持つ石油関係団体や企業が小林グループを構成し生産物分与方式を PERMINA に提案する一方，外務省は国際法上の観点から蘭英に抗弁する模索し，小林グループの活動の合法性を担保しようとした. ニッケル分野においても，住友金属鉱山を中心とするスラウェシ懇談会が設立され，外務省は日商（清水斉）のスラウェシ懇談会への引き込みを通じて日本側体制一本化を支援し，通産省はスラウェシ懇談会の活性化支援を行った. 森林開発においては中核組織が度々変わったが，亜南産業や南方林業は常に交渉主体の中に存在し続けた. 日本政府機関内での連携不足は見られたが，三浦辰雄の要請を受ける形で政府間交渉に乗り出していった.

　以上，本章で述べてきたように，戦後日本の対インドネシア経済協力は，軍政期における産官軍の遺産を活用する形で推進されたものである. しかしだからと言って，その背景に戦前期の大アジア主義や暴力的膨張主義が継続してい

たとは断定できない．例えば，亜南産業は 1959 年 8 月の時点で，「インドネシアの発展を心から念願するものでなくては出来得ざること」とその理念を掲げ，「戦争中の浅き強制作業による経験を以て当地開発を希望する方々」の参画は事業の失敗要因ひいては両国関係の障害となると懸念していた[147]．すべての関係者の認識を詳らかにすることは困難であるが，戦前期から軍政期という激動の時代をインドネシアで経験した人々の，かつての駐留地に対する思慕と駐留地で自己が為した行為への内省という複雑な感情が併存していたのではないだろうか．

注

1）1960 年代半ば以降，日本経済界では民間経済外交展開の必要性が論じられるようになっていった．この背景には，企業の海外進出に十分な支援を展開できていない在外公館に対する不満や，経済分野での外交交渉を財界が支えてきたという自負があったとされる ［高瀬 2013：24］.

2）同社は木下茂が 1932 年に岩井商店から独立して設立した商社であり，インドネシア賠償案件の受注で事業を拡大した．木下茂は政商として岸信介と親交を持ち，木下商店を日本最大の鉄鉱石輸入商社に成長させた．1965 年，木下商店は三井物産に吸収合併された.

3）ただし，PERMINA は 1957 年 12 月の時点で米国 Refining Oil 社との間に月間 1 万 5000 トンの原油販売契約（2 年間）を締結していた．Refining Oil は富士興産を通じて日本に原油を販売し，丸善石油が顧客となる予定であった．丸善石油は，富士興産及び木下商店双方に対して，原油調達の意向を示していた．こうした経緯があり，PERMINA と木下商店の合意においては，Refining Oil 社向け 1 万 5000 トンを差し引き，残量の 3 万 5000 トンが木下商店への販売分とされた.

4）通商産業省鉱山局「インドネシア北スマトラ油田よりの原油輸入ならびに同油田の復旧および共同開発について」，1958 年 6 月 16 日，戦後期外務省記録，リール番号 E'-0214.

5）PERMINA 発木下商店宛「パランガン・スス原油に関する件」，1958 年 4 月 23 日，戦後期外務省記録，リール番号 E'-0214.

6）木下商店発外務省宛「文書管理番号　當 2 油 33-27」，1958 年 6 月 23 日，戦後期外務省記録，リール番号 E'-0214.

7）ブリヂストンタイヤ株式会社「北スマトラ油田及び製油所現況調査報告概要」，1958 年 7 月，戦後期外務省記録，リール番号 E'-0214.

8）1925 年にゴム靴製造に着手し，朝鮮，南洋，欧米に販路を築いた．第二次世界大戦

中には, 戦闘機や軍事車両用タイヤの製造を手掛け, 三菱重工や中島飛行機に納入した.
なお, タイヤの原材料であるブタジエンゴムは石油化学製品であるため, 同社は石油の
安定調達を必要視した.

9) 木下発三村宛, 文書名不明, 1958 年 7 月 22 日, 戦後期外務省記録, リール番号 E'
-0214.

10) UPI 東京電の報道によれば, 木下商店側の計画は, 日本がインドネシアに対して 2
カ年にわたり沿岸航路用船舶 (貨客船 15 隻, 貨物船 35 隻, 哨戒艇 15 隻, 練習船 1 隻)
を輸出し, その代わりに 10 カ年にわたりインドネシアから 1 億 1000 万 t の原油を輸入
するもの.

11) 高木発藤山宛「木下商店のバーター取引の報道に関する件」, 1958 年 7 月 9 日, 戦後
期外務省記録, リール番号 E'-0214.

12) 高木発藤山宛「木下商店の船舶, 原油バーター計画に関する当地の報道ぶりに関する
件」, 1958 年 7 月 17 日, 戦後期外務省記録, リール番号 E'-0214.

13) 小林は戦前に富国徴兵保険を経て戦後には東京急行電鉄社長, 生命保険協会会長を歴
任した財界人である. 1951 年に日本開発銀行が設立された際には, 吉田茂から総裁就
任の引き合いを受けるほど政界にも通じた政商であった.

14) 木下発三村宛, 文書名不明, 1958 年 7 月 22 日, 戦後期外務省記録, リール番号 E'
-0214.

15) 同会合の合意内容は, 特定個社の主催を匂わせないための調査団名称への配慮や, 調
査団へのブリヂストンの参加などに留まった.

16) 木下発三村宛 同上史料.

17) 同上史料.

18) 同上史料.

19) 内容の趣旨は次のとおり. ① PERMINA から招聘状を受けている企業を支援するこ
とは個社支援に該当しないこと. ② 木下商店への技術者派遣が個社支援だというので
あれば, 石油資源開発㈱は今後いかなる企業に対しても技術者派遣をすべきでないこと.
③ 技術者には限りがあるのだから, ブリヂストンよりも早期に派遣を要請し了承を受
けた木下側に派遣すべきこと. ④ 高木臨時代理大使からも PERMINA との関係は了承
を受けており, 調査団の早期派遣を要請されていること.

20) 調査団長松沢達夫「ストー大佐宛提出の報告書」, 1958 年 11 月, 戦後期外務省記録,
リール番号 E'-0214.

21) 外務省経済協力課「北スマトラ石油開発計画について 第 1 インドネシア側と日本
側グループの交渉経緯」, 1959 年 7 月 6 日, 戦後期外務省記録, リール番号 E'-0214.

22) 小林発ストー宛, 文書名不明, 1959 年 6 月 24 日, 戦後期外務省記録, リール番号 E'
-0214.

23) 外務省欧西課「6 月 18 日付オランダ大使館エード・メモワールに対する回答案」,
1958 年 7 月 31 日, 戦後期外務省記録, リール番号 E'-0214.

24) 同上史料.

25）外務省経済協力課「北スマトラ石油開発計画について」，1959 年 7 月 6 日，戦後期外務省記録，リール番号 E'-0214.

26）同上史料.

27）同上史料.

28）同上史料.

29）同上史料.

30）口上書では，① シェルは本件鉱区に対する権利の行使をインドネシア政府によって妨げられたが，② インドネシア政府との間に補償問題の解決の努力を重ねている，③ よってイギリス政府は，北スマトラ油田開発計画に対する日本の許可について，同補償問題が解決するまで保留することを希望する，とされた.

31）同上史料.

32）具体的には，外務省の懸念は下記 2 つの点に集約された．① 日本政府が北スマトラ石油開発に融資を行うことが，インドネシア政府による補償なき接収を「扇動」することを意味し，イギリス権益の侵害として日本政府に国際法上の責任が発生するのか．② 日本の融資の結果採掘された石油が日本に輸入され，BPM がその石油の所有権を主張して日本裁判所に提訴した場合，どのような法律問題が生じるのか.

33）同上史料.

34）朝日新聞「まず協力会社設立」，1960 年 2 月 19 日.

35）毎日新聞「会長に三村氏推す」，1960 年 2 月 16 日.

36）小林グループ「協定書」，1960 年 2 月 18 日，戦後期外務省記録，リール番号 E'-0214.

37）外務省経済協力部長発黄田宛「北スマトラの石油会社に対する輸銀融資の再検討等について」，1961 年 4 月 22 日，戦後期外務省記録，リール番号 E'-0215.

38）同上史料.

39）朝日新聞「海外石油開発への政府援助は不適当」，1960 年 3 月 1 日.

40）Foreign Service Dispatch, "Japanese Plan for Development of Permina Oil Fields", Jakarta to DOS, March 1, 1960, *Confidential U. S. State Department Central Files*, Indonesia 1960-January 1963, Internal Affairs and Foreign Affairs, Reel 15.

41）前 2 者の資料については，1961 年 7 月に NOSODECO が策定した「北スマトラ油田復旧開発探鉱長期計画書」と様式・内容ともに類似している．また，後者 2 種については，日本外務省経済協力課が作成した交渉経緯の総括文書と同一様式の書類とみられる．このため，NOSODECO や経済協力課が作成した文書が，在尼米国大使館に渡ったのであろう.

42）Incoming Airgram, 3336: G-280, Tokyo to DOS, April 15, 1960, *Confidential U.S. State Department Central Files*, Indonesia 1960 — January 1963, Internal Affairs and Foreign Affairs, Reel 15.

43）Foreign Service Dispatch, "Japanese Indonesian Exploitation of North Sumatra Oil Resources", American Consulate Medan to DOS, December 16, 1960, *Confidential U.S. State Department Central Files*, Indonesia 1960-January 1963, Internal Affairs and

Foreign Affairs, Reel 16.

44) Shell が保有していた石油の販売代理業の利権はインドネシア政府に接収され，Stan-vac や Caltex などの米系石油会社の法人税率の引き上げも進められた．また，米系石油会社も生産物分与方式による契約に転換しなければ，石油輸出を規制するというという要求がなされた．こうした結果，米系石油企業は生産物分与方式に類似した契約を国営石油会社の一つである PERMINDO と締結し，体制変更を余儀なくされた．

45) Embassy Telegram, 1728, "Current Oil Situation", Jakarta to Herter, December 23, 1960, *Confidential U.S. State Department Central Files*, Indonesia 1960-January 1963, Internal Affairs and Foreign Affairs, Reel 16.

46) 毎日新聞「小林中氏政府を非難」，1960 年 3 月 3 日．

47) 通商産業省「北スマトラ石油開発に関する会議議事録」，1960 年 3 月 23 日，戦後期外務省記録，リール番号 E'-0215.

48) 佐藤は京都帝国大学を卒業後，1917 年に三井鉱山株式会社に入社し，三井金属鉱業株式会社社長，沼津焼鋼株式会社社長を歴任した．

49) 北スマトラ石油株式会社「事業概況」，1961 年 3 月，戦後期外務省記録，リール番号 E'-0215.

50) 外務省経済協力部経済協力課「北スマトラ石油開発に対する政府関係機関よりの融資等について閣議了解を求める件」，1962 年 7 月 15 日，戦後期外務省記録，リール番号 E'-0215.

51) 占領期間中には財閥商号の使用が禁止されていたため，住友鉱業は井華鉱業（1946 年 1 月～1950 年 3 月），別子鉱業（1950 年 3 月～1952 年 6 月）と改称を重ねた．講和条約発効後には，住友の商号を復活させ，社名を住友金属鉱山に改称している．

52) 古河財閥の中核企業．明治期に足尾銅山の経営で事業を拡大し，戦後は財閥解体後にも「古河グループ」と称し，鉱山開発や電線製造を行っていた．

53) 日本鉱業協会調査部長田村茂利，文書名不明，発行年不明（4 月 5 日の表記有），戦後期外務省記録，リール番号 E'-0215.

54) 発行者不明「インドネシアのニッケルと鉄の開発問題（上島清蔵氏構想抜粋）」，発行年不明，戦後期外務省記録，リール番号 E'-0215.

55) 『インドネシア共和国ポマラ地区ニッケル精錬所建設計画調査報告書』海外技術協力事業団，1972 年．

56) 発足当時の名称はセレベス懇談会．スラウェシ（Sulawesi）の日本語表記には複数ある．本件においては 1962 年 5 月 4 日付スラウェシ懇談会作成の「スラベシ等のニッケル資源開発協力に関する件（案）」までは「スラベシ」という表記がなされていたが，同文書に「『スラウェシ』なるべし」との手書きメモが残っており，以降は「スラウェシ」で史料上の表記が統一されている．

57) 日本鉱業協会，文書名不明［通産省鉱山局発「セレベスにおけるニッケル鉱区の開発について」1957 年 7 月 17 日　の別添資料と考えられる．］，戦後期外務省記録，リール番号 E'-0215.

58) 三井物産発黄田宛「セレベス，ニッケルノコト」，1960年2月19日，戦後期外務省記録，リール番号 E'-0215.

59) 日商は戦前期の鈴木商店の破綻後，同社の商事部門を鈴木商店子会社の日本商業が事業継承して設立された会社である．1929年にはジャワ島からの砂糖輸入でインドネシア事業を成功させ，1935年にはスラバヤでの屑鉄回収・伸鉄事業とジャワでの麻袋製造事業を展開した．

60) 黄田発小坂宛「スラウェシ島のニッケル鉱山開発に関する件」，1960年10月4日，戦後期外務省記録，リール番号 E'-0215.

61) 戦後期外務省記録においては，サレーを建設・開発大臣と表記しているが，当時のサレーは複数の大臣級ポストを兼任している．本章では，資源分野が争点となっていることから，本文中の表記を基礎産業・鉱業大臣で統一する．

62) ハイル・サレー発清水宛「ニツケル鉱山開発精錬に関する件」，1955年2月10日，戦後期外務省記録，リール番号 E'-0215.

63)「スラウェシ島のニッケル鉱山開発に関する件」，同上史料．

64) 同上史料．

65) スラウェシ懇談会発黄田宛，文書名不明，1960年10月，戦後期外務省記録，リール番号 E'-0215.

66) 黄田発小坂宛「スラウェシのニッケル鉱山の開発の件」，1960年10月22日，戦後期外務省記録，リール番号 E'-0215.

67) 清水発関宛「経済協力（鉱山開発協力に関する件）」，1961年2月13日，戦後期外務省記録，リール番号 E'-0215.

68) スラベシニッケル資源開発協力会社設立準備委員会「スラベシ島ニツケル資源開発計画（概要）」，1961年6月，戦後期外務省記録，リール番号 E'-0215.

69) スラベシ懇談会「スラベシ島のニッケル資源開発協力に関する件（案）」，1961年5月4日，戦後期外務省記録，リール番号 E'-0215.

70) 田村茂利「インドネシヤ事情とニッケル開発問題」，発行日不明，戦後期外務省記録，リール番号 E'-0215.

71) スラウェシニッケル資源開発協力会社設立準備委員会「スラウェシニッケル使節団報告書」，1961年8月，戦後期外務省記録，リール番号 E'-0215.

72) Perusahaan Negara Pertambangan Nickel Indonesia

73) 同上史料．

74) 同上史料．

75) スラウェシニッケル開発協力株式会社「会社設立の経過並びに趣旨」，1961年10月，戦後期外務省記録，リール番号 E'-0215.

76) 出資者は次のとおりである．精錬5社：5000万円（住友金属鉱山，日本鉱業，日本冶金工業，志村化工，太平洋ニッケルから各1000万円）．商社11社：2200万円（三井物産，三菱商事，住友商事，木下産商，日商，野村貿易，高田商会，野崎産業，丸紅飯田，飯野産業，伊藤忠商事より各200万円）．インドネシア鉱業開発協力（清水斉の設

立企業）：200 万円．寺崎豊：100 万円．

77) 田村茂利・スロジョ「議事録」，1961 年 10 月 24 日，戦後期外務省記録，リール番号 E'-0215.

78) SUNIDECO「スラウェシニッケル使節団報告書（第二回）」，1962 年 2 月，戦後期外務省記録，リール番号 E'-0215.

79) 返済が不可能であった場合にはニッケル・インドネシアから延滞金が支払われ，インドネシア中央銀行が延滞金支払を保証することとなった．

80) スラウェシニッケル開発協力会社発外務省経済協力部長宛，文書名不明，1962 年 10 月，戦後期外務省記録，リール番号 E'-0215.

81) 日本冶金工業から協調融資を要請されていた大和銀行が，協調融資の条件として日本冶金工業の役員一新を求め，三村を推薦したためであった．

82) 日本南洋材協議会「南洋材史座談会」1975 年，大日本山林会林業文献センター 650.2N.

83) 「インドネシヤ（カリマンタン地区）森林開発について」林野庁林産課，1959 年 5 月，大日本山林会林業文献センター 650.2R.

84) 南洋興発株式会社は，第一次世界大戦後の南洋群島開発を目的に，東洋拓殖の 70% 出資で，サイパンで 1923 年に設立された国策企業．戦後，GHQ の指示で解散したが，1950 年には元社長栗林徳一により栗林商会傘下に南洋貿易が設立されている．南方林業と南洋貿易の社長がともに栗林であったことをふまえると，南方林業は南洋貿易の関連企業と考えられる．なお，第一章で言及した「南洋林業株式会社」も東洋拓殖系列であるが，戦後の南方林業との資本面・人的側面での関連は明らかではない．

85) 南方林業開発委員会カリマンタン部会「カリマンタン森林資源調査　説明資料」1959 年，大日本山林会林業文献センター 650.2N.

86) 研究会「インドネシア林業総合開発計画書──カリマンタン地区」1958 年 8 月，1 頁，大日本山林会林業文献センター 650.2K.

87) 同上史料，22 頁．

88) 同上史料，20-21 頁．

89) バハーリン・ヤヒヤは 1957 年段階では在神戸インドネシア領事館の書記官であり，関西インドネシア協会の常任理事に就任していた．なお，史料によってはバーリン・ヤヒヤとも表記されるが，本書では宮元・三浦らの発行史料の表記に依拠し，バハーリン・ヤヒヤで統一表記する．

90) 陸軍少将．第 16 軍参謀長兼ジャワ軍政監を経て 1950 年に帰国．1965 年には自民党から参議院議員に当選，農林政務次官や日本インドネシア協会顧問などを歴任した．

91) 農業経済学者．東京帝大経済学部教授，ジャワ島司政長官を経て，戦後には農業基本問題調査会会長，フィリピン賠償全権団団員等を経て，アジア経済研究所初代所長に就任．

92) カリマンタン林業開発研究会「カリマンタン林業開発に対するインドネシア側の空気」［以下，「空気」と略記］，1959 年 1 月 1 日，大日本山林会林業文献センター 650.

2M.

93）同上史料.

94）三浦伊八郎・宮元静雄「インドネシヤ国の南方材資源開発に関する調査報告」，1959年1月26日，大日本山林会林業文献センター 650.2M.

95）同上史料.

96）スシロ発三浦宛「森林企業に関する日本とインドネシアの提携」，1959年2月25日.（「空気」第2号，1959年3月15日），大日本山林会林業文献センター 650.2M.

97）同上史料.

98）亜南産業発宮元宛，文書名不明，1959年4月24日，（「空気」第3号，1959年4月25日），大日本山林会林業文献センター 650.2M.

99）同上史料.

100）森林資源総合対策協議会発外務省経済協力部長宛「三四林総協第7号　南方林業開発懇談会の開催について」，1959年4月6日，戦後期外務省記録，リール番号 E'-0215.

101）外務省経済局経済協力部長が参画する検討がなされたものの，懇談会名簿には明確な氏名の記載はない．このため，外務省の参画は見送られた可能性がある.

102）亜南産業発山崎宛，文書名不明，1959年4月17日（「空気」第4号，1959年4月29日），大日本山林会林業文献センター 650.2M.

103）続木馨「南ボルネオ林業開発」亜南産業株式会社，1959年8月21日，11頁，大日本山林会林業文献センター 650.4Z.

104）林野庁林産課「インドネシヤ（カリマンタン地区）森林開発について」，1959年5月，大日本山林会林業文献センター 650.2R.

105）山鹿敬二「カリマンタン林業開発採算書」カリマンタン林業開発研究会，1959年1月25日，大日本山林会林業文献センター 651.8Y.

106）山鹿発宮元宛「第一」，1959年5月29日，（「空気」第7号，1959年6月5日），大日本山林会林業文献センター 650.2M.

107）ハディベイ発パハーリン宛，文書名不明，1959年6月8日，（「空気」第8号，1959年6月16日），大日本山林会林業文献センター 650.2M.

108）本件では三浦伊八郎（元東大農学部長）と三浦辰雄（元林野庁長官）の2名が存在する．混同を防ぐため，本章では原則的に三浦伊八郎を「三浦」と表記し，三浦辰雄はフルネームで「三浦辰雄」と表記する.

109）南方林業開発委員会発藤山愛一郎宛「34　南林委第6号」，1959年7月8日，戦後期外務省記録，リール番号 E'-0215.

110）黄田発藤山宛「カリマンタン林業開発の件」，1959年9月1日，戦後期外務省記録，リール番号 E'-0215.

111）朝日新聞夕刊 「日・イ合弁，同意できぬ」 1959年8月11日.

112）山崎発外務事務次官宛「南方林業開発委員会のインドネシア政府に対する挨拶状の□□［判読不能］依頼について」，1959年8月19日，戦後期外務省記録，リール番号 E'-0215.

113）南方林業開発委員会，前掲史料，29 頁.

114）「カリマンタン林業開発の件」，前掲史料.

115）通産省通政局発外務省経済局長宛「海外投資基礎調査（カリマンタン森林資源予備調査）に関する□□［判読不能］について」，1959 年 9 月 18 日，戦後期外務省記録，リール番号 E'-0215.

116）南方林業開発委員会「Kalimantan 森林資源調査のための対 Indonesia 予備交渉経緯」1960 年 10 月，3 頁および 12 頁，大日本山林会林業文献センター 650.2N.

117）同上史料，2 頁.

118）黄田発岸田宛「インドネシア・スバンドリオ外相の訪日に関する件」，1959 年 9 月 29 日，戦後期外務省記録，リール番号 E'-0215.

119）外務省経済局「経済局特別情報第 260 号」，1960 年 1 月 14 日，戦後期外務省記録，リール番号 E'-0215.

120）発行者不明「カリマンタン森林資源調査団員略歴」，発行年月日不明，戦後期外務省記録，リール番号 E'-0215.

121）小川発藤山宛「カリマンタン林業調査実施に関する中間報告について」，1960 年 7 月 19 日，戦後期外務省記録，リール番号 E'-0215.

122）三浦辰雄「帰国挨拶要旨」，1960 年 9 月 30 日，戦後期外務省記録，リール番号 E'-0215.

123）モデル地域選定に際しては，伐採地から船積み地への近接性，後背地域の広大さ，淡水貯水場の存在，雇用のしやすさ，人口の多さなどの観点から検討がなされた.

124）日本政府調査団「カリマンタン森林開発に伴う海外事情調査報告書」，1960 年 12 月，戦後期外務省記録，リール番号 E'-0215.

125）外務省経済協力部「カリマンタン森林開発計画概要」，1961 年 4 月 17 日，戦後期外務省記録，リール番号 E'-0215.

126）宮元静雄「カリマンタン林業開発促進法」1960 年 10 月 31 日，11 頁，大日本山林会林業文献センター 651.1M.

127）カリマンタン林業開発世話人会事務局「カリマンタン森林開発問題の経緯」1962 年 1 月 31 日，3 頁，大日本山林会林業文献センター 650.2K.

128）外務省経済協力部「カリマンタン森林開発に関する件」，1961 年 6 月 28 日，戦後期外務省記録，リール番号 E'-0215.

129）同上史料.

130）同上史料.

131）カリマンタン林業開発世話人会事務局，前掲史料，10-11 頁.

132）南方林業開発委員会「カリマンタン森林開発協力事業仕組の概要（第 3 次案）」1962 年 1 月 31 日，9 頁，大日本山林会林業文献センター 650.2N.

133）経団連経済協力委員会「対インドネシア経済協力政策とカリマンタン森林資源開発協力問題にかんする考え方について」，1961 年 11 月 30 日，戦後期外務省記録，リール番号 E'-0215.

134) カリマンタン森林開発推進委員会「推進委員会結成のご挨拶とお願い」, 1962 年 3 月 1 日, 戦後期外務省記録, リール番号 E'-0215.

135) 萩原は 1940 年に北海道炭礦汽船（北炭）に入社した後, 戦時中は空知炭鉱に勤務した. 1955 年には同社社長に就任して石炭業界に大きな影響力を持つとともに, 児玉誉士夫とも親交を持つ政商となった. 萩原は北炭子会社として北海道森林工業を設立し, 同社の伐採技術等を用いてカリマンタンの森林開発に進出しようとしていた. 1961 年 11 月 8 日には, 日本インドネシア経済開発協力会を発足させ, 1962 年 5 月にはインドネシアでの現地視察を予定していた.

136) 外務省経済協力部長発黄田宛「カリマンタン森林資源開発に対する国内体制について」, 1962 年 3 月 10 日, 戦後期外務省記録, リール番号 E'-0215.

137) 同上史料.

138) 同上史料.

139) 同上史料.

140) カリマンタン林業開発世話人会事務局, 前掲史料, 17-18 頁.

141) カリマンタン森林開発推進委員会「カリマンタン森林開発についての陳情」, 1962 年 3 月 1 日, 戦後期外務省記録, リール番号 E'-0215.

142) 吉良発大平宛「カリマンタン森林開発に関する件」, 1962 年 11 月 12 日, 戦後期外務省記録, リール番号, E'-0215.

143) カリマンタン森林開発協力株式会社設立準備会「目論見書」, 1963 年 6 月 7 日, 戦後期外務省記録, リール番号 E'-0215.

144) 外務省経済協力局「インドネシア・カリマンタン森林開発協力に関する件」, 1963 年 6 月 20 日, 戦後期外務省記録, リール番号 E'-0215.

145) Attachment, Underhill to Mein, "Indonesian Foreign Policy Reappraisal", June 11, 1959, FRUS, 1958-1960, Vol.17, p. 397.

146) NSC 6023, "Draft Statement of U.S. Policy on Indonesia", December 19, 1960, FRUS, 1958-1960, Vol.17, p. 579.

147) 亜南産業株式会社「Balik Papan 地区森林調査報告書」, 1959 年 8 月 23 日, 大日本山林会林業文献センター 650.4Z.

第 5 章

日尼関係の深化と政権移行

はじめに

　日本企業がかつての産官軍の遺産を活用しつつ生産物分与方式によって組成した経済協力は，日尼経済関係を深化させるとともに，両国を取り巻く西側諸国の対尼政策に影響を与えるものであった．では，経済協力の組成及び実施過程を取り巻く国際関係はいかなるものであったのだろうか．池田政権は，岸のインドネシアに対する外交方針をどのように継承・発展させたのか．そして，スカルノからスハルトへの権力移行というインドネシアの政治変動を通じ，経済協力はどのように変容したのか．本章では，1950 年代末から 1960 年代後半までのインドネシアをめぐる日本，米国，イギリス，オーストラリアの関係を整理するとともに，日本の経済協力とインドネシアの脱植民地化，そして冷戦の関係を浮き彫りにする．

　まず，池田政権が対インドネシア外交を積極化していった過程を考察する．具体的には，池田の通商政策観や所属倍増を目的とした経済外交を振り返るとともに，カレル・ドールマン号事件と日尼友好通商条約の締結を通じて池田がインドネシアに注目していく過程を示す．また，サレー基礎産業・鉱業大臣との経済協力の推進に向けた議論を論じ，池田の対インドネシア積極介入の背後にあった事情を論じる．

　次に，「指導される民主主義」期において，米国の支援により策定した総合 8 カ年計画が十分に機能せず，インドネシアが有効な経済政策を展開できないまま西イリアン問題等の軍事問題に注力した姿勢を論じる．そして，マレーシ

アとの対決姿勢が強化される中で，オランダに次ぐ経済規模を持った「帝国」イギリスがインドネシアから撤退していく過程を論じる．また，英米のインドネシアへの関与が希薄化していく中，オーストラリアが日本の対インドネシア経済協力に対して寄せた期待と警戒について述べる．そして，これら諸国とは対照的に，マレーシア紛争の仲裁に積極的姿勢を見せ，経済協力の推進を図った日本の動向を述べる．

　ただし周知の通り，1965年という年は，日尼両国関係にとって大きな転換点となった．前年に癌に倒れ退陣した池田は病床でその生涯を終えた．インドネシアの国父として国民から敬意を受けたスカルノも，9・30事件を契機にインドネシアの表舞台から姿を消すことになったのである．日尼関係をめぐる関係者の構図は変容を余儀なくされ，新たに大統領となったスハルトの下で再編されていくこととなった．本章では，こうした政権移行を通じ，日本の経済協力がどのように継続あるいは変容したのかを論じる．具体的には，スカルノの権力基盤の均衡が崩壊し，9・30事件によってスカルノの政治的生命が終焉に向かっていく過程を述べる．その後，スハルト政権下における外国資本導入の制度化により，日本の対インドネシア経済協力の基層にあった軍政期人脈を活用したアプローチ方法が後退していく過程を示す．

1　西側陣営の撤退と日本の積極化

(1)　カレル・ドールマン号事件と池田外交

　池田勇人のインドネシア外交が形作られる過程とはどのようなものであったか．池田勇人は，所得倍増計画に代表されるように，国内の産業振興及び雇用創出を通じた国民生活向上に注力した宰相として知られる．外交面では，吉次公介［2009：252-253］が指摘するように，日米欧協力体制の下で東南アジア諸国を西側陣営に組み入れようと自主外交を展開した．また，波多野澄雄・佐藤晋［2007：80-84］が指摘するように，対中封じ込めを目的として東南アジアに

経済援助を行うという「日本モデル」の構築を目指した．内政と外交の関係において，入江昭［2000：127］が指摘するように，所得倍増実現のために必要な外交を展開するという「所得倍増外交」という要素もあった．

　池田の東南アジア認識の形成は，通産大臣時代にも垣間見られる．1960年1月，池田は自由貿易体制へ貢献を通じた「黄金の60年代」実現に向けて通商産業政策の方向性を示し，欧米市場の開拓と東南アジアの潜在的輸入需要に応えるための経済協力を重視した［池田1960：2-5］．一方，首相就任後の池田の初期外交政策は欧米を中心に据えたものだった．池田は「イコールパートナーシップ」というスローガンの下，日米関係の緊密化と対等化を目指した．またGATT35条援用撤廃やOECD加盟を進め，欧州市場への企業進出を目指した．鈴木宏尚［2013：203］が指摘するように，池田は安保闘争後の国内分裂状況を終息させることで，「自由陣営の一員」としての地位を再び確立し，政治経済両面での国際地位向上を目指した．政治から経済への「チェンジオブペース」の中，「所得倍増外交」を展開したのだった．鄭敬娥［2014：97］によれば，こうした事情こそ池田のアジア外交が「意図された消極性」を特徴としていたと評される所以である．

　このような池田外交の初期段階において，東南アジア外交は既存路線の踏襲が目立った．池田は新たな開発構想を打ち出すよりは，岸政権期のアジア開発基金構想を基に海外経済協力基金を発足させたほか，アジア生産性機構や海外技術協力機構，海外青年協力隊の設立など既存政策を拡大させる方針を示した．一方，対インドネシア外交を中心として，池田が経済領域のみならず政治領域の外交に積極化していった点も看過できない．

　池田がインドネシアの政治問題に関与し始めた契機としては，カレル・ドールマン号（Karel Doorman）事件を挙げることができよう．1960年3月，オランダはカレル・ドールマン号を主力とする第五艦隊を西イリアン海域へ派遣した．同年6月，オランダは，日蘭修好350周年記念行事の一環として，同艦隊を横浜に寄港させることを日本政府に打診した．当初日本側は消極的な姿勢を示し

たが8月にはオランダから正式に入港許可申請が提出されたため，日本はこれを承諾した．

インドネシアにとって，カレル・ドールマン号の横浜入港は，敵艦隊を日本が歓迎することを意味した．8月，バンバン・スゲン（Bambang Sugeng）駐日尼大使は池田に対して寄港許可の再考を要請した．池田は西イリアン問題に係る日本の中立性を踏まえつつ国際慣習の観点から入港を承諾したと返答したが，外務省はインドネシアとの関係毀損を憂慮した．在日インドネシア大使館も日本インドネシア協会を通じて入港拒否を要請した．9月2日，同協会は臨時会合を開き，日本政府が入港許可の延期をすべき旨の要請を可決し，内閣及び外務大臣，政党各党，在日インドネシア大使館宛てに決議文書を提出した〔Nishihara1976：159〕．後日スカルノが黄田大使に語ったように，もし日本が入港を許可すれば，インドネシアは日本との国交及び経済関係を断絶する覚悟があったのである．

この前日の9月1日，バンバン・スゲン大使は経団連と日本商工会議所を訪問していた．前月には，参議院議員（兼関西インドネシア協会会長，神戸商工会議所会頭，日本商工会議所副会頭）の岡崎真一を団長とし，関西系の造船メーカーや発動機メーカー，銀行，天理教関係団体から構成される16名の使節団が「政府間交渉は行わず，純粋な民間企業の活動として[1)]」インドネシアに派遣され，インドネシア企業との提携可能性について交渉を行っていたのである．このため，カレル・ドールマン号事件による経済領域への余波が想定された．

日本政府はオランダとインドネシアの板挟みになっていた．カレル・ドールマン号の入港を阻めばインドネシアを支援していることになり，入港を許可すればオランダを支援していることになったのである．入港の許可と拒否という二者択一の状況において，どちらを選んでも円満な解決は期待できなかった[2)]．このようなジレンマの中で，日本は戦後15年にわたって経済関係の再構築を進めてきたインドネシアを選んだ．9月3日，外務省はオランダ政府に対し，カレル・ドールマン号を含むオランダ艦隊の入港自粛を要請した．オランダは，

同要請の背後に11月の総選挙を見据えた自民党の経済界への配慮があると想定した[3]. そこで, オランダのルンス外相は在蘭日本大使に対し, スカルノの恫喝に応じることの危険性を述べ, オランダが寄港を自粛する意思はないと強弁した. その上で, ルンス外相は在日オランダ大使館の撤収まで仄めかし, 遺憾の意を示した[4]. それでもなお, 日本政府は入港日程の延期をオランダに申し入れた [入江 2009a : 64-67].

　カレル・ドールマン号発生時点において, 池田はインドネシアへの政治的関与については消極的であり, あくまで「自由陣営の一員」としての軋轢を最小限に抑えるべく受動的な選択をしていた [入江 2009b : 89-90]. 池田はアジアの反共戦略を重視はしたが, アジア主義を奉じた岸のような一貫した政治的価値観があったわけではない. しかし, カレル・ドールマン号事件は池田に対して政治的決断を求めたのである. その結果, 9月に訪日したスカルノからは「深甚な謝意」が示され, 池田はスカルノと関係を深めるとともにインドネシア外交に積極化していく.

　訪日したスカルノに対して池田は, 棚上げにされていた日尼友好通商条約 (日本とインドネシア共和国との間の友好通商条約) の締結を打診した. 池田の打診をスカルノは応諾し, 1960年11月には日本側から条約草案がインドネシア側に提出された. 1961年4月にはジャカルタで日尼間交渉が開始されたが, 協定の対象地域として西イリアンを含めるか否かで議論が紛糾した[5]. 西イリアン問題への中立性を堅持する日本は, 締結交渉に同問題を持ち込まない立場を堅持し, 最終的には協定文書において西イリアンへの明示的な言及を避ける形で交渉が妥結した. 1961年7月1日, 東京での日尼友好通商条約の調印が実現した. そして, 同条約締結後最初の経済協力案件として, SUNIDECOの組成が進められたのは既述のとおりである.

　その後, 池田の外交積極化の動きは1961年から1963年の外遊を通じ次第に強化されていった [入江 2009b : 98-113]. 1961年の東南アジア歴訪を通じて池田は, インドやビルマなどのアジア諸国と二国間協定を結び, 同協定を他のアジ

ア諸国との提携に向けた糸口にするという構想を持つに至った．こうした構想は翌年の欧州訪問を機に，日米欧の「三本柱」に基づき，アジアでは日本がハブとしの役割を果たすべきとの見解に繋がっていった．

　政治経済両領域においてインドネシア積極姿勢を呈した池田は，サレーの来日を重視した．サレーは，国民協議会議長に加えて，建設・工業・鉱業を所管する大臣ポスト2つを兼任しており，経済協力における重要なカウンターパートであると外務省は認識していたのである[6]．1961年10月8日，産官双方の要人[7]に羽田で迎えられたサレーは，翌日から池田，岸，藤山，佐藤栄作，各種産業関係者と懇談を行った[8]．

　10月9日，池田はサレーに対し，経済協力の円滑化に向けた両国間の信頼醸成が急務であるとしつつ，戦後日本の復興経験を基にインドネシア発展には外国資本の活用が有効であると強調した．これに対してサレーは，NOSODECOの事業進捗の加速化を望みつつも，大規模外国資本の導入については懸念を示した[9]．

　サレーの来日は，経済協力案件の組成・推進において重要なタイミングで行われたのだった．同年8月にはカリマンタン森林開発をめぐって浮上した国内移民政策に対し，サレーは日本側の不安払拭に努め，黄田大使との調整を続けていた．また，日尼通商友好条約締結を受け，10月10日のSUNIDECO設立に向けて最終調整が行われる中，サレーは早急にSUNIDECOの事業に着手すべきと認識していた[10]．実際，インドネシアから鉱山局長，国営鉱業公社副社長らの専門家が帯同したことで議論が進み，SUNIDECOの設立が実現した[11]．オーストラリア政府が分析していたように，サレーと池田の会談は，日本の産官による経済協力の進捗確認を改めて政治レベルで行うものであった[12]．

　経済企画長官であった藤山との会談も，経済協力の方向性に触れたものだった．藤山は，技術者養成，生活必需品の国産化，工業振興，石油・ニッケル・ボーキサイトなどの地下資源開発，の4点がインドネシア経済の発展の基礎であると説明した．その上で，日本の経済協力においては民間資本の積極的導入

と海外経済協力基金の漸次拡大が骨子であると述べた[13]．これに対しサレーは，経済協力協定締結から3カ年が経つ中で，特筆すべき成果が求められていると，経済協力の拡大や加速化を求めた．そして，ニッケル，ボーキサイト，ラテライト，石油，森林開発，漁業，竹・パルプ，肥料などの生産拠点をインドネシアに設置すべく，日本に協力を求めた．

インドネシアに対する日本の経済協力は，両国の紐帯を示す事例としても引き合いに出された．1962年11月2日，スカルノをジャカルタの空港で見送った吉良臨時代理大使は，スハルト（Soeharto）商務大臣と接触した．スハルトは，日本との賠償に伴う経済協定が「全然実施されていないので，日本政府に注意を喚起する[14]」と苦言を呈した．これに対し，吉良はNOSODECOやSUNIDECO，FDCなどの事例を挙げ，両国間での経済協力が進んでいると説明した[15]．

その2日後の11月4日から20日にかけ，スカルノは非公式来日をした．休養を目的とした来日という理由でスケジュールは日本側に明らかにされなかったが[16]，大臣6名，中央銀行総裁，軍幹部をはじめ32名に及ぶ随員を連れての来日であった[17]．休養目的とは到底考えられない陣容である．スカルノが日本で行ったのは，ホテルやデパートの建設を経済協力として行うための要請だった．丸の内のパレス・ホテルと紀尾井町のホテル・オークラを視察したスカルノは，7日の大平外相との会談において，「経済協力の分野は広い」と言ってホテル建設を経済協力に盛り込むよう要請した．さらに，スカルノはホテル，デパート，合同庁舎の建設を日本の建設業者に発注すると言明した[18]．しかも，スカルノの胸中にはすでに日本の建設業者のリストがあった．大成建設，大林組，清水建設，竹中工務店，鹿島建設のうち，どの建設業者に発注すべきか大平の助言を求めたのである[19]．10日の川島正次郎との会談においても，賠償引当借款を用いたデパート建設を日本の業者に発注する意向だと言明した．建物建設については大林組か清水建設に，経営については西武百貨店か松坂屋に委託するというのがスカルノの構想だった[20]．12日の川島主催の晩餐会の際にもムシ河

開発，ウィスマ・ヌサンタラ・ビルの建設，ドゥタ・ホテルの建設，各種デパートの建設につき，協力を要請した[21]. 具体的な企業名が出てくるのは，スカルノと日本企業の「蜜月関係」の産物だろう.「蜜月関係」を懸念した川島は，「我田引水」的な日本企業のアプローチに対しては毅然と対応するようインドネシアに求めた[22].

デパートとホテルに傾注するスカルノとは対照的に，随行者であるスバンドリオは実直な見解を持っていた. 11月20日，大平と会談したスバンドリオは，インドネシア賠償及び賠償引当借款が円滑に実施されていることに謝意を表明する一方，賠償はすでに過去の争点となりつつあり，今後は二国間での経済協力に重点的に取り組んでいきたいと述べた[23]. スバンドリオは，経済協力によってインドネシアの経済成長や雇用創出が実現し，同時に外国資本に対するインドネシア国内の警戒心も薄らぐと考えていたのである[24].

以上のように，対米対等や欧州市場開拓を重視した池田は，次第にアジアにおけるハブとしての日本の立ち位置を見出し，アジア外交を積極させていった. 特にインドネシアに対しては，カレル・ドールマン号事件や日尼友好通商条約の締結を通じて政治領域への関与を強めた. その背後には，産官による経済協力の進捗があったのである. 後述するマレーシア紛争に対して1963年以降，日本が積極介入していったのは，このような状況下においてのことであった. インドネシアをめぐる国際関係の変動に対する日本の関与は，「日米欧」の協力による東南アジアの防共という冷戦の論理だけではなかったと言えよう. そこには，経済協力を推進しようとする産官による経済の論理も働いていた.

(2) 総合8カ年計画の挫折と「勝利の年」

池田政権の外交姿勢に対し，インドネシアや米国はどのように反応したのか. 1959年7月15日，スカルノは「国民戦線規約に関する大統領決定」を発令し，スカルノ体制の基本原則を定めた. 経済政策面では，「指導される経済」という原則の下，インドネシア的社会主義の発露として企業の国営化，資源の国有[25]

化が進められた．これは，全経済分野において統制や外資規制を強め，国営企業を優先的に成長させる政策だった．PERMINA やニッケル・インドネシア，インドネシア国営林業公社などの国営企業が寡占的な影響力を行使する根拠となったのである．

「指導される経済」の指導者たるスカルノは，インドネシア民族資本の育成という目的を見据え，さらなる国営企業の拡大を試みた．1959 年 11 月，民族工業会議においてスカルノは「指導される経済」の目的について 4 点にわたって述べた．すなわち，① 幸福と社会正義に至るため社会主義創生の道を開くこと，② 独占・投機・価格操作・青田買い等の国民に損失を与えうる自由主義的・植民地主義的制度の排除，③ 積極的かつ計画的に開発を行う統一国家経済の建設，④ オランダ企業の国有化，であった．周知のとおり，インドネシアが社会主義化したことはなかったし，国家経済の建設も容易ではなかった．スカルノの上記発言は，新たな経済政策を提示したというよりも，経済の現状に基づいて修辞に富むスローガンを提示したという要素が強い．西原正 [1976：10] が指摘するように，この時期においてもスカルノは政治問題ほど経済問題を重視していなかったのである．

　一方，インドネシア政府は「指導される経済」を実現するための手段を講じなければならなかった．こうした背景を基に，1960 年 12 月，「総合 8 カ年計画」が法案可決された．同計画は，1961 年から 1968 年にかけての 8 カ年にわたる長期経済開発計画であり，国家企画審議会が学識者や専門家を動員して 11 カ月間をかけて策定したものであった．同計画の実施に当たり，国家企画審議会は国民所得の 32％増加や一人当たり所得の 12％増加などの目標値を掲げた．また，農業を最優先としつつも工業国への移行を目指すことに国民の理解を求めた．さらに，スカルノの標榜するインドネシア的社会主義がインドネシア固有の社会基盤に基づくものであると明確に言及した [岸 1962：7]．

　同計画は開発事業を二分し，採算性は低いが社会に必要なインフラを整備する A プロジェクトと外貨獲得のための輸出産業を育成する B プロジェクトに

分類した．そして，Bプロジェクトを通じて得られた利益をAプロジェクト
の経費として補填していくことが同計画の特徴であった．石油，ニッケル，森
林開発などの経済協力はBプロジェクトに該当し，総合8カ年計画の遂行の
上でも重要なプロジェクトであった．

　総合8カ年計画の履行に際して，米国が果たした役割は看過できない．1961
年4月，ケネディ（John F. Kennedy）大統領はスカルノと共同声明をワシントン
で発表し，総合8カ年計画の達成に向けて，米国から経済専門家団を派遣して
支援すると確約した．1962年2月，米国から派遣された専門家団は，同計画
を通じた経済再建策を評価し，米国の対インドネシア援助の必要性を認めた．
一方で専門家団は，根本的な再検討が必要なほど同計画が楽観的なものである
と批判した．専門家団が言及した援助の是非は，米国国内でも議論の俎上に
上っていた．首藤素子［1982：148-152］によれば，国務省は中国共産党の南下
を防止するという理由から，国防総省や国際開発庁（USAID）はPKIの勢力拡
大を防ぐ目的から，援助の必要性を主張した．米国議会はインドネシアへの援
助に消極的であったが，ケネディ政権は関係省庁の要請を受ける形で援助に踏
み切った．

　しかし，専門家団が指摘したとおり，総合8カ年計画もまた，50年代の経
済計画と同じく，実現性を伴わない「夢物語」としての要素が強かった．それ
でもスカルノは「すべては過渡期だということを念頭に置いてもらいたい．
（中略）理屈抜きにドシドシ建設していきたい［大森1957：158］」と強弁し，経済
理論的支柱を欠いたまま「指導される経済」を進めていった．結果的に，1960
年代初頭にはインドネシア経済は財政破綻の危険性に直面した．このような経
済情勢の中，NOSODECO（1960年6月）やSUNIDECO（1961年10月），FDC
（1963年6月）は設立されたのであった．

　ただし，スカルノの最大の関心はなおも「統一インドネシアの完成」という
政治問題に向いていた．特に西イリアン問題は，蘭尼関係を破綻に向かわせて
いた．1961年にオランダが西パプア共和国の独立を認めると，インドネシア

はこれに反発する形で国軍を西イリアンに侵攻させた．スカルノはナスティオン陸軍参謀長をモスクワに派遣して4億5000万ドルの軍事援助を取り付けるとともに，スカルノ自身が米国でケネディ大統領と会談し，ロバート・ケネディ（Robert Francis Kennedy）司法長官を仲介役としてオランダ説得工作を行うよう陳情した．ソ連に対しては資金を，米国に対しては対蘭交渉を依頼するという，冷戦の論理を無視した行動だった．別の見方をすれば，西イリアンをめぐるインドネシアの対蘭闘争は，冷戦の文脈では語りえないものだったのかもしれない．

　これに対してケネディ政権はインドネシアに寛大な姿勢をとり，PKIの影響力拡大や東側陣営との関係深化を防止するため，西イリアン問題の仲裁を担った．そして，オランダは対米関係維持の観点から仲裁を受け入れた．1962年8月，西イリアンを7カ月の間国連管理下に置き，1963年5月からインドネシアの施政下に引き渡すことを定めた西イリアン協定が，ウ・タント（U Thant）国連事務総長の立会いの下で調印された．スカルノは西イリアンの獲得を以てオランダ植民地主義の終結を宣言し，1963年を「勝利の年」と喧伝した[26]．

(3)　マレーシア紛争と日英米

　1960年代以降のインドネシアを取り巻いた国際関係の変化としては，イギリスの影響力の希薄化も挙げることができる．かつてイギリスは，帝国としてマレー文化圏に影響力を誇ったが，第二次世界大戦後には軍事・経済の両面から関与を縮小させていた．中国とベトナムの共産主義勢力がマラヤに南下することを警戒したイギリスは，カンボジアとラオスを緩衝地帯とし，SEATO（1955年2月設立）に基づく駐留英軍をマラヤとシンガポールに配備する形で軍事的影響力の維持を図った．水本義彦［2015：121-130］が指摘するように，第二次世界大戦後のイギリスによる東南アジアへの軍事的関与は，旧英領の防衛をSEATOを通じて行うものであった．また，オーストラリアとニュージー

ランドとともに旧英領の治安維持・防衛を目的とする CSR（コモンウェルス戦略予備軍）を配備した．しかし，ラオスの内戦を通じ，SEATO を通じたオーストラリアやニュージーランドへの影響力維持にイギリスは限界を認識しはじめた．次第にイギリスは東南アジアへの軍事的関与に消極化していき，後述するマレーシア紛争を通じてその傾向は決定的なものになっていく．

　経済面においてもイギリスの影響力は低下していった．1937 年時点の蘭印における外国投資受入額（1937 年）の構成割合は 1 位のオランダ（73%），2 位イギリス（14%）の順であった［White2012：1277-1315］．イギリス企業の例としては，ハリソンズ&クロスフィールド社は貿易事業に加えてパーム油やゴムのプランテーションを経営し，ブリティッシュ・アメリカンタバコは葉タバコプランテーションを手掛けた．ユニリーバはジャカルタに石鹸や香水等の製造拠点を持ち，ロイヤル・ダッチ・シェルは石油部門において支配的なシェアを持っていた．こうした企業に対する資金支援機関として香港上海銀行（HSBC）も金融事業を営んでいた．しかし，1955 年前後から，PKI 系労組がイギリス企業の生産拠点やプランテーションでストライキを頻発させ，イギリス系企業の経営環境は悪化した．また同年の総選挙で PKI が議席を増やした結果，この傾向はさらに強まった．ハリソンズ&クロスフィールド社は左派のサジャルウォ（S.H.Sadjarwo）農業大臣から給与規制やスマトラのプランテーションの接収など著しい排撃を受け，1960 年にはインドネシア輸送協会が外国物流会社の締め出しを開始した．西イリアン問題に起因するオランダ企業の排斥は一時的にイギリス企業に光明をもたらしたが，[27]オランダ企業排斥に伴う景気低迷によってイギリス企業の業績は悪化した．

　こうした中，イギリス政府は日本企業のインドネシア進出動向を注視した．しかし，在尼英国大使館の情報収集網が充分であったとは言い難い．例えば，日本政府がインドネシア政府に対して経済協力を打診したことを受け，同大使館は，「産業界の意思を確認しない中では実現性が怪しまれる」という倭島の発言を本国に報告した．[28]しかし現実には，倭島は賠償交渉を通じて，日本企業

のインドネシア進出意向を把握していた．また，1957年7月時点で，同大使館は小林中の使命を東南アジア開発基金の組成に向けたアジア諸国への打診に限定されていると想定していた[29]．しかし，小林の使命は東南アジア開発基金の組成だけでなく，賠償交渉の早期決着による日本企業のインドネシア進出も包含していたことは既述のとおりである．一方，在日オランダ大使館は，日本企業と日本政府の密接な関係を引き合いに出し，日本政府は日本企業の利害を踏まえて行動するであろうと警鐘を鳴らし，英米豪三か国が日本政府に圧力をかけるべきだと提案した．しかし，在日英国大使館の反応は消極的なものだった．オランダ本国の意図もわからないまま，インドネシア経済においてオランダの後釜的役割を引き受けることを控えたのである[30]．

　そして，インドネシアにおけるイギリスの転換点となったのが，1960年代前半のマレーシア紛争である．宮城大蔵［2004：38］が指摘するように，マレーシア紛争は，東南アジアにおける脱植民地化とそれに伴うイギリス帝国の解体，アジアにおける米国の冷戦戦略とベトナム戦争への収斂，文化大革命へと至る中国の急進化といった1960年代のアジアを特徴づける要素が集約的に絡み合う中で展開していった．

　1961年6月，マレーシアのラーマン（Tunku Abdul Rahman）首相は，独立済みの西マレーシア（マレー半島）に加えてボルネオ島北東部のサバ州，サラワク州，英自治領であるシンガポール，ブルネイ王国を合わせて1963年9月までにマレーシア連邦を結成する構想を立ち上げた．ラーマンは，イギリスのマクミラン（Maurice Harold Macmillan）首相やシンガポールのリー・クアン・ユー（Lee Kuan Yew）首相からも了解を取り付けた．しかし，ブルネイ王国のブルネイ人民党はこれに反発，ブルネイ王室とイギリスに対抗し，1962年12月には武力紛争に発展した．スカルノは，イギリスがインドネシア包囲網を構築しようとしているという危機意識の下，ブルネイ人民党を支援したが，短期間でマレーシアとイギリスに鎮圧された．このことにより，スカルノのマレーシアに対する対決姿勢（Konfrontasi）が形作られた．

　マレーシア紛争は，イギリスのみならず，米国やオーストラリア，ニュージーランドなど環太平洋西側諸国を巻き込む形で展開していった．イギリスは，ボルネオをはじめとした英領の独立自体は容認しつつも，独立の条件として中ソに接近しないことを求めた［Subritzky 2000：187］．東南アジアにおける脱植民地化の過程で，イギリスは公式な帝国秩序を放棄しつつも実質的な影響力を保持しようとしていたのである．軍事費支出削減がイギリス本国で目指される中，東南アジアの安定のために駐留英軍を維持することに苦慮しつつも，シンガポールの安定維持を目的に，イギリスはマレーシア構想を是認した．

　オーストラリアは，イギリスの東南アジア駐留部隊による安全保障には期待せず，対米関係の強化とSEATOへの支援を通じた東南アジアの安定化を目指し，スカルノを警戒し続けた［Subritzky 2000：191-192］．ただし，西イリアン紛争を通じてインドネシアの脱植民地化に一定の理解を示したオーストラリアは，イギリスや米国と異なる立場で，インドネシアへの援助継続を検討していた．1965年2月，オーストラリアはイギリスによるマレーシア紛争への戦闘部隊派遣要請を応諾したが，それと同時期にインドネシアへの援助継続を決定している［木畑2017：181-195］．

　米国については，既述のように西イリアン問題の仲裁後もインドネシアへの援助供与を続け，西側陣営への引き留めを目指した．ケネディ政権が寛容な姿勢をとった背景には，アイゼンハワー政権期の地方反乱への積極介入により悪化したスカルノ政権との関係を修復する目的があった［McMahon 1999：122-123］．その一方，米国はマレーシア紛争への直接介入によりPKIの反米活動が勃興することを懸念し，経済援助の維持と不介入方針を提示した［Subritzky 2000：189］．ただし，1962年末までにソ連はインドネシアに対する軍事援助と経済援助の供与を表明し，米国を困惑させた．さらに，1963年にマレーシア連邦が発足し，不介入を続けた米国に対するインドネシアの反感が高まると，後述するようにジョンソン政権はスカルノとの関係維持を諦めた．

　このように，マレーシア紛争をめぐり，イギリスはマレーシアを支援し，米

国はインドネシアへの寛容姿勢を一定時期まで続け，そしてオーストラリアは警戒感を持ちつつも不介入を決めたのである．そして，インドネシアにおけるイギリス企業の業績悪化やイギリス本国の軍事支出抑制などの要因も重なり，イギリスはインドネシアから撤退していくこととなった．

　スカルノを警戒するイギリスと対照的に，日本はスカルノを支援することで経済関係の強化を図っていた．日英両国がそれぞれ自国に有利な形で米国の支援を引き出そうとしていたのが，マレーシア対決をめぐる日英米の構図でもあった［宮城 2004：72］．日本は日米同盟とインドネシアへの経済進出を両睨みしながら，マレーシア紛争に対処したのである．この意味で，日本はマレーシア紛争に完全中立であることはなく，むしろ利害関係者だったと言ってよいだろう．このため，英米も日本のマレーシア紛争への積極関与に期待した．1962年11月，訪英した池田は，スカルノを抑えられるのは池田しかいないとマクミランから「太鼓判」を押された［吉次 2009：195］．翌年1月，ケネディも，日本が国際社会に対してより建設的役割を果たすよう負担を求めた．マレーシア紛争を通じて国際的に孤立したインドネシアは中国に接近しかねないと米国は懸念していたのである．そして池田自身，アジア外交構想の展開により自民党内の求心力を高め，総選挙時にアピールできる実績を作ろうとした［宮城 2004：60］．

　こうした中，マレーシア紛争に関する合意形成を図ろうとするアジア独自の動きもあった．1963年4月，北カリマンタン独立をめぐるインドネシアとマラヤの対立をフィリピンが仲裁する形で3カ国の社会経済問題が討議された．マカパガル（Diosdado Macapagal）比大統領は，マレー人種の統合という19世紀におけるフィリピン独立運動の英雄ホセ・リサール（Jose Rizal）の構想を実現しようとしたのだった．この会談において，3カ国間の経済協力構想であるマフィリンド（Maphilindo）構想に基づき，マレーシア紛争の解決を図る方針が示された．同年6月，マフィリンド構想を好機と捉えた池田は，スカルノとラーマンの会談を東京で取り持つという「大胆な外交」を通じてマレーシア紛争の

収束を図った［吉川 1992：114］．池田の行動は，経済領域に集中していたインドネシアへの関与を国際政治の領域にも拡大しようとする動きだったといえよう．この結果，インドネシア，マレーシア，フィリピンの 3 か国間において，インドネシアとフィリピン両国がマレーシア連邦結成に反対はしないという「マニラ合意」が形成された．

　7月，ロジャー・ヒルズマン（Roger Hilsman）極東担当国務次官補は，マレーシア紛争の仲裁に日本が乗り出すよう提案した．池田は，米欧日の「三本柱」の協調に基づく東南アジアの共産化防止や総選挙・自民党総裁選に向けた足固めのために，ヒルズマンの提案を受け入れた［吉次 2009：189-196］．そこで，池田は 1963 年 9 月の東南アジア・オセアニア諸国歴訪を通じて，スカルノとの関係を深め，マレーシア対決姿勢の緩和を試みた．ただし，池田はマレーシア紛争への関与の程度に悩んだ．積極的な介入を行い，それが失敗に終われば，国際社会における日本の信頼が失墜し，日本国内でも野党による攻撃材料になりかねなかったからである．

　そうした危険性がありながらも，池田がインドネシアへの関与を拡大した背景には，経済領域における日本との関係が深化し，政治面での安定性が求められていたからではなかろうか．無論，アジア諸国における生活水準向上が共産主義への対抗策になるという観点から池田が経済援助を通じたインドネシアへの関与を重視したという事情もある．一方，インドネシアを市場として捉える発想もあった．1963 年 9 月段階では，インドネシア国内で国鉄整備，マイクロウェーブ建設，タンカーフリート建設の入札が行われていた．池田はインドネシアを重要な商圏とみなし，「この機会を逃し前記工業国（米国，西ドイツ）が従来どおりの供給を行うことになれば，また数十年日本が大量に入り込む余裕がなくなる」と指摘していたのである．一方，スカルノも，欧米ではなく同じアジアに属する日本から援助を受けたいとの意向を表明していた［波多野・佐藤 2007：101］．

　しかし，ラーマンによるマレーシア連邦の強硬結成は池田の試みを頓挫させ

た．9月14日，サバ・サラワク両地域の住民はマレーシアへの参加を望んでいると国連が判断したことを受け，ラーマンは同月16日にマレーシア連邦の発足を発表した．マニラ合意が破棄されたと認識したスカルノは，「マレーシア粉砕」を公言し，軍事的緊張が高まった．また，マレーシアの支援者であるイギリスは，インドネシアにおいて排斥の対象となった．9月には英国大使館が焼打ちに合い，労働組合はイギリス企業を占拠した．イギリスは占拠によって生じた約1億ドルの経済損失に対して補償を要求したが，インドネシアは交渉に応じなかった．[31] 翌1964年，インドネシア政府はイギリス人に対する労働ビザ延長を禁止し，同年11月にイギリス企業を接収した．

　スカルノの対イギリス強硬姿勢は，ケネディ政権の寛容な姿勢を窮地に追い込み，後任ジョンソン（Lyndon Baines Johnson）政権もインドネシア政策に苦慮した．インドネシアへの援助を継続すれば米国議会の非難を受け，援助を打ち切ればインドネシアが東側陣営に接近するという板挟みの状況だったのである．そこで，1964年1月，ジョンソン政権はロバート・ケネディ司法長官を仲介役として派遣し，インドネシア，イギリス，日本との調整に当たらせた．1月23日には，停戦が発表され平和的解決に向けたマフィリンド三国間の会談が開催される見通しとなった．三国間会談は実現したが，その間もスカルノは挑発的な言動を繰り返し，収拾の目途はつかなかった．

　そして，緊迫するベトナム情勢への対応に追われる米国はイギリスとの協調を重視し，スカルノを見限ってマレーシアに対する支持表明と対インドネシア援助の打ち切りを表明した．こうして1965年2月までに，米国とインドネシアの関係は凍結状態となった［McMahon 1999：122-123］．インドネシアでは排米運動が活発化し，在スラバヤ米領事は退去を余儀なくされた．同年9月には約7千名のデモ隊が米領事館を取り囲み，その一部が領事館に侵入して破壊工作をするに至った．[32] 米国は，蘭英に代わってインドネシア最大の敵になりつつあった．冷戦の論理に基づいて展開された米国の対インドネシア政策が限界を迎えたと言ってよかろう．結局，マレーシア紛争もまた，冷戦の論理だけで対

処することはできない問題だった.

　一方，池田はスカルノを「善導」しようと試みた．オランダやイギリス，そして米国さえもがインドネシアから撤退する中で，池田はアジアにおける紛争をアジア人の手で解決しようとしていた．それが，日米欧三極時代における日本外交の目標としてふさわしいと考えたのである［宮城 2004：92］.

　1964 年 1 月 16 日から 18 日にかけてスカルノと会談した池田は，停戦監視団への日本の参加を視野に入れた形で，マレーシア国境地帯の平穏回復やインドネシアによる撤兵をスカルノに提案した．これを受けスカルノは，ラーマンが停戦をする意思を示せば，インドネシアも停戦に応じるという方針をロバート・ケネディに伝えた．そして 1 月 23 日，スカルノはマレーシア国境のインドネシア国軍に対して停戦命令を発した．日本がアジア国際政治のアクターとして，冷戦や革命，脱植民地化といった政治領域における立ち位置を明確化したとも言えよう［宮城 2004：37-38］.

　西側諸国が撤退する中で日本がインドネシアへの関与を強化した結果，日本大使館のみがインドネシア関係の情報ルートを持ち，そうした「日本情報」に西側諸国が依存するという状況が生じた［斎藤 1991：94］．例えば，イギリス本国は 3 カ国会談の進捗を把握しておらず，在日英国大使館に対して，知りえる状況を全ての提供を要請した[33]．また，アンタラ通信が木下産商の PERMINA に対するタンカー船販売契約を報じた後に，在尼英国大使館が本国に同案件を至急報告するという局面もあった[34]．こうした経緯を経た 1964 年 6 月，イギリスはスカルノに対して圧力をかけるカードを持っている国は日本以外に存在しない[35]，という認識を持つに至った．ゆえに，イギリスは池田政権の対インドネシア経済協力の情報収集を強化し，カリマンタン森林開発をはじめ，ホテル建設や製糖工場建設などの状況把握を試みたのである[36]．

　一方，オーストラリアは日本がアジアにおける国際政治経済の安定を担う存在であるという認識[37]を持ちつつ，日本に対する警戒心を持っていた．オーストラリアはマレーシア紛争に対する日本の姿勢を評価したが，生産物分与方式を

通じた経済協力案件を引き合いに出しつつ，インドネシアにおける日本の経済的影響力の高まりを懸念していた[38]．

　当のスカルノは，日本に対しては強硬姿勢の緩和を仄めかして懐柔策をとり，国内では強硬姿勢を堅持して国民の支持を集めるといった二枚舌を使った．しかし，二枚舌も長くは通用せず，1964年10月，黄田（外務事務次官，元インドネシア大使）はイギリスやマレーシアを激烈な言葉で罵るスカルノを前にし，言葉を失った．斎藤鎮男大使はスカルノとの会談を設定し，マレーシア対決が長期化すれば対インドネシア経済協力に関する日本国内の支持を失いかねないと懸念を示したが，スカルノの姿勢は強硬であった［斎藤 1991：76-78］．そして，スカルノを「善導」することでマレーシア紛争の仲裁を目指した池田は志半ばにして病床に臥した．次第にイギリスは日本への期待を失い，日本企業はインドネシア政府と密接な関係を築けているが，日本政府のできることは国交維持に留まると認識した[39]．こうした中，インドネシアとマレーシアの関係は悪化の一途を辿った．1965年1月，マレーシアの安全保障理事会への選出を理由［大森 1965：254］としてインドネシアは国連脱退を表明した．これにより，インドネシアの国際的孤立は決定的なものなった．そして，池田の死去により，日本のインドネシアへの方針も変容を余儀なくされたのである．

　池田を継いだ佐藤政権は，川島正次郎（自民党副総裁）をインドネシアに派遣し，インドネシアの国連脱退を引き留めようと試みた．川島は，1962年のアジア競技会におけるスカルノと国際オリンピック委員会の対立を仲裁したことで，スカルノと親交があった．そして，東南アジア地域，特にインドネシアの安定を望む日本企業は川島に期待を寄せたのである［ルエリン 2009：136］．そこで川島は，1965年4月実施予定のバンドン会議10周年記念式典への出席を通じ，日本が対インドネシア経済協力を継続するという姿勢を示した．

　ただし，1965年に入るとインドネシアからの西側陣営の撤退は加速度的に進んだ．インドネシアはアジアでの反帝・反植民地主義を標榜する中国との関係を深化させ，「北京・ジャカルタ枢軸」を強化した．後節で述べるように，

中国は西イリアン紛争やマレーシア紛争を通じて一貫してインドネシアを支援し，関係の緊密化を図っていたのである．インドネシアにおける対中接近とPKI の台頭は，対米強硬論を惹起した．そして既述のとおり，PKI は国内の米国関係施設への襲撃を扇動した．これを受け，米国は大使館の人員体制を大幅に削減し，米国政府関連施設や平和部隊を全面撤収するという措置を取った．イギリスも，1965 年 8 月に英軍駐留先であるシンガポールのマレーシア連邦からの分離が決まると，財政赤字の中でマレーシア紛争に関与する意義が国内で問われ，マレーシア紛争からの脱却を目指した．そして，旧植民地間での内紛に巻き込まれることを回避すべく，シンガポールからの英軍撤退を進めた［水本 2015：136］．コモンウェルスの防衛体制維持を必要視するオーストラリアは，イギリスのマレーシア紛争への関与継続を要請したが［Subritzky 2000：201］，実現には至らず，オーストラリア自らが軍事関与を行うことになった．

　西側陣営の撤退は，インドネシア経済のさらなる停滞をもたらした．軍事費の歳出に占める割合が 60％を超える中，外貨獲得のための経済基盤も弱体化し，財政赤字が拡大した．1960 年から 1966 年までの実質 GDP 年平均成長率はわずか 2.1％であったのに対し，年平均インフレ率は最大で 1200％にも膨れ上がった［Fane 1999：651-658］．それにもかかわらず，スカルノは西側陣営との関係悪化を理由に世銀や IMF からも脱退し，国際的孤立を強めた．その反動として，「北京・ジャカルタ枢軸」は強化され，インドネシア国内で伸長したPKI が国軍やイスラム勢力の反発を受けることになった．

　以上論じたように，マレーシア紛争をめぐるスカルノの強硬姿勢は，軍事・経済両面における西側の撤退を決定づける契機となったのである．その際，英米からインドネシアの防共を担う存在として期待されたのが池田政権期の日本であった．

2　スカルノからスハルトへ

(1)　9・30事件の勃発

　西側諸国の撤退とインドネシアの国際的孤立が深まる中，スカルノ政権はどのような顛末を辿り，日本経済界の経済協力はいかなる影響を受けたのか．インドネシアにおける政治変動を論じる際，スカルノの権力基盤とその変容を説明する必要がある．スカルノの権力基盤は，NASAKOMと呼ばれる．これは，民族主義勢力（Nasionalisme），宗教勢力（Agama），共産主義勢力（Komunisme）の頭文字をとったものであり，前二者からなる国軍と共産主義勢力が勢力を均衡することで成立したものであった．スカルノは，各勢力の絶妙なバランスの上に権力基盤を築き，「インドネシア的社会主義」を目指したのである．

　しかし，PKIの伸長とスカルノの親共的姿勢はNASAKOMの均衡を崩していった．PKIはNASAKOMを完全な社会主義への移行する過程の産物と認識し，スカルノを支持していた．1959年8月にPKI全国大会が国軍による解散命令を受けた際には，スカルノの仲裁によって大会の開催を実行するなど，スカルノとPKIの関係は深まっていた．1959年段階のPKIには総合8カ年計画に代替しうる独自経済政策はなく，政財界への人脈も薄かった．PKIはあくまで農村部で零細農家等の富農に対する階級闘争を助長していたにすぎない［首藤1978：99-104］．それでもなお，スカルノにしてみればPKIとの連携は農村部への支持基盤を拡大する手法の一つであった．

　ただし，この状況は華僑排斥問題の終息に伴う，インドネシアの対中接近によって様相が変化する．首藤素子［1982：158-166］によれば，中国は国際統一戦線結成のパートナーとして，スカルノ体制を有望視していた．また，西側との平和共存を掲げるソ連とは異なり，中国は全ての帝国主義勢力が一掃されるまで社会主義の実現はあり得ないという継続革命観を持っていた[40]．この継続革命感に基づけば，西イリアン問題は明らかに帝国主義的な植民地支配の残滓で

あって，中ソ対立における中国共産党の論理の正当性を主張する事例であったのである．米国の援助打ち切り後の1963年8月，インドネシアを訪問した劉少奇はスカルノを「国際的反植民地主義の英雄」と称え，スカルノの外交政策を「堅く支持する」と表明した．ここに「北京・ジャカルタ枢軸」は確実なものになった．中国共産党の継続革命の論理は，NASAKOMの均衡を崩す形でPKIが伸長する理論的支柱となったのであろう．

　他方，国軍とPKIの関係もスカルノの権力基盤を崩す要因となった．そもそも，スカルノが政治体制を長期にわたって維持できたのは，国軍の影響に負うところが大きい．1957年3月の戒厳令施行時，スカルノはナスティオン陸軍参謀長との連携により，議会と内閣の掌握を試みた．革命勢力による1958年のインドネシア共和国革命政府（PRRI）樹立宣言の際にも，スカルノはナスティオンら国軍主流派の下で革命政府の鎮圧にあたった．スカルノが45年憲法への回帰を決めた際にも，ナスティオンが水面下で政治工作を行っていた．西イリアン問題に際しても，国軍は軍事作戦に参加し，ナスティオンはモスクワからの武器調達に奔走した．しかし，1963年の西イリアン問題終息宣言に伴い，スカルノが戒厳令を解除したことで，国軍の権威は相対的に低下した．さらに，スカルノは盟友ナスティオンを反共的だという理由で参謀長から解任し，スカルノの側近であるヤニ（Ahmad Yani）大佐を後任に据えた．国軍の危機感とPKIに対する反感は沸点に達していった．

　このような背景の下で発生したのが，スカルノ失脚の契機となった9・30事件である．1965年9月30日未明，ウントゥン（Untung bin Syamsuri）少佐が率いる大統領親衛隊が将軍7名を襲撃し，うち6名を射殺して遺体を持ち去った．襲撃を指示した勢力とその理由については現在も究明が進んでいないが，倉沢愛子［2014：78-84］の整理によれば，①PKI首謀説，②国軍内部の権力闘争説，③スカルノ首謀説，④スハルト首謀説，⑤CIA関与説に大別される．このうち，事件直後からスハルト派の見解として提示され，正史としてインドネシア社会に定着していったのが，①のPKI首謀説である．スハルト派のメ

ディア操作を通じ，PKIへの反感は高まり，スカルノに対してPKIを非合法化するよう要求がなされた．一方，スカルノはPKIが事件に関与した証拠はないとして，非合法化を拒否した[41]．しかし，世論は激昂し，地方都市や農村部ではPKI関係者とみなされた人々に対する虐殺が起きた．国軍による処刑行為も行われたが，虐殺の多くは疑心暗鬼にかられた一般人が隣人を殺傷するという悲劇だった．犠牲者の数は50万〜100万人とも推計されている．スカルノにはこうした虐殺行為を止める指導力が残っていなかった．それでもなお，大統領の座に留まっていたスカルノは，1966年2月22日に突如内閣を改造し，ナスティオンを内閣から排除することで国軍の影響力低下を図った．これに対し国軍はスカルノに憤慨し，学生デモ隊を動員して連日大統領宮殿付近を取り囲んだ．

　3月11日，スハルトは無血クーデターを決行した．スカルノは治安維持に関する一切の権限をスハルトに移譲するよう圧力を受け，やむを得ず同意した．翌3月12日，スハルトはPKI解散を命じ，大統領代行としてインドネシア経済の立て直しを図った．特にスハルトが目指したのは，マレーシア紛争の早期終息と西側諸国との関係改善，東側諸国との断交だった．同年4月，スハルトは東京で開催された東南アジア開発閣僚会議にオブザーバーながら代表を送り，各国との友好姿勢を示した［宮島 1966a：58］．5月から6月にかけ，バンコクにおいてインドネシアのアダム・マリク（Adam Malik）外相とマレーシアのラザク（Abdul Razak Hussein）副首相間で国交正常化についての会談が持たれ，8月11に両国間で平和条約が締結される形でマレーシア紛争は終結した．宮島千秋［1966b：19］が指摘するように，第二次世界大戦後において「アジアの問題をアジア人が解決した」事例でもあった．これにより，ベトナム戦争の背後で米国の東南アジア政策を脅かしていた紛争が終結し，アジアでの兵力削減を目指していたイギリスの撤退戦略も完遂に向かった[42]．

　一方，スカルノは翌1967年3月，国家元首，大統領，国軍最高司令官としての地位を剥奪され，軟禁状態に置かれた．スカルノの支持者という疑いをか

けられた者も排斥の対象となった. 1968 年 3 月 27 日, スハルトは大統領に就任し,「新秩序」の完成をみた. スハルトは東南アジアにおける反共国家として, 中国やソ連との国交を断絶し, 西側諸国との関係改善に踏み切った. そして, スカルノは 1970 年 6 月 21 日, 失意のうちに死亡した. 1920 年代以来, インドネシアの脱植民地化を目指し, 政治的独立と国民統合を進めた国父の孤独な死であった.

(2) 経済協力の顛末

インドネシアの政変により, 経済協力, 特に生産物分与方式による外国資本導入のあり方は, 大きく変化した. 1965 年 11 月時点では, NOSODECO, SUNIDECO, FDC といった先行 3 案件に加え, 製糖工場や真珠養殖, 海老養殖, 石油輸出, 木材工場など 8 案件の生産物分与方式での事業組成に係る合意が締結されていた[43]. アダム・マリク外相が 1966 年 1 月に明言したように, インドネシア政府は生産物分与方式と技術協力による産業育成を通じ, 経済発展を図る方針を堅持していた[44]. しかし, この転換点となったのが, スハルト政権下での外資導入法である[45]. 同法は, 外資による投資可能分野を指定し, 30 カ年にわたる事業認可を与えたが, 投資形態をインドネシアとの合弁形態に限定した[46]. また, 1967 年 6 月には国家開発企画庁 (BAPPENAS) が設立され, 産業政策の立案・実施に向けた近代的な体制が整っていった. 西側諸国の企業は, スハルト政権の欧米接近と経済再建姿勢を評価し, インドネシアへの進出機運を高めた [倉沢 2011 : 239-240]. 軍政期の人脈を活用し, スカルノとの「蜜月関係」の下で進出を図るという日本企業の手法は, 徐々に後退していった.

それでは, 経済協力案件はどのような顛末を迎えたのか. まず, NOSODECO については, PERMINA との契約期間である 10 カ年にわたって事業を継続し, 日本に石油を送り続けた. 1964 年までに生産・貯油・送油を目的とした各種設備の整備が進み, 1965 年にはラントウ油田北部の新地域メアンダラ地区で次々と新掘に成功した. 開発が進められた結果, 1967 年 9 月

には原油生産量が日産 5000kℓ を突破した．1966 年時点で日本人駐在員は合計 130 名に達するなど，事業所も拡大した．1969 年，NOSODECO は年間原油生産量 200 万kℓ を達成し，黒字決算を遂げた．1960 年代から 1970 年代にかけ，インドネシア産原油の総輸出量の 49% を日本向け輸出が占める［Nishihara1976：18］など，NOSODECO は日本の石油調達のみならず，インドネシアに対して外貨獲得源たる日本市場を提供するという役割も果たしたのである．そして，1973 年 1 月，契約に基づく原油 569 万kℓ 全量を引き取り，現地事務所を閉鎖する形で事業を終結した［石油資源開発 1987：110］．

　NOSODECO 自体は 1973 年に事業を終結したが，同社の活動は日本の石油関係企業のインドネシア進出の足掛かりとなり，いくつかの関係会社が設立された．1965 年 4 月には NOSODECO を中心に，丸善石油や関西石油，日鉱金属，中部電力などの出資により，原油の対日輸出を事業とする日尼合弁会社ファーイースト・オイル・トレーディングが設立された．同社は日本とインドネシアを結ぶパイプラインとして活動し，2019 年現在でもパシフィック・ペトロリアム・トレーディングとして存続している．もう一つの派生企業として，北スマトラ海洋石油資源開発（NOSOPEX）を上げることができる．1966 年 2 月，石油資源開発㈱と NOSODECO との合弁企業である NOSOPEX は，北スマトラ海洋鉱区で Refining Associates Company（リフィカン社）が展開していた事業を継承した．同社は当初「15 本の井戸を掘って一本も当らない［青山 2005：24］」という苦境に立っていたが，1970 年のアタカ油田発見や 1972 年のブカパイ油田発見により事業が軌道に乗った．NOSOPEX は数回にわたる社名変更と経営統合を経て，国際石油開発帝石㈱（INPEX）の一事業部として活動を続けている．このように，NOSODECO は高度経済成長期終盤まで日本の石油調達地としての役割を果たし，その派生企業は今もなおインドネシアで活動しているのである．

　スラウェシの SUNIDECO も高度成長期の日本にニッケル資源を供給し続けた．1965 年 7 月には，ニッケル鉱石の月次出鉱が 1 万 t を超え，第一期開発

計画の目標が達成された．1965 年 7 月から 1966 年 3 月にかけ，10 万 t のニッケル輸出契約が SUNIDECO と日本側精錬業界の間で締結され[47]，ニューカレドニアに代わるニッケル調達先を日本企業は獲得した．そして，1966 年 3 月末には，クレジット総額 135 万ドルの供与が完了し，同年 4 月から 7 年間にわたる返済が開始された．スハルト政権の国営企業再編の中で，SUNIDECO のインドネシア側カウンターパートが変化し，最終的には ANTAM[48]になったが，ニッケル鉱石の生産は順調であった．ポマラの鉱山開発とニッケル生産体制が整った結果，1968 年 7 月には，生産量が前年比 1.7 倍に増加した[49]．このことにより，クレジット返済期間は既存契約のまま，余剰生産分を商業ベースで日本に売却することが可能になった．好況を踏まえ，1968 年 11 月以降には現地精錬所拡大の検討が始まり，1973 年 2 月には海外経済協力基金からの円借款供与が決定した．この借款を用いた精錬所が 1975 年に完工し，以後 10 年間にわたり，年間 4000 t の純ニッケルを SUNIDECO が引き取ることなった［大岩 1977：7-11］．ANTAM はその後も成長を続け，世界最大級のニッケル生産規模を誇る企業となった．

　NOSODECO や SUNIDECO が好況を博したのとは対照的に，カリマンタン森林開発には多くの労苦が伴った．FDC 現地責任者の服部清兵衛は，1964 年の夏ごろカリマンタンの事業開発予定地に到着したが，事前調査の不備や開発機器の故障に悩まされた．1965 年 1 月 30 日には，ヌヌカン島で産出された木材の初荷が東京港に入り，同年末にはササヤップ，マリナオ，ブラウなどの事業所が開設された［工藤 1965：275-276］．南方林業は三井物産とともに，カリマンタン中部や南部の他地域において生産物分与方式に基づく森林開発を進めようと野心を燃やした[50]．日本企業の野心とは裏腹に，ゴム国際価格の暴落や，インドネシアの軍備費膨張による経済状況の悪化により，インドネシア国営林業公社の経営は圧迫された．また，国営林業公社によって FDC の経営権が事実上掌握されたことで，「企業マインド」が欠如し，生産性は高まらなかった［塚本 1970：165］．FDC の輸出量は年間 5 〜 6 万㎥に留まり，当初目標である

160万㎡には到底届かなかった．最終的には，スハルトによる国営企業再編の一環として，FDCは既存契約対象地のうち20万ヘクタールを残し，他の開発地域をインドネシア国営林業公社に返還することになった．1969年10月にはFDC所有株式を安宅産業が取得し，直接合弁事業（会社名：東カリマンタン森林合弁KK）として小規模ながら事業を継続する形となった［荻野2003：239］．結果的に，FDCによる累積輸出量は目標の39.8%で留まり，生産目標の達成は最後まで実現しなかった［服部2007：619-630］．インドネシア国営林業公社も数次に及ぶ組織変更ののち，政府出資による株式会社へと移行された［増田・森田1981：108-111］．カリマンタン森林開発は一定程度の実績は残しながらも，インドネシア政府による度重なる制度変更や規制強化，現地の過酷な労務環境等により，当初の目標を達成できないまま縮小撤退を余儀なくされたのである．

　このように，インドネシアに対する経済協力は，紆余曲折の末，高度経済成長期の日本に資源を供給するという役割を果たしたのである．かつて，軍政期における産官軍の連携に端緒を持つ案件が，戦後は産官の連携として生まれ変わった．そして軍政期に築かれた人脈は，半世紀以上に渡って日本とインドネシアの経済関係に影響を及ぼした．しかし，インドネシアの政変とスハルトによる産業政策の転換により，軍政期人脈の活用や「蜜月関係」も変容を余儀なくされたのであった．

┃ おわりに

　1960年代前半のインドネシア経済は，西側諸国の撤退と国際的孤立の中で，苦境に立たされていた．米国の支援を得た総合8カ年計画が軌道に乗らず，「指導される経済」もスカルノが喧伝したほどの実績を残さなかった．オランダに次ぐ外国資本だったイギリスは，マレーシア紛争を通じてインドネシアからの撤退を進めた．寛容な姿勢をとった米国も，中国に接近するスカルノを見限った．オーストラリアはスカルノを警戒し続けた．

諸国がインドネシアと距離を置く中，西側陣営としては日本だけがインドネシアとの関係を維持し続けた．池田は，インドネシアの政治領域に踏み込んだ積極関与を行い，マレーシア紛争の仲裁を担った．1963 年 9 月にマレーシア連邦が発足した際も，池田はマレーシア国境地帯の平穏回復やインドネシアによる撤兵を積極的にスカルノに提案し，調停者としての立場を示した．首相就任以前から輸出振興による経済成長を目指していた池田は，政治から経済への「チェンジオブペース」の中，経済成長という言葉をキーワードに国内経済政策と対欧米外交政策を推進した．そして，1960 年のカレル・ドールマン号事件で池田のインドネシアへの関心は急速に高まり，日尼友好通商条約の締結へと向かっていった．1963 年以降，マレーシア紛争の仲裁を試み，インドネシアを取り巻く国際政治に池田が積極関与していった背景には，このような経済関係の深化と経済協力の推進があった．インドネシアとの関係に限定していえば，池田は「政治の季節」へと足を進めつつあった．

インドネシアからの撤退を進める西側諸国は，日本の経済協力を通じてインドネシアを西側に留めさせようと期待を馳せた．1963 年 1 月の一般教書演説に見られるように，米国は日本に対してインドネシアへの積極的な介入を期待した．その一方，経済協力によって奔放なスカルノの権力基盤が強化されることを英米は懸念した．西側義諸国から孤立したスカルノが親共姿勢を強めた結果，NASAKOM の均衡は崩壊し，スカルノは大統領の座を追われることとなった．

スハルトは外資導入法施行や国家開発企画庁創設などを通じて，より現代的な外国資本導入による産業育成政策を展開し，日本企業の軍政期人脈や「蜜月関係」は変容を余儀なくされた．経済協力が履行される過程は，スカルノが国際的に孤立し，権力基盤が弱体化していく過程と時期を同じくしていたのである．既に成立していた経済協力については，NOSODECO が 1973 年まで原油の対日供給を続けたり，SUNIDECO が派生事業を含め 1985 年までニッケルの対日供給を続けたりするなど，高度経済成長期における日本の資源確保に貢

献をし続けた．一方，FDC による森林開発は志半ばに撤退した．

　その後，インドネシアへの外資流入は加速化し，インドネシア市場には外国製品が溢れるようになった．同時に，スハルトとその親族は産業界の利権を牛耳り，不正な蓄財を進めた．そして，スカルノが目指しつつも，果たせなかった経済的独立と民族資本育成への憧憬はインドネシア社会で蓄積されていき，1974 年の反日暴動で臨界点に達していった．

注

1 ）Memorandum, No.558, Jakarta to DEA, March 25, 1961, NAA 1838, 3103/11/118, p. 22.

2 ）Telegram, No.11221/59, Jakarta to FO, August 19, 1959, FO371/141462, Part3, Reel 90.

3 ）Telegram, DOS to Tokyo, August 27, 1960, FRUS, 1958-1960, Vol.17, p. 528.

4 ）Memorandum, No.884, Tokyo to DEA, October 12, 1960, NAA: A1838, 3034/11/89/Part4, pp. 267-268.

5 ）Telegram, Hague to DOS, September 3, 1960, FRUS, 1958-1960, Vol.17 p. 531.

6 ）Telegram, No.81E, Tokyo to FO, July 6, 1961, FO371/158511, Part4, Reel 105.

7 ）外務省アジア局「インドネシア共和国ハエルール・サレー暫定国民協議会議長兼建設・工業大臣兼基幹工業・鉱業大臣の政府賓客としての訪日の件」，1961 年 9 月 29 日，戦後期外務省記録，リール番号 A'-0396.

8 ）河村政務次官（外相代理）夫妻，一万田議員，外務省アジア局長，外務省儀典局長，政府関係者 10 名，国会議員数名，日本インドネシア協会会長，各種会社団体等役員といった布陣．

9 ）小坂発黄田宛「インドネシア共和国サレー建設大臣一行の訪日に関する件」，戦後期外務省記録，リール番号 A'-0396.

10）Memorandum, No. 899, Tokyo to DEA, December 14, 1961, NAA：A1838, 3103/11/106, Part2, p. 18, 外務省アジア局南東アジア課「インドネシアのハエルール・サレー建設・開発大臣の池田総理大臣表敬訪問に関する件」，1961 年 10 月 9 日，戦後期外務省記録，リール番号 A'-0396.

11）Ibid.

12）小坂発黄田宛「インドネシア共和国サレー建設大臣一行の訪日に関する件」，戦後期外務省記録，リール番号 A'-0396.

13）Ibid.

14）外務省アジア局南東アジア課「インドネシア共和国サレー建設・開発大臣と藤山経済企画庁長官との会談の件」，1961 年 10 月 9 日，戦後期外務省記録，リール番号 A'-0396.

15）吉良発大平宛「スハルト商務大臣の経済協力協定実施に関し談話の件」，戦後期外務省記録，リール番号 A'-0423.

16）同上史料.

17）吉良発大平宛「スカルノ大統領訪日に関する件」，戦後期外務省記録，リール番号 A'-0423.

18）外務省アジア局南東アジア課「インドネシア共和国スカルノ大統領接伴要領」，1962年11月1日，戦後期外務省記録，リール番号 A'-0423.

19）「スカルノ大統領らインドネシア政府首脳と日本政府首脳との会談内容概要」，戦後期外務省記録，リール番号 A'-0423.

20）外務省アジア局南東アジア課「大平外務大臣のスカルノ大統領表敬訪問の際の会談」，1962年11月7日，戦後期外務省記録，リール番号 A'-0423.

21）外務省アジア局南東アジア課「川島臨時内閣総理大臣のスカルノ大統領表敬訪問の件」，1962年11月10日，戦後期外務省記録，リール番号 A'-0423.

22）「スカルノ大統領らインドネシア政府首脳と日本政府首脳との会談内容概要」，前掲史料.

23）「川島大臣とハメンク・ブオノ侯との会見」，1962年12月3日，戦後期外務省記録，リール番号 A'-0423.

24）「記者会見　スポークスマン　大平大臣」，1962年11月20日，戦後期外務省記録，リール番号 A'-0423.

25）外務省アジア局南東アジア課「大平外務大臣とスバンドリオ外務大臣の会談要領」，1962年11月19日，戦後期外務省記録，リール番号 A'-0423.

26）岸幸一によれば，「インドネシア的社会主義」とは家族主義や相互扶助的精神などインドネシアの伝統的価値観に基づく集団主義制度に反帝国主義・反植民地主義を加えたものであり，マルクス・レーニン主義との思想的整合性は必ずしも取られていない［岸1962：30］.

27）同年にインドネシアに引き渡されたものの，2019年現在に至るまで同紛争の抜本的解決には至っておらず，武力紛争が西イリアン地域で散発的に発生している.

28）例えば，ストレート汽船社がオーシャン・ストリーム汽船社の持っていた商圏を奪うことで航路網を拡大，ユニリーバは地場物流業者と提携して生産および出荷を増加させた.

29）Telegram, "Reparation Settlement- Indonesia- Japan Negotiations", Jakarta to FO, April 4, 1957, FO371/127573, Part3, Reel 81.

30）Telegram, " Development of the Indonesian/Japan Reparation Settlement", Tokyo to FO, July 30, 1957, FO371/127573, Part3, Reel 81.

31）Telegram, No.464, Tokyo to FO, December 10, 1957, FO371/127560, Part 3, Reel 80.

32）Telegram, No.103, Jakarta to FO, Jakarta to FO, January 11, 1964, FO371/176012, Part 5, Reel 128.

33）木村発外務大臣宛「当地方最近における排米運動概況報告」1965年9月11日，戦後期外務省記録，リール番号 A'-0174

34）Telegram, No. 824, FO to Tokyo, June 11, 1964, FO371/176026, Part5, Reel 130.

35) Telegram, "Japanese Kinoshita Sansho Trading Co. (Tokyo) Contract to Sell Tankers to Indonesian Permina Oil Corporation", Jakarta to FO, May 6, 1964, FO371/176026, Part5, Reel 130.

36) Telegram, No.316, Tokyo to FO, June 9, 1964, FO371/176026, Part5, Reel 130.

37) Telegram, No.322, Tokyo to FO, June 11, 1964, FO371/176026, Part5, Reel 130.

38) Record of Conversation, among Shaw, Booker, Truscott, Hill. and Hirasawa, July 8, 1964, NAA: A1838, 3034/11/89 Part4, p. 12.

39) Note for the Prime Minister, DEA to Menzies, NAA: A1838, 3034/11/89 Part4, pp. 150-151.

40) Telegram, No.10321/1/64, Tokyo to FO, September 5, 1964, FO371/176012, Part5, Reel 128.

41) 一方，ソ連は供与してきた借款の返済が滞っていることを理由に，インドネシアとの距離を置きつつあった．

42) 9・30 事件前後のスカルノの動き自体にも PKI との関係を疑われかねないこともあった．10 月 1 日，スカルノは訪問理由を明確にしないままハリム空軍基地へ向かった．同基地は殺傷・拉致された将軍たちの遺体が発見された地点に近く，後には 9・30 事件の本部があったとみなされるようになった場所である．事件直後にスカルノが同基地を訪問したことで，スカルノが PKI と結託して 9・30 事件を起こしたのではないかという疑いが生じたのである．

43)「北京勢力に決定的打撃——マレーシア対決姿勢の終焉」『世界週報』47 巻 34 号（1966 年 8 月），7-8 頁．

44) Cablegram, No. 900 Annex D, Tokyo to DEA, November 12, 1965, NAA: A1838, 3034/11/89/ Part 6, p. 104.

45) UPI-237 (January 27, 1966), *United Press International*, NAA: A1838, 3034/11/89/ Part 6, p. 43.

46) UU/1/1967 Tentang Penanaman Modal Asing：1967 年 1 号 外国資本投資に係る法律

47) Legal Data Base, Faculty of Law, University of Sam Ratulangi, http://hukum.unsrat.ac.id/uu/uu_1_67.htm　2019 年 11 月 10 日アクセス．

48) Memorandum, Jakarta to DEA, July 9, 1965, NAA: A1838, 3034/11/89/ Part 6, p. 182.

49) 1968 年，BPU とニッケル・インドネシアは政府条令 22 号に基づき，一般国営鉱山（Tambang Umum Negara）他数社の国営鉱山会社と経営統合され，ニッケルに加えて各種金属やダイヤモンド等の探鉱・採鉱・精錬，精製を事業内容とする ANTAM（P. T. Aneka Tambang）に改組された．SUNIDECO と BPU の間で締結された契約も ANTAM に継承されることとなった．

50)『インドネシア共和国ポマラ地区ニッケル精錬所建設計画調査報告書』海外技術協力事業団，1972 年．

51) *Ibid*. p. 182.

章

経済外交の構図と実態

▋ 1　アジア国際秩序の変容と対インドネシア経済進出

　本書で明らかにしたように，戦後日本のインドネシアへの経済進出は，19世紀末から始まった近代日本のインドネシア群島に対する関与の顛末として論じられるべきものである．零細事業を営む日本人が19世紀末の蘭印に進出し，1920年代の財閥系大規模資本の進出を経て，1930年代後半以降は南進論に基づく産官軍の連携へと変化した．1920年代以降の民族主義運動を主導したスカルノは，対蘭独立のために日本の蘭印進出を受容するという判断を下した．軍政期には，北スマトラの油田開発やスラウェシ島でのニッケル鉱石採石，カリマンタンでの原木貿易が試みられ，軍政監部と日本企業，そしてインドネシアの民族主義者の間での人脈が築かれた．第二次世界大戦終結後の両国経済関係の基層となる人脈は，軍政期に形成されたのである．

　戦後，日本軍政の軛を外れたインドネシアは1949年に政治的独立を遂げた．しかし，オランダの経済権益が保全される中，インドネシア経済は植民地期の水準を下回るなど，従属経済が続いた．各種経済計画の立案も空しく，経済的独立は未完であった．独立後のインドネシアを取り巻く国際環境は，援助を梃にインドネシアとの距離を縮める中ソ，防共を目指しながらもインドネシアを見限っていく米国，経済権益を持ちながらも撤退を余儀なくされていく蘭英，これら西側諸国の撤退により自国の安全保障を懸念するオーストラリアというものであった．

　こうした構図の中で，米国は中国に対抗しうる勢力として日本がインドネシアの防共を担うことを期待し，次第に蘭英も米国の方針に同調していった．注意すべきは，冷戦とインドネシアの脱植民地化が相互に関係しあっていた点である．インドネシアの動向に戸惑いながらも米国が冷戦政策を展開したり，冷戦構造を利用してインドネシアが米ソ中の間を揺れ動く形で脱植民地化を図ったりするなど，その様相は複雑で多面的だった．一方，米国のインドネシアに対する方針の底流には，確固とした冷戦の論理があった．相互安全保障法やNSC-124/2に基づくインドネシアへの援助は，こうした発想の産物であるが，そこにはインドネシアの脱植民地化に向けた熱情に対する理解の希薄さと冷戦の論理に対する過度な傾斜があった．だからこそ，米国はスカルノの動向に戸惑い，迷走する形でインドネシア政策を展開することになったのであろう．

　同時期，日本はインドネシアとの国交正常化交渉を行っていた．交渉が大詰めを迎えた1956年から1957年にかけ，インドネシアでは経済的ナショナリズムが勃興した．西イリアン問題に表象される反蘭意識はインドネシアの経済的ナショナリズムと合流し，民族資本による経済運営を求めてオランダ企業の接収をもたらした．しかし，インドネシアには接収した企業を経営できる人材が乏しく，企業経営は立ち行かなかった．脱植民地化の完遂のために外国資本を排斥する一方で，経済建設のために外国の資本と経営ノウハウを受け入れざるを得ないジレンマを，インドネシアは抱えていたのであった．インドネシア進出を目指す日本企業にとって，同国における外国資本排斥とそれに伴う「経営の真空」の出現は好機となった．そこで，日本の財界人は両国経済関係樹立後の事業組成を見据え，インドネシア政界へのアプローチを積極化した．北スマトラの石油開発やスラウェシのニッケル開発も日本国内で議論の俎上に上っていた．

　このような状況の下，日本はインドネシアとの国交を正常化し，賠償協定及び経済協力協定を締結した．1957年11月にインドネシアを訪問した岸は貿易債務の棒引きによって賠償交渉を一気に妥結させた．岸の訪問以前に日本の財

界人がインドネシア政界にアプローチいていたことを踏まえると，インドネシアへの経済進出という日本企業の要望が岸を動かし，対インドネシア経済外交の動機を作ったのではなかろうか．換言すれば，岸のインドネシアに対する経済外交は，財界人や企業との相互作用の産物だったと言えよう．そして，これら財界人や日本企業，外務省，通産省が連携体制を作り出しながら，戦後日本のインドネシアへの経済進出を実現したのである．国交正常化により，日本企業は経済協力という合法的手段によってインドネシアへ進出することが可能になった．その具体的な手法は，石油やニッケル，森林といった業界の日本企業が国内体制を一本化させて直接インドネシア政府との交渉にあたるというものであった．国交正常化と前後して，非国家主体である企業とインドネシア政府が経済分野での交渉を行った点で，「民間経済外交」とも言える活動形態であった．

　その際日本政府は，対外関係上は東南アジアの防共を掲げ，日本企業との関係上はインドネシアとの経済関係樹立を掲げる形でスカルノ政権との関係を築いた．だからこそ，かつての商圏であるインドネシアに日本企業が進出することを，蘭英は容認したのであろう．その代表例こそが，経済協力の原型となる北スマトラの石油開発だった．そして，米国は NSC-6023 の採択を通じ，スマトラ，カリマンタン，スラウェシを，資源戦略上の重要地域と位置づけた．戦前期から日本企業が獲得を目指した同地域の権益は，米国の冷戦戦略によって西側諸国が確保すべき権益とみなされたのである．インドネシアの防共のために日本を活用するという米国の方針と，日本企業の上記地域への経済進出計画は整合した．

　経済協力のプロジェクトとなったスマトラの石油開発，スラウェシ島のニッケル開発，カリマンタンの森林開発は，軍政期からの明確な連続性を見出すことができるものである．これらが戦後に経済協力として復権する際，日本企業においても軍政下蘭印に駐留経験のある軍政期人脈が重用された．西嶋重忠や清水斉，宮元静雄などの軍政監部出身者は，インドネシア政財界の懐深くに入

り込み，その人脈を生かした形で事業組成に尽力した．かつて軍事力で蘭印を占領し，強権的に現地企業を接収したうえで事業運営に当たった日本企業・日本人が，今度は合法的な経済協力として再び同地に進出しようとしたのである．かつての軍政経験者は戦後の産官の連携構造にも埋め込まれていたのだった．

このように考えた際，冷戦は日本企業のインドネシア進出を西側諸国が容認する要因になったとは考えられるが，日本企業の進出を形作る要因だったとは言えないのではないか．むしろ，戦前期から続く日本企業のインドネシア進出が，米国の冷戦戦略に影響を与え，インドネシアを取り巻く国際関係が徐々に変化していくという側面もみられた．日本企業の経営陣にとって，冷戦とは自らに操作性がない外部要因だったことだろう．しかし，結果として日本企業の活動がインドネシアを取り巻く国際環境に影響を与えたのであれば，日本企業は意図せざる結果を国際関係に与えたと言えよう．

そして，池田政権下の日本はインドネシアへの関与を積極化し自主外交を展開した．カレル・ドールマン号事件を通じ，日本はインドネシアの意思を尊重し，政治経済両面での関係を強化した．その後，マレーシア紛争を契機にインドネシアから撤退するイギリスも，インドネシア安定の役割を日本に期待するようになった．池田政権が提示した「日米欧」三極構想に基づき，日本を極としてアジアの安定化を目指す方針は，インドネシアを舞台に実現が進められたのである．

だからこそ，戦後日本のインドネシアへの進出過程は，戦後史としてではなく，20世紀全体の長い歴史の中で位置づけられるべきである．20世紀初頭以来，日本にとってインドネシアは資源調達の舞台であり，同時にインドネシアにとって日本は対蘭独立を遂げるために甘受する対象であり続けた．この延長線上に「経営の真空」が出現したとき，戦後日本の経済進出が経済協力として実現したのである．

ただし注意すべきは，戦後日本のインドネシアへの経済進出が，アジアへの膨張主義の発露として行われたわけではない点であろう．戦前期に蘭印に武力

進攻し，現地企業を接収の上で資源調達を行った日本は，その背後に大アジア主義的膨張性と攻撃性を備えていた．産官軍の連携があったとはいえ，そこでの産の役割は国策を実現するための実施主体にすぎない．一方，戦後における進出の端緒は，日本企業個社が存続及び発展を賭して海外事業を組成しようとしたことにある．こうした個社が体制を一本化させ，産官の連携に基づき進出を遂げたのだった．ゆえに，これら企業の行動原理は，膨張性や攻撃性ではなく企業としての営利追及だったのだろう．また，軍政期人脈の中には，かつての駐留地に対する思慕やインドネシア発展を願う素朴な感情があった．こうした複雑な思いが，日本企業を動かし，そして政権との連携を進めていったのであろう．

　では，戦後日本の経済進出は，インドネシアの脱植民地化を促したのだろうか．蘭英に代替する外国資本となった日本は，確かに西洋植民地主義からの脱却を促した．しかし，今度は日本というアジアの経済大国に依存した形でインドネシア経済が形作られたのではあるまいか．国交正常化の時期にインドネシアの一部メディアが，日本の進出を経済侵略と批判した背景には，こうした事情がある．この点に関して，本論では紙面の関係もあり，十分な分析を加えることはできず今後の課題としたいが，下記の考察を述べたい．

　そもそも，経済協力の効率的組成という目的はともかく，軍政期人脈の活用を無条件に評価することは控えねばならない．植民地支配からの解放を謳う日本軍政が，蘭印の人々の財産と尊厳を奪った歴史を消すことはできない．その軍政の行為者を企業の実利的観点から重用すれば，軍政支配に対する反省が希薄だという批判を免れないだろう．その一方，「経済的独立を遂げるために，日本軍政の遺産を活用する」というインドネシアの方針もまた，「対蘭独立を遂げるために，日本軍政を受け入れる」という理念を継承したものにほかならない．この結果，スカルノの「対日協力」はスカルノ自身の失脚まで続き，日本企業はスカルノとの「蜜月関係」に依存した．すなわち，軍政期の遺産と記憶は戦後日本のインドネシアとの関係にも継承されていた．戦後日本企業のイ

ンドネシア進出の動機が，純粋な営利目的あったとしても，「かつての軍政主体」を受忍したインドネシアの人々の存在が忘れられてはならない．

　以上の議論に基づけば，戦後日本の対インドネシア経済外交は，日本政府が主導し，経済界が追随したものではなく，日本政府と経済界の相互作用の中で，正規外交へと発展したものと言える．本来，こうした産官連携のダイナミズムこそが，戦後日本の国際経済への復帰と政府による経済外交を規定した要因として論じられるべきではなかろうか．戦後日本の外務省には経済局が設置され，通産省の通商政策局とともに経済協力や日本企業の海外展開を促進していくが，その背後には日本企業の海外進出願望があったはずである．こうした願望を実現するために，諸外国に対する経済外交が展開されたと考えるのが自然であろう．この議論が妥当ならば，「吉田ドクトリン」に象徴される経済重視の日本外交は，それ自体独立した「官製」の外交政策として存在していたとみるよりも，経済界の要望を踏まえ，日本企業との連携と相互作用に基づき，実施されていったという側面がより浮き彫りにされるべきである．

　この点が既存の経済外交研究で重視されてこなかったのは，経済領域における政府間交渉に焦点が置かれ，企業の動向が軽視されていたことが原因ではなかろうか．確かに，政府による外交記録と比べ，企業個社の活動を記録した史料は入手が容易ではない．また，企業の行動を論じる際には，企業の意思決定構造や企業実務のあり方など，学際的議論を援用する必要がある．これらの点を克服し，実体経済の担い手である企業の動向を包含する形で，今後の経済外交研究は進められる必要があろう．本書では具体的な視点を詳細に紹介する余力がないが，今後の経済外交における学際的な視点の導入を期待したい．

2　経済外交の実態解明に向けて

　本研究は，インドネシアを事例とするものであるが，上記のような日本企業をめぐる国内外の構図は，戦後日本企業のアジア認識や政府との連携のあり方，

そして軍政期人脈との関係をある程度まで一般的に示しているのではなかろうか．議論を終えるにあたり，いくつかの試論を試みたい．

　第一に，アジア諸国における脱植民地化が戦後日本の経済進出の契機となった可能性である．第二次世界大戦後の日本企業は，プラント輸出政策を通じて海外進出を試みていた．しかし，欧米諸国が植民地期から構築していた商圏に日本企業が進出するのは容易ではなかった．だからこそ，アジアの脱植民地化に伴う外国企業の接収や欧米企業の撤退は，日本企業にとって進出の機運を高める好機となりえた．そして，欧米企業が撤退したアジア市場に日本企業が入り込むことで，アジア諸国の西洋植民地主義からの脱却は進む一方，近代日本のアジア主義は残像として存在し続けたのであろう．

　第二に，図らずも日本企業が米国の冷戦遂行を担う主体となった可能性である．企業の冷戦に対する主体的関与がなかったとしても，米国が日本企業の活動を通じてアジア諸国の防共を図るという構図がインドネシア以外でも見られたのではなかろうか．このように考えていくと，アジアにおける冷戦構造は，正式の外交ルートに基づく関係のみならず，日本企業などの非国家主体や非公式チャネルを踏まえた上で，さらに包括的に論じられるべきものなのだろう．

　第三に，日本の産官の「阿吽の呼吸」とでも言うべき連携が日本企業の海外進出を進めたという可能性である．外国政府に対して経済協力に向けたアプローチを日本企業が担い，日本政府は政策的支援と政府間交渉を担うという役割分担は，インドネシア以外でも成立し得る．また，日本企業と政府および政治家の間に分かち難い人脈上のつながりがあり，日常的に企業活動についての情報連携がなされていたことも重要だったのだろう．戦後日本のアジアに対する国際関係を経済的な文脈で論じる際には，日本政府と表裏一体の存在として，日本企業の動向を考慮する必要があろう．

　第四に，上記の産官の連携に軍政期人脈が埋め込まれていた可能性である．アジア各国での企業活動を行うためには，現地の事情を熟知し，政財界と人脈を持つ人物が重要な役割を果たした．こうした「水先案内人」として，軍政期

人脈を辿ることは不自然ではない．そしてその結果，戦前戦後で継続した推進主体と事業内容でアジアへの進出を図るといった現象が生じたのではなかろうか．この意味で，軍政期人脈を埋め込んだ産官の連携構造は，戦後日本企業の典型的な海外進出手法として用いられた可能性がある[1]．

　第五に，インドネシアへの経済進出が，戦後日本が経済大国としてアジア国際社会と関係を樹立するモデルケースとなった可能性である．東南アジアで最大の人口を擁するインドネシアへの経済進出経験が，1965 年の日韓国交回復に伴う韓国への経済進出や，民間貿易を経て 1972 年に国交回復を遂げた中国への経済進出の際にも活用された可能性はあろう．

　以上のように，本研究の結果は，インドネシアへの日本企業の進出過程のみならず，戦後日本のアジアとの経済関係に議論の射程を広げる可能性を有するものである．今後，実態解明と比較研究を踏まえ，その現代的意義についてさらなる研究と吟味が求められる．

　ただし，本研究にも制約や残された課題は存在する．例えば，戦後日本の資本を受容したインドネシアの事情である．本書では，脱植民地化に伴う「経営の真空」や軍政期人脈の存在を挙げたが，ほかにもスカルノという極めて個性的な政治指導者の存在や，開発独裁といった政治形態も要因として考えられる．これら複数の要因の軽重を分析することで，インドネシアをはじめ諸外国に戦後日本が経済進出を果たしていく過程がより明らかになると思われる．

　また，インドネシアの政権横断的な比較に基づく分析も必要であろう．本書は，脱植民地化を主導したスカルノが失脚するとともに，米国の対東南アジア冷戦戦略の転換が生じた 1965 年までを主な分析対象とした．一方，スカルノ路線からの転換を目指したスハルト政権期との比較分析が進めば，日本の産官連携の構図や埋め込まれた軍政期人脈の影響と限界もさらに解明できるものと考えられる．

　さらに，入手できた史料上の制約もある．政府機関とは異なり，民間企業には文書の長期保管は義務付けられていないため，企業個社や財界人の意思決定

過程を具体的に追うことは難しかった．第二次世界大戦の終結までに青年期を過ごした財界人の胸中には，大アジア主義的な膨張主義への懐古や反省もあっただろう．こうした認識がどこまで企業活動に反映されていたかという点についても解明が望まれる．そのためにも，これまで重視されてこなかった企業史料のアーカイブス化を願う．また，本書ではオランダの史料入手ができずにオランダ側の思惑を十分に反映できなかった．オランダのインドネシアからの撤退は，米国の冷戦政策に大きく影響されたとはいえ，より実相に迫るためにもオランダ政府文書の分析に基づく精緻化が課題である．

注

1）例えば，姜尚中・玄武岩の研究では，岸信介と朴正煕の戦前期における関係や満州をモデルとした経済開発が，戦後の国内政治経済体制のあり方に影響を及ぼし，日韓両国で一定程度の類似性が見られる原因になったとされる［姜・玄 2016：217-218］．

あ と が き

　本書は，2017 年 7 月に一橋大学大学院法学研究科に提出した博士論文「戦後日本のインドネシアへの経済進出過程——冷戦と脱植民地化の過程における民間経済外交」をベースとし，新たに入手した史料と下記に示す研究成果を踏まえて全面的に改訂したものである．

　「プラント輸出と戦後賠償の狭間——岸政権下における輸銀法および輸出保険制度の改正」『山口経済学雑誌』67 巻 1・2 号（2018 年 7 月）1-23 頁．

　「日尼国交正常化における民間企業の役割——経済外交推進の構図に関する考察」『国際政治』195 号（2019 年 3 月）43-58 頁．

　「「希望の国」ボルネオの戦後——カリマンタン森林開発をめぐる日本の官民関係」『山口経済学雑誌』68 巻 1・2 号（2019 年 7 月）13-37 頁．

　また，本書は科学研究費助成事業・若手研究「国交正常化過程における民間企業の役割：戦後日本の企業とアジア国際社会」（研究課題番号：JP19K13628）の研究成果の一部である．なお執筆に引用した日本語文献のうち，旧漢字のものについては原則的に新漢字に改めた．外国語文献のうち，邦訳が存在しないものについては引用時に著者が訳出した．

　本書が刊行される 2020 年は，第二次世界大戦の終結から 75 年という節目の年に当たる．国際法上の厳密さはともかく，日本では 1945 年 8 月 15 日を境に戦後が始まったという認識は一般的なものであり，戦後という時代が終わる様相は見られない．大いに議論はあろうが，戦後は多くの日本人にとって終わらすべきでない「平和な時代」だったのである．また，字義通りに解釈すれば，「戦前」や「戦時中」という時代区分と異なり，「戦後」に終わりはない．

　一方，戦後という概念そのものが世界のすべてにおいて共有されているわけではない．冷戦の終わりがそうであるように，第二次世界大戦の終結によって，アジア諸国が「平和な時代」を即座に享受できたわけではなかった．むしろ帝国秩序の解体と冷戦の激化により，新たな火種が生まれる契機でさえあり得た．ゆえに，本書が題名に掲げた「蘭印の戦後」が，いつから始まる時代を示しているのかは不明確だろう．本書で述べたように，8月15日の玉音放送ののちにも，インドネシアでは日本軍政が一定期間継続し，その後はオランダとの独立戦争に突入した．独立達成後にもインドネシア各地で地方反乱が相次ぎ，時として周辺諸国との武力対立も生じた．インドネシアには戦後という時代が本当に来たのであろうか．

　こうした日尼間での時代区分認識に相違がありつつも，「戦後」という枠組みで両国を取り巻く国際関係史を捉えることが果たして妥当なのであろうか．日本が戦後を歩む一方で，インドネシアは蘭印の記憶を抱え続けたのである．そこで著者は，8月15日を包含する20世紀史として両国の歴史をとらえるべきと考え，「蘭印の戦後」という歪な言葉を当てはめた．

　本書のもう一つの狙いは，やや気負った形ではあるが，政官以外の人々の存在を国際関係史に組み込みたいというものである．外交や安全保障が政府の専権事項とされる一方で，外交・安保は人々の人生に大きく影響する．しかし，政官以外の人々を国際関係に翻弄されるだけの存在として捉えることは民主主義国に生きる一人の市民として控えたい．そこで，間接的にではあれ国際関係に影響を与えうる存在だということを示すべく，「経済大国」となっていく日本の経済の担い手であった企業人に着目した．戦後日本の「サラリーマン社会」が揺らぐ中で，企業人の存在意義を新たな側面から照らすことができたならば幸いである．本書がインドネシア進出に従事した企業人の姿を追ったように，現在の企業人の姿が後世の研究者によって歴史として叙述されることを願う．

　こうした問題意識は著者の来歴とも深く結びついている．1982年生まれの

著者は，当然ながら第二次世界大戦を直接経験してはいない．しかし，祖父母の戦争経験を聞いて育つ中で，戦争は自分の家族をかつて取り巻いた大きな出来事として映った．そこで，水木しげるや手塚治虫の戦争漫画を読みふけり，戦時の人々の追体験を試みるようになったのである．また，著者が育った埼玉県入間市は，自衛隊の入間基地と米軍の横田基地の間にある．自衛隊の滑走路の横を通って高校に通学し，横田基地の友好祭ではパラシュート部隊に嬌声をあげた．振り返ると，こうした一連の経験が国際政治の研究を志す原動力になった感がする．

　不真面目だった学部時代，東南アジア諸国を旅し，発展途上国らしい躍動感と熱帯地域特有の穏やかさを体感したことは，その後の著者の関心を大きく方向づけた．そして，その東南アジアの各地に日本軍兵士の墓地があり，戦争の記憶が現地の社会に刻まれていることを知った．修士課程では，日本における戦争の記憶をアジア諸国との関係の中で模索した．日本において歴史修正主義が台頭していた当時，日本人が戦争の被害者であると同時に加害者でもあるという小田実の議論は，セピア色の名作写真のように当時の著者の心を捉えた．

　就職後には，東南アジア諸国の産業政策に関する調査に従事し，インドネシアでは日本企業の進出を支援する機会も得た．インドネシアに行くたびに発展の実感を得られたことは幸甚であったが，違和感も湧いた．ジャカルタ中心部には日本食レストランが立ち並び，家電量販店や百貨店にも日本企業の製品があふれている．ビジネスホテルには日本式の大浴場を用意している施設もある．なぜこれほどまでにインドネシアにおいて日本が受容されているのか，私にとっては異様とも思えるインドネシアの「日本化」に疑問を隠せなかった．

　そこで，その歴史的経緯を解明すべく，仕事を続けながらも大学院で研究を再開したいと思うに至った．一橋大学大学院法学研究科博士課程在学時には，権容奭先生と青野利彦先生のご指導を受けた．権先生は，博士課程の入試に突然出願した著者の指導を快諾され，明るくフランクに励まし続けてくださった．日韓両国を渡り歩きながら日本外交や東アジア国際社会を考察する権先生の姿

勢によって，日尼関係に関する著者の問題関心が学術的なものに高まった．ご多忙な中，夜の研究室で博士論文の原稿に丁寧なコメントをいただいたことも著者にとって忘れ難い思い出になっている．青野先生には一次史料の探し方などを教えていただくとともに，冷戦史の観点から日尼関係をとらえる発想を授けていただいた．在外研究先のイギリスからも原稿にコメントを頂戴し，大学院修了後にも本書の刊行や研究推進に向けたアドバイスをいただいている．研究業績を次々と発表する先生の背中を見ながら，著者も研究者としての矜持をもって歩んでいきたい．仕事に追われながら遅々として研究の進まない著者を見守って下さったお二人の先生には感謝の言葉のほかなく，学恩に報いていきたい．

また，東京大学大学院公共政策学教育部時代には，藤原帰一先生から研究論文のご指導を受けた．国際紛争から映画までを幅広くカバーする先生の教養の深さに脱帽するとともに，国際政治の冷厳な現実に真摯に向かい合う姿勢に襟を正した．一橋大学社会学部時代にご指導を受けた加藤哲郎先生は政治や歴史を学ぶ面白さを教えてくださった．著者が山口大学に赴任する際，「研究室の本棚が埋まらないと寂しいだろう」と仰り多くの蔵書をご恵贈いただいた．お世話になった先生方や大学院の友人たちに改めて感謝申し上げる．

前職の野村総合研究所時代には，優秀でバイタリティのある同僚たちから多くの刺激とアイデアを頂いた．お世話になったすべての方々を紹介することはできないが，ただ一人だけお名前を挙げたい．著者にインドネシアで仕事をする初めての機会を与えてくれた荻本洋子さんである．根治不能の病で余命が迫る中においてさえ，私に向けてくれた笑顔を忘れることはできない．その笑顔を再び見ることのできない現実は，残酷というほかない．ご冥福を祈る．

刊行に当たっては，晃洋書房の丸井清泰さんと坂野美鈴さんにお世話になった．日本国際政治学会の2018年度研究大会でお会いした丸井さんが，私の研究に興味を持って下さらなかったら，本書は日の目を見なかったことだろう．そして，「山口大学経済学部研究双書基金新任研究者出版助成シリーズ第5冊」

として本書の刊行にご尽力いただいた山口大学経済学部の教職員の皆さんに感謝を申し上げる.

　最後に私事ではあるが，著者を育ててくれた両親と妹，研究者になるという著者の夢に賛同してくれた妻の桂子，娘の彩友香に感謝する．いつか娘が父の学問的関心の足跡を辿り，実りある人生の一助としてくれることを願い，筆を置く.

　2019 年 12 月

山口にて　八 代　　拓

参 考 文 献

一次史料（日本）

海外技術協力事業団『インドネシア共和国ポマラ地区ニッケル精錬所建設計画調査報告書』海外技術協力事業団，1972 年．

海外経済協力基金調査部『インドネシア調査資料第 23 号』海外経済協力基金，1965 年．

外務省アジア局第三課「インドネシア共和国の経済開発計画について 昭和 28 年 5 月ア三調書甲第八号」外務省，1953 年．

経済審議庁『アジア経済の概観』，1953 年．

戦後期外務省記録，リール番号 A'-0150，外交史料館．

戦後期外務省記録，リール番号 A'-0151，外交史料館．

戦後期外務省記録，リール番号 A'-0152，外交史料館．

戦後期外務省記録，リール番号 A'-0153，外交史料館．

戦後期外務省記録，リール番号 A'-0174，外交史料館．

戦後期外務省記録，リール番号 A'-0396，外交史料館．

戦後期外務省記録，リール番号 A'-0423，外交史料館．

戦後期外務省記録，リール番号 E'-0214，外交史料館．

戦後期外務省記録，リール番号 E'-0215，外交史料館．

戦後期外務省記録（2018 年 12 月 19 日公開）

台湾総督府外事部『台湾総督府外事部調査資料第 116（一般部門第 18）ボルネオ事情概要』台湾総督府，1943 年．

大日本山林会林業文献センター Box.No. 650.2K

大日本山林会林業文献センター Box.No. 650.2R

大日本山林会林業文献センター Box.No. 650.2M

大日本山林会林業文献センター Box.No. 650.2N

大日本山林会林業文献センター Box.No. 650.4Z

大日本山林会林業文献センター Box.No. 651.1M

大日本山林会林業文献センター Box.No. 651.8Y

拓務省拓務局『海外拓殖事業調査資料第 20 巻 蘭領ボルネオノ産業ト邦人』拓務省，1933 年．

東亜経済研究所『南方諸地域の石油 資料丙第 3012 号 C（第八調査委員会資料 23)』東亜経済研究所，1942 年．

南洋経済研究所『南洋資料第 332 号 昭和 18 年 10 月 南方林業経営の苦心』南洋経済研究所出版部，1944 年．

農商務省山林局『南洋「ボルネオ」に於ける産業』大日本山林会，1918 年．

一次史料（米国）

Confidential U.S. State Department Central Files, Indonesia 1960-January 1963, Internal Affairs and Foreign Affairs, Reel 13.

Confidential U.S. State Department Central Files, Indonesia 1960-January 1963, Internal Affairs and Foreign Affairs, Reel 15.

Confidential U.S. State Department Central Files, Indonesia 1960-January 1963, Internal Affairs and Foreign Affairs, Reel 16.

United States Department of State, *Foreign Relations of the United States, 1949, Vol. 7, The Far East and Australasia (in two parts) Part1*, Washington, D.C.: U.S. Government Printing Office.

United States Department of State, *Foreign Relations of the United States, 1950, Vol. 6, East Asia and the Pacific*, Washington, D.C.: U.S. Government Printing Office.

United States Department of State, *Foreign Relations of the United States, 1951, Vol. 1, National Security Affairs; Foreign Economic Policy*, Washington, D.C.: U.S. Government Printing Office.

United States Department of State, *Foreign Relations of the United States, 1951, Vol. 7, Asia and the Pacific (in two parts) Part1*, Washington, D.C.: U.S. Government Printing Office.

United States Department of State, *Foreign Relations of the United States, 1952-1954, Vol. 12, East Asia and the Pacific (in two parts) Part1*, Washington, D.C.: U.S. Government Printing Office.

United States Department of State, *Foreign Relations of the United States, 1952-1954, Vol. 12, East Asia and the Pacific (in two parts) Part 2*, Washington, D.C.: U.S. Government Printing Office.

United States Department of State, *Foreign Relations of the United States, 1955-1957, Vol. 22, Southeast Asia*, Washington, D.C.: U.S. Government Printing Office.

United States Department of State, *Foreign Relations of the United States, 1955-1957, Vol. 23, Japan*, Washington, D.C.: U.S. Government Printing Office.

United States Department of State, *Foreign Relations of the United States, 1958-1960, Vol. 17, Indonesia*, Washington, D.C.: U.S. Government Printing Office.

一次史料（イギリス）

FO371 British Foreign Office Files for Post-War Japan, FO371, part1: Complete files for 1952-1953, Reel 33.

FO371 British Foreign Office Files for Post-War Japan, FO371, part2: Complete files for 1954-1956, Reel 51.

FO371 British Foreign Office Files for Post-War Japan, FO371, part3: Complete files for 1957-1959, Reel 81.

FO371 British Foreign Office Files for Post-War Japan, FO371, part3: Complete files for

1957-1959, Reel 83.

FO371 British Foreign Office Files for Post-War Japan, FO371, part3: Complete files for 1957-1959, Reel 90.

FO371 British Foreign Office Files for Post-War Japan, FO371, part4: Complete files for 1960-1962, Reel 105.

FO371 British Foreign Office Files for Post-War Japan, FO371, part4: Complete files for 1960-1962, Reel 112.

FO371 British Foreign Office Files for Post-War Japan, FO371, part5: Complete files for 1963-1965, Reel 123.

FO371 British Foreign Office Files for Post-War Japan, FO371, part5: Complete files for 1963-1965, Reel 130.

一次史料（オーストラリア）

National Archives Australia ［オンライン公開資料 https://recordsearch.naa.gov.au 以下 NAA と略記］ NAA: 1838, "Japan-Relations with Indonesia- Japanese Attitude to West New Guinea"

NAA: 7133, 8, "Australian Secret Service- Records on Indonesia, Part1."

NAA: 7133, 9, "Australian Secret Service- Records on Indonesia, Part2."

NAA: A1838, 3034/11/89/ Part4 Indonesia- Relations with other Countries-Indonesia, Japan

NAA: A1838, 3034/11/89/ Part 6 Indonesia- Relations with other Countries-Indonesia, Japan

NAA: A1838, 3103/11/106/ Part 2 Japan-Relations with Indonesia

NAA: A1838, 3103/11/106/ Part 3 Japan-Relations with Indonesia

一次史料（インドネシア）

Bank Indonesia "Statistical Pocketbook of Indonesia" 1961.

文　献

＜邦文献＞

青山育生［2005］『「日の丸」の原油を追って──追憶の「インドネシア石油」』新風舎.

アジア経済研究所『研究参考資料 No.3. インドネシア貿易と自転車産業』アジア経済研究所，1959 年．

アジア問題研究会［1955］「インドネシアの貿易構造」『アジア問題』2(6).

有馬駿二［1957］「インドネシア経済の現状とその問題点」『月刊インドネシア』115.

池田亮［2015］「西欧への二つの挑戦──脱植民地化と冷戦の相互作用」，益田実ほか編『冷戦史を問い直す──「冷戦」と「非冷戦」の境界』ミネルヴァ書房.

池田勇人［1960］「通商産業政策の方向」『通商産業研究』8(1).

石川一郎ほか［1950］「いかにしてプラント輸出を促進するか（座談会）」『日産協月報』5(6).

石井修［2000］『国際政治史としての 20 世紀』有信堂.

板垣與一［1953］「賠償問題と東南アジアへの影響」『経済往来』5(11).

───［1955］「インドネシア政治の現勢」『アジア問題』2(6).

───［1956］「アジア・ナショナリズムの現段階的諸相──その基本的理解のために」『一橋論叢』35(1).

───［1957a］「アジア経済外交の方途」『国際政治』2．

───［1957b］「アジア研究体制の確立に関する構想」『アジア問題』7(2).

───［1959］「東南アジアの民族主義と共産主義」『一橋論叢』41(6).

───［1962］「東南アジアのナショナリズムと経済発展──植民地主義の遺産をいかに評価すべきか」『アジア経済』3(5).

板垣與一編［1963］『調査研究報告叢書　第 40 集　インドネシアの経済社会構造』アジア経済研究所.

───［1964］『研究参考資料 No.60. インドネシアの経済開発と国際収支』アジア経済研究所.

板谷康男［1956］「志村化工株式会社のニッケル製錬」『日本鉱業会誌』72.

入江昭［2000］『新・日本の外交──地球化時代の日本の選択』中央公論新社.

井上寿一［2012］『"経済外交"の軌跡──なぜアジア太平洋は一つになれないのか』NHK 出版.

入江寿大［2009a］「池田勇人の対東南アジア外交（一）」『法学論叢』165(2).

───［2009b］「池田勇人の対東南アジア外交（二）」『法学論叢』166(1).

岩川隆［1982］『巨魁──岸信介研究』徳間書店.

岩見隆夫［2012］『昭和の妖怪──岸信介』中央公論新社.

インドネシア日本占領期史料フォーラム［1991］『証言集──日本軍占領下のインドネシア』龍渓書舎.

インドネシア国立文書館編［1996］『二つの紅白旗──インドネシア人が語る日本占領時代』木犀社.

上田寅蔵［1952］「東南ア開発と輸出入銀行」『貿易界』42.

遠藤尚之［1958］「戦後最悪のインドネシア経済」『月刊インドネシア』131.

大森実［1957］「スカルノ大統領会見記」『中央公論』72(11).

――――［1965］「スカルノ大統領単独会見記――国際事件記者18」『中央公論』80(5).

ヴァン・デル・クレフユスット［1957］「スカルノ的デモクラシー　下」『エカフェ通信』142.

岡倉天心［1980］『岡倉天心全集　第一巻』平凡社.

荻野敏雄［2003］『日本国際林業関係論』日本林業調査会.

大岩泰［1977］「アンタム社ポマラ・フェロニッケル精錬所建設について」『日本鉱業会誌』93（1074）.

加納啓良［2004］『現代インドネシア経済史論――輸出経済と農業問題』東京大学出版会.

辛島理人［2014］「日本型地域研究の生成と制度化――戦後日本経済とアジア研究」『人文学報』105.

姜尚中・玄武岩［2016］『大日本・満州帝国の遺産』講談社.

菅英輝［2011］「東アジアにおける冷戦」, 和田春樹・後藤乾一・木畑洋一ほか編『東アジア近現代通史7：アジア緒戦争の時代1945-1960年』岩波書店.

岸幸一［1962］「スカルノの社会主義」『エカフェ通信』320.

岸信介［1983］『岸信介回顧録――保守合同と安保改定』廣済堂.

木畑洋一［2014］『20世紀の歴史』岩波書店.

木畑洋一編［2011］『東アジア近現代通史7――アジア緒戦の時代1945-1960年』岩波書店.

――――［2017］「援助の墓場？――1960年代オーストラリアのインドネシア援助政策」, 渡辺昭一編『冷戦変容期の国際開発援助とアジア』ミネルヴァ書房.

木村昌人［1989］『日米民間経済外交』慶応通信.

桐山昇［2008］『東南アジア経済史――不均一発展国家群の経済結合』有斐閣.

金光男［1991］「北スマトラ石油帰属問題1945～1957――軍の石油管理への足がかり」『アジア経済』32(10).

金融問題調査委員会［1954］「日本輸出入銀行について」『金融』93.

権容奭［2008］『岸政権期の「アジア外交」――「対米自主」と「アジア主義」の逆説』国際書院.

工藤志郎［1965］「一ラウンドを経験したカリマンタン森林開発」『木材工業』20(6).

倉沢愛子［1999］「インドネシアの国家建設と日本の賠償」『年報日本現代史』5.

――――［2011］『戦後日本＝インドネシア関係史』草思社.

――――［2014］『9・30世界を震撼させた日――インドネシア政変の真相と波紋』岩波書店.

黒崎久［1957］「スカルノ構想の動因と内容――インドネシア政情不安の経緯について」『海外事情』3(10).

国際協力銀行［2003］『海外経済協力基金史』国際協力銀行, 2003年.

国際法事例研究会［2016］『戦後賠償』ミネルヴァ書房.

国分良成［1993］「東アジアにおける冷戦とその終焉」, 鴨武彦編『講座・世紀間の世界政

治：第3巻アジアの国際秩序』日本評論社.

後藤乾一［1989］『日本占領期インドネシア研究』龍渓書舎.

──────［1993］「東南アジアにおける『戦時対日協力』の諸相」，大江志乃夫ほか編『近代日本と植民地6──抵抗と服従』岩波書店.

──────［2012］『東南アジアから見た近現代日本──「南進」・占領・脱植民地化をめぐる歴史認識』岩波書店.

・山崎功［2001］『スカルノ──インドネシア「建国の父」と日本』吉川弘文館.

小林和夫［2006］「日本占領期ジャワにおける『伝統の制度化』─隣組制度とゴトン・ロヨン」『アジア経済』47(10).

斎藤鎮男［1977］『私の軍政記──インドネシア独立前夜』ジャワ軍政記刊行会.

──────［1991］『外交』サイマル出版会.

坂田善三郎［1964］「インドネシアの開発政策」，板垣興一編『インドネシアの経済開発と国際収支』アジア経済研究所，研究参考用資料第60集.

佐々木卓也［2002］『戦後アメリカ外交史』有斐閣.

──────［2011］『冷戦──アメリカの民主主義的生活様式を守る戦い』有斐閣.

薩摩晃［1969］「仏領ニュー・カレドニア島のニッケル鉱床」『鉱山地質』19(94).

清水斉［1955］「独立の設計図」『月刊インドネシア』101.

首藤素子［1978］「スカルノ体制におけるPKI」『一橋研究』2(4).

──────［1982］「アジアの冷戦構造とスカルノ体制」『成城法学』11.

JOGMEC［2014］『レアメタル・ハンドブック2014』JOGMEC.

白木満［1956］「海外投資保険制度について」『財政経済弘報』566.

真野温［1958］「輸出振興と輸出保険」『通商産業研究』6(8).

スカルノ［1952］「インドネシア苦難の7年」『世界週報』33 (27).

──────［1955］「新しいアジア・アフリカを誕生させよ──開会宣言」『世界』114.

──────［1957］「民族生長の歴史に逆行するなかれ──制憲議会成立式におけるスカルノ大統領の告示」『月刊インドネシア』113.

鈴木恒之［2019］『スカルノ──インドネシアの民族形成と国家建設』山川出版社.

鈴木宏尚［2013］『池田政権と高度成長期の日本外交』慶応大学出版会.

末廣昭［1995］「経済再進出への道」，中村政則・天川晃・尹健次・五十嵐武士編『戦後改革とその遺産』岩波書店.

──────［1997］「戦後日本のアジア研究-アジア問題調査会，アジア経済研究所，東南アジア研究センター」『社会科学研究』48(4).

鈴木宏尚［2008］「池田外交の構図」『国際政治』151.

住友金属鉱山［1970］『住友金属鉱山20年史』住友金属鉱山.

──────［1991］『別子300年の歩み──明治以降を中心として』住友金属鉱山.

石油資源開発［1987］『石油資源開発株式会社30年史』石油資源開発.

須山卓［1960］「流通機構と企業の実態」アジア経済研究所『調査研究報告双書第3集：インドネシア貿易流通機構』アジア経済研究所.

大日本山林会［2000］『戦後日本林政史・年表』大日本山林会.

高瀬弘文［2013］「「経済外交」概念の歴史的検討」『広島国際研究』19.

高塚年明［2007］「国会から見た経済協力・ODA(3)」『立法と調査』269.

高橋芳三［1959］「輸出保険制度について」『経済集志』29(2).

高山慶太郎［1942］『南洋の林業』豊国社.

田中紀夫［1961］「カリマンタンの森林開発」『木材工業』16(4).

谷口五郎［1958］「「指導される経済」と外資」『月刊インドネシア』133.

谷野作太郎［2015］『外交証言録アジア外交――回顧と考察』岩波書店.

鄭敬娥［2014］「「開発」問題の国際的展開と日本のアジア多国間枠組みの模索」菅英輝編『冷戦と同盟』松籟社.

塚本堯［1970］『インドネシア林業と開発輸入』日本林材新聞社.

都丸潤子［2009］「バンドン会議と日英関係――イギリスの対アジア，対国連政策の変容を軸に」，北川勝彦編『脱植民地化とイギリス帝国』ミネルヴァ書房.

デヴィ・スカルノ，R.［2010］『デヴィ・スカルノ回想記』草思社.

東洋拓殖［1937］『東洋拓殖株式会社要覧――昭和12年12月』東洋拓殖株式会社.

中野亜里・遠藤聡・小高泰［2010］『入門東南アジア現代政治史』福村出版.

中野聡［2006］「植民地統治と南方軍政」，倉沢愛子・杉原達・成田龍一ほか編『支配と暴力』岩波書店.

中村隆英・宮崎正康編［2003］『岸信介政権と高度成長』東洋経済新報社.

西嶋重忠［1975］『証言インドネシア独立革命――ある日本人革命家の半生』新人物往来社.

西田彰［1953］「輸出保険法と変わった輸出信用保険法」『時の法令』105.

日商［1968］『日商40年の歩み』日商.

日本経済新聞社［1957］『私の履歴書　第4集』日本経済新聞社.

――――［1961］『私の履歴書　第12集』日本経済新聞社.

――――［1962］『私の履歴書　第17集』日本経済新聞社.

――――［1964］『私の履歴書　第21集』日本経済新聞社.

――――［1966］『私の履歴書　第27集』日本経済新聞社.

日本冶金工業［1985］『日本冶金工業六十年史』日本冶金工業.

日本輸出入銀行［1973］『10年のあゆみ』日本輸出入銀行.

根本敬［2006］「東南アジアにおける「対日協力者」」，倉沢愛子・杉原達・成田龍一ほか編『支配と暴力』岩波書店.

橋谷弘［1997］「東南アジアにおける日本人会と日本人商業会議所」，波形昭一編『近代アジアの日本人経済団体』同文館.

長谷川隼人［2015］「岸内閣期の内政・外交路線の歴史的再検討」一橋大学博士論文.

波多野澄雄［1991］「国防構想と南進論」，矢野暢編『東南アジアと日本』弘文堂.

――――・佐藤晋［2007］『現代日本の東南アジア政策――1950-2005』早稲田大学出版部.

服部清兵衛［2007］「インドネシア東カリマンタン開発事業にかかわって」『昭和林業逸史』1473.

花崎泰雄［2003］「ジャカルタの政治的道化者スカルノ——1956-1965」『埼玉大学紀要』39(1).

馬場繁幸［1983］「インドネシア森林雑感——東カリマンタンの森林」『北方林業』35(1).

林栄一［2011］『皇軍兵士とインドネシア独立戦争——ある残留日本人の生涯』吉川弘文館.

林理介［1999］「インドネシア賠償」，永野慎一郎・近藤正臣編『日本の戦後賠償——アジア経済協力の出発』勁草書房.

————［2002］「「多様性の統一」をめざしたインドネシアの政治哲学——スカルノイズムの歴史的意義」『東洋研究』146.

早瀬晋三［2006］「植民者の戦争経験——海軍「民政」下の西ボルネオ」，倉沢愛子・杉原達・成田龍一ほか編『帝国の戦争経験』岩波書店.

原彬久［1995］『岸信介——権勢の政治家』岩波書店.

————［2014］『岸信介証言録』中央公論新社.

原敬造［1959］「ラワン資源より見たカリマンタン（インドネシア領ボルネオ）の森林」『林業技術』213.

ハリヨト［1957］「インドネシアにおける政党乱立の弊害とスカルノ構想」『月刊インドネシア』121 号.

平田重胤［1953］「北スマトラ石油問題とその政治的及び経済的背景」『内外石油情報』67.

藤崎信幸［1955］「インドネシア賠償問題の経緯とその背景」『アジア問題』2(6).

————［1957］「アジア経済協力の具体的展開の方法——『アジア広域経済圏の形成』を目指しつつ」『アジア問題』7(2).

藤崎信幸［1965］「東南ア経済協力の方向——華僑資本の活用を考えよ」『朝日ジャーナル』7(21).

藤山愛一郎［1953］「国際競争に勝つための経済政策を（特集：財界人の望む経済政策）」『産業と産業人』6(1).

ポスト, P.［1993］「対蘭印経済拡張とオランダの対応」，大江志乃夫編『近代日本と植民地 3：植民地化と産業化』岩波書店.

増田美砂・森田学［1981］「インドネシアにおける森林開発の展開」『京都大学農学部演習林報告』53.

松田昭二［1962a］「カリマンタンの森林開発について」『林業技術』239.

————［1962b］「カリマンタン森林開発」『林業技術』243.

三浦伊八郎［1944］『熱帯林業』河出書房.

三浦辰雄［1961］「カリマンタン森林開発の問題」『経団連月報』9(4).

水木しげる［1994］『コミック昭和史第二巻——満州事変〜日中全面戦争』講談社.

水本義彦［2015］「帝国の終焉と同盟の解体——イギリスの脱植民地化政策とSEATO」，細谷雄一編『戦後アジア・ヨーロッパ関係史——冷戦・脱植民地化・地域主義』慶應義塾大学出版会.

宮澤喜一［1973］「輸銀設立交渉の思い出」『10 年のあゆみ』日本輸出入銀行.

宮島千秋［1966a］「マレーシア対決を緩和——なしくずし解決の方向へ」『世界週報』47

　　　　　　（19）.

───［1966b］「生きているスカルノの威信──時間のかかる政策転換」『世界週報』
　　47（35）.

モーリス・スズキ，T.［2006］「帝国の忘却──脱植民地化・紛争・戦後世界における植
　　民地主義の遺産」，倉沢愛子・杉原達・成田龍一ほか編『支配と暴力』岩波書店.

宮城大蔵［2001］『バンドン会議と日本のアジア復帰──アメリカとアジアの狭間で』草
　　思社.

───［2004］『戦後アジア秩序の模索と日本──「海のアジア」の戦後史 1957-1966』
　　創文社.

───［2013］「アジアの変容と日本外交」，波多野澄雄編『日本の外交第2巻──外交
　　史戦後編』岩波書店.

───［2015］「「ナショナリズムの時代」のアジアと日本」，宮城大蔵編『戦後日本の
　　アジア外交』ミネルヴァ書房.

宮本謙介［2003］『概説インドネシア経済史』有斐閣.

三好俊吉郎［1955］「インドネシア民族解放史」『アジア問題』2（6）.

向井滋ほか「インドネシアの錫およびニッケル鉱業について」『東南アジア研究』9（4）.

森山優［2006］「『南進論』と『北進論』」，倉沢愛子・杉原達・成田龍一ほか編『支配と暴
　　力』岩波書店.

矢部孟［2002a］「忘れ得ぬ石油人たち（その5）──北スマトラ石油開発協力
　　（NOSODECO，ノソデコ）成功の軌跡とそれを支えた3賢人（前編）」『天然ガス』
　　45（4）.

矢部孟［2002b］「忘れ得ぬ石油人たち（その6）──北スマトラ石油開発協力（NOS
　　ODECO，ノソデコ）成功の軌跡とそれを支えた3賢人（後編）」『天然ガス』45（5）.

山際正道［1954］「プラント輸出の活況と輸出入銀行」『経団連月報』2（7）.

山本茂一郎［1979］『私のインドネシア』日本インドネシア協会.

山本有造［2011］『「大東亜共栄圏」経済史研究』名古屋大学出版会.

山本義隆［2015］『私の1960年代』金曜日.

吉川利治［1992］『日本と東南アジア』東京書籍.

吉次公介［2009］『池田政権期の日本外交と冷戦──戦後日本外交の座標軸 1960-1964』
　　岩波書店.

ルエリン，J.［2009］「日本の仲介外交と日英摩擦」『国際政治』15.

＜欧文献＞

Asba, A. R［2007］ "The Japanese Occupation of South Sulawesi: Initial Research in
　　Indonesian Oral History," 『史資料ハブ地域文化研究拠点』（9）.

Dahm, B.［1969］*Sukarno and the Struggle for Indonesian Independence,* Ithaca, Cornell
　　University Press.

Feith, H. and Castles, L.［1970］*Indonesian Political Thinking 1945-1965,* Ithaca, Cornell
　　University Press.

216

Fane, G. [1999] "Indonesian Economic Policies and Performance," *World Economy,* 22 (5).

Gordon, A. [1993] *Postwar Japan as History,* Berkeley, University of California Press（中村正則監訳『歴史としての戦後日本』みすず書房 , 2001 年）.

Hatta, M. [1982] *Memoir,* Jakarta, Tintamas Indonesia （大谷正彦訳『ハッタ回想録』めこん，1993 年）.

Johnson, C. [1982] *MITI and the Japanese Miracle: The Growth of Industrial Policy, 1925-1975,* Stanford, Calif, Stanford University Press （矢野俊比古監訳『通産省と日本の奇跡』TBS ブリタニカ，1982 年）.

McMahon, R. [1981] *Colonialism and Cold War the United States and the Struggle for Indonesian Independence: 1945-1949,* London, Cornell University Press.

———— [1999] *Limits of Empire: The United States and Southeast Asia Since world War 2,* New York, Columbia University Press.

Nishihara, M. [1976] *The Japanese and Sukarno's Indonesia: Tokyo- Jakarta Relations 1951-1966,* Honolulu, The University Press of Hawaii.

Subritzky, J. [2000] *Confronting Sukarno: British, American, Australian and New Zealand diplomacy in the Malaysian-Indonesian confrontation, 1961-5,* New York, Macmillan Press.

Westad, O.A. [2005] *The Global Cold War: Third World Interventions and the Making of Our Times,* Cambridge, UK, Cambridge University Press （佐々木雄太監訳『グローバル冷戦史——第三世界への介入と現代世界の形成』名古屋大学出版会 , 2010 年）.

White, N. [2012] "Surviving Sukarno: British Business in Post-Colonial Indonesia, 1950-1967," *Modern Asian Studies,* 46(5).

雑誌記事・新聞等

「スカルノの指導型民主主義とインドネシアの政治運動」『エカフェ通信』188，1959 年.
「スカルノ構想の展開」『月刊インドネシア』130, 1958 年.
「スカルノ大統領の構想」『国際資料』40, 1958 年.
「海外投資保険の創設等」『時の法令』207, 1956 年.
「北京勢力に決定的打撃——マレーシア対決姿勢の終焉」『世界週報』47（34），1966 年.
「民間経済外交の役割と成果——座談会」『経団連月報』15（12），1967 年.
朝日新聞「日・イ合弁，同意できぬ」1959 年 8 月 11 日夕刊.
————「会長に三村氏推す」1960 年 2 月 16 日朝刊.
朝日新聞「まず協力会社設立」1960 年 2 月 19 日朝刊.
朝日新聞「海外石油開発への政府援助は不適当」1960 年 3 月 1 日朝刊.
毎日新聞「小林中氏政府を非難」1960 年 3 月 3 日朝刊.
工業時事通信「カリマンタン森林開発計画，年末に基本契約」1962 年 12 月 28 日.
"Circumventing the Japanese Agricultural Mission to East Kalimantan" *Perintis,* August 11, 1959.

"Beware of Foreign Diplomat's "Smuggling" Making Contact without Diplomatic Procedure" *Suluh*, August 11, 1959.

"Credit from Japan a Disgrace to Indonesia" *Suluh*, August 12, 1959.

"To Exploit Teak" *Daily Indonesian Observer*, Vol.5, No.1287, January 26, 1959.

"Joint Enterprise" *Daily Indonesian Observer*, Vol.5, No.1289, January 28, 1959.

"Forestry Development Cooperation with Japan in E. Kalimantan" *The Indonesian Herald*, November 9, 1963.

国会議事録

1935 年 3 月 9 日／貴族院予算委員会

1951 年 5 月 21 日／衆議院通商産業委員会

1951 年 5 月／衆議院通商産業委員会

1951 年 5 月 25 日／参議院電力問題に関する特別委員会

1954 年 3 月 26 日／参議院通商産業委員会

1957 年 5 月 22 日／衆議院商工委員会

1961 年 10 月 17 日／参議院外務委員会

1962 年 12 月 5 日／衆議院大蔵委員会

ウェブサイト

GAIKINDO（インドネシア自動車製造業者協会）ウェブサイト（https://files.gaikindo.or.id/my_files）

外務省「国別データブック　インドネシア」（http://www.mofa.go.jp/mofaj/gaiko/oda/files/000142126.pdf）

外務省『わが外交の近況（第 12 号）』（オンライン公開資料）http://www.mofa.go.jp/mofaj/gaiko/bluebook/1968/s43-contents.htm.

JBIC「わが国製造業企業の海外事業展開に関する調査報告 2018 年度 海外直接投資アンケート結果（第 30 回）」（https://www.jbic.go.jp/ja/information/press/press-2018/pdf/1126-011628_1.pdf）

JETRO（https://www.jetro.go.jp/world/asia/idn/basic_01.html）

ピエール・ヴァンデルエング「インドネシアの歴史経済統計：その連続と変化」一橋大学経済研究所（http://www.ier.hit-u.ac.jp/COE/Japanese/Newsletter/No.3.japanese/pierrej.htm）

Legal Data Base, Faculty of Law, University of Sam Ratulangi（http://hukum.unsrat.ac.id）

人 名 索 引

事 項 索 引

《著者紹介》

八 代　　拓（やしろ　たく）
　　1982年生まれ.
　　一橋大学大学院法学研究科博士課程修了，博士（法学）.
　　現在，山口大学経済学部講師.

主要業績
　「プラント輸出と戦後賠償の狭間——岸政権下における輸銀法および輸出
　　保険制度の改正」『山口経済学雑誌』67巻1・2号，2018年.
　「日尼国交正常化における民間企業の役割——経済外交推進の構図に関す
　　る考察」『国際政治』195号，2019年.
　「「希望の国」ボルネオの戦後——カリマンタン森林開発をめぐる日本の官
　　民関係」『山口経済学雑誌』68巻1・2号，2019年.

シリーズ 転換期の国際政治 13

蘭印の戦後と日本の経済進出
　　——岸・池田政権下の日本企業——

2020年2月29日　初版第1刷発行　　　＊定価はカバーに
　　　　　　　　　　　　　　　　　　　表示してあります

　　　　　　　著　者　　八　代　　　拓 ©

　　　　　　　発行者　　植　田　　　実

　　　　　　　印刷者　　藤　森　英　夫

発行所　株式
　　　　会社　晃　洋　書　房
〒615-0026　京都市右京区西院北矢掛町7番地
　　　　　電話　075 (312) 0788番代
　　　　　振替口座　01040-6-32280

装丁　尾崎閑也　　　　　　印刷・製本　亜細亜印刷㈱
　　　ISBN978-4-7710-3320-7